COURS PRATIQUE

DE GÉOMÉTRIE, D'ARPENTAGE, DE DESSIN LINÉAIRE

ET D'ARCHITECTURE.

Deuxième Partie.

DESSIN LINÉAIRE SUPÉRIEUR ET ARCHITECTURE.

OUVRAGES DE C.-A. CHARDON.

Traité complet d'Arithmétique usuelle, contenant toutes les opérations ordinaires du calcul, indiquant la manière de faire ou de vérifier tous les comptes, tels que Notes, Factures, Mémoires, Bordereaux, etc. ACCOMPAGNÉ DE PLUS DE 1,300 EXERCICES OU PROBLÈMES, ET DE 8 PLANCHES. A l'usage des Écoles, des Pensions, des Agriculteurs, des Ouvriers et des Marchands.

Ouvrage adopté par la Société pour l'instruction élémentaire de Lyon et par la Société des Instituteurs et des Institutrices de Paris.

(7e *édition.*) Grand in-18. Prix, cart. : 1 fr. 75 c.

Arithmétique élémentaire, contenant la Numération, le Système métrique, l'Addition, la Soustraction, la Multiplication et la Division, 800 Exercices ou Problèmes gradués ou variés, avec 4 Planches.

(23e *édition.*) Grand in-18. Prix : 75 c.

Arithmétique élémentaire avec solutions.

Prix : 1 fr.

Solutions des 1,300 Exercices ou Problèmes, par la Méthode de l'unité et par les Proportions, indiquant toutes les opérations qu'il faut faire pour trouver la réponse, et donnant les résultats successifs (7e *édition*). Prix : 75 c.

Le Traité complet d'Arithmétique avec les Solutions. Prix, cart. : 2 fr. 50 c.

Traité des Poids et Mesures métriques, des Instruments de pesage et des Monnaies (4e *édition* avec 4 Planches). Prix : 25 c.

Numération et Addition, avec 100 Problèmes et 100 Exercices (3e *édition*). Prix : 20 c.

Nouvelle Méthode de Lecture et d'Écriture, *pour apprendre simultanément à lire et à écrire en peu de temps;* réduisant toutes les difficultés de la lecture à la connaissance des voyelles et des consonnes.

Grand in-18. Prix, cart. : 20 c.

Grands Tableaux de la Méthode de Lecture. Prix : 1 fr. 20 c.

COURS PRATIQUE
DE GÉOMÉTRIE, D'ARPENTAGE,
DE DESSIN LINÉAIRE ET D'ARCHITECTURE.

Première partie.

Dessin linéaire élémentaire, Géométrie et Arpentage, orné de 20 Planches, contenant 356 Figures ou Dessins gradués et variés, avec le texte en regard des planches ; accompagné de 300 Problèmes sur la Géométrie et le Tracé géométrique, de 42 Formules d'actes sous seing privé et d'un Questionnaire (4e *édition*).

Prix : 1 fr 75 c.

Ouvrage approuvé par la Société des Instituteurs et des Institutrices de Paris.

LA PREMIÈRE PARTIE traite des Lignes, des Surfaces, des Corps, de leur mesure et de leur construction, du Tracé des Perpendiculaires, des Parallèles, des Angles, de la Division des lignes et de la Circonférence, de la Réduction des Polygones rectilignes et curvilignes, de la Mesure des longueurs et des hauteurs inaccessibles, du Nivellement, de l'Arpentage, de la Division des terrains, du Lever des plans, des Instruments pour opérer sur le papier et sur le terrain, du Raccordement des lignes, des Moulures ; elle contient, comme application, 8 Planches de Dessins élémentaires gradués et variés.

Deuxième partie.

Dessin linéaire supérieur et Architecture, orné de 28 Planches, avec le texte en regard, contenant 427 Dessins. Sur les Rosaces, la Menuiserie, la Serrurerie, la Maçonnerie, la Mécanique, les Machines, l'Architecture, les 5 Ordres et leurs applications à des Bâtiments, les Projections, la Perspective, le Dessin de Tête et de Paysage, l'Ornement, les Fleurs, les Fruits, et la Broderie. Accompagné de devis, de Mémoires et d'un Dictionnaire spécial. Prix, cart. : 2 fr. 25 c.

Les deux Parties prises ensemble : 3 fr. 75.

Pour paraître prochainement :

Petit Dessin linéaire des commençants.

Atlas géographique, composé de 10 Cartes grand in-8.

Pour recevoir ces ouvrages *franco par le retour du courrier*, envoyer à M. CHARDON un mandat sur la poste, ou s'adresser au Libraire classique de sa localité. (AFFRANCHIR.)

Paris. — Typographie de Mme Ve Dondey-Dupré, rue Saint-Louis, 46, au Marais.

COURS PRATIQUE
DE GÉOMÉTRIE, D'ARPENTAGE,
DE DESSIN LINÉAIRE
ET D'ARCHITECTURE

OUVRAGE A L'USAGE

Des Écoles, des Pensions, des Cours d'Adultes, des Arpenteurs, des Ouvriers et de toutes les Personnes qui s'occupent de Dessin.

Deuxième Partie.

DESSIN LINÉAIRE SUPÉRIEUR
ET
ARCHITECTURE

Orné de 28 Planches, contenant 427 Figures ou Dessins variés avec le texte en regard des Planches.

ET UN DICTIONNAIRE SPÉCIAL,

PAR

C.-A. CHARDON,
INSTITUTEUR.

PARIS

HACHETTE, libraire de l'Université, rue Pierre-Sarrazin, 14.
COLAS, libraire, rue Dauphine, 32.
DELALAIN, libraire, rue des Mathurins Saint-Jacques, 5.
MAIRE-NYON, libraire, quai Conti, 13.
LAROUSSE et **BOYER**, libraires, rue Pierre-Sarrazin, 2.
PERISSE, libraire, rue Saint-Sulpice, 38, et à Lyon.
PÉLAGAUD, libraire, rue des Saints-Pères, 57, et à Lyon.
CHARDON, instituteur, rue Neuve d'Orléans, 34, à Montrouge.

LIBRAIRIE NOUVELLE, boulevard des Italiens, 15.

EN PROVINCE, CHEZ LES LIBRAIRES CLASSIQUES DE CHAQUE DÉPARTEMENT.

1854

PRÉFACE.

Les progrès de l'industrie, de l'agriculture, des arts et des sciences sont essentiellement liés au développement de l'instruction primaire.

C'est à la diffusion des lumières que sont dus les perfectionnements et les inventions qui, en faisant la gloire et la prospérité de la France, contribuent à généraliser l'aisance et le bien-être.

L'instruction est devenue une nécessité pour tous : pour se créer une position dans la société, ne faut-il pas se distinguer par un savoir profond et par des connaissances spéciales ?

Dans le grand mouvement d'améliorations de toutes sortes qui caractérise notre époque, le dessin linéaire a reçu de nombreuses applications ; son enseignement s'est popularisé ; chaque jour son étude devient de plus en plus nécessaire, et toutes les professions s'en servent comme d'un auxiliaire puissant pour résoudre une multitude de problèmes.

Combien de découvertes précieuses, de perfectionnements avantageux, ne peuvent se réaliser faute, par leurs auteurs, de pouvoir faire comprendre leur pensée par un dessin géométrique !

Le dessin à main levée n'est pas moins indispensable pour représenter, sous toutes les formes, les mille conceptions gracieuses des artistes et des industriels.

Beaucoup de personnes, par l'absence des premières notions de l'Architecture, ne peuvent se rendre compte des beautés des monuments publics ; de ces chefs-d'œuvre admirables par leurs belles proportions, la grâce de leur ornementation et la magnificence de leur ensemble.

Le temps ne permet pas à chacun de faire des études dans ce genre ; il est très-difficile d'y suppléer par la lecture des ouvrages d'Architecture : la plupart sont d'un prix trop élevé, ou, trop techniques, présentent un dédale inextricable à celui qui n'est pas initié aux secrets de cette science.

Notre but, en publiant cette deuxième partie, a été de présenter un livre d'un prix accessible à tous ; d'une étude facile, qui présente aux Maîtres, aux Elèves, aux Ouvriers et à l'Homme du monde un résumé méthodique des principales branches du dessin et des règles de l'art de bâtir. Ce livre, en un mot, n'est pas un traité complet, mais un ouvrage d'initiation à des connaissances indispensables à toutes les carrières.

Le plan de cet ouvrage permet d'étudier avec fruit la partie dont on a besoin, et cela sans connaissances préalables, grâce aux observations contenues dans le texte placé en regard de chaque planche.

Au moyen du Dictionnaire spécial, on peut trouver facilement la définition, la mesure, la construction et les applications de chaque figure, ainsi que la solution des problèmes géométriques.

Le cadre de notre livre nous a forcé de donner des dessins réduits ; mais nous avons eu soin d'indiquer les moyens d'en augmenter les dimensions.

Dans les classes, il importe de suivre l'ordre des planches ; mais cela n'est pas absolument nécessaire pour les personnes qui ne veulent pas étudier tout l'ouvrage, elles peuvent passer de suite aux planches dont elles ont le plus besoin.

Avant de dessiner une figure, il est très-important de lire attentivement le texte afin de bien comprendre le dessin et surtout la marche à suivre pour le tracer convenablement. Il ne faut ni s'étonner, ni se décourager, si les premiers essais sont défectueux, mais rectifier, recommencer au besoin : avec de la persévérance, du travail on se formera le goût et l'on finira par bien faire.

Nous ne nous dissimulons pas la difficulté de notre œuvre ; mais nous avons fait tous nos efforts pour que ce livre eût le même succès que nos précédents ouvrages dont il est le complément : puisse-t-il être aussi favorablement accueilli !

Notre but sera atteint, si nous pouvons contribuer à généraliser de plus en plus le goût du dessin et en rendre l'étude facile à toutes les classes de la société.

TABLE.

Cette Table peut servir de Questionnaire en lui donnant la forme interrogative. Qu'est-ce qu'un hexagone étoilé? Comment se fait sa construction? Quelles sont les observations sur l'hexagone étoilé?

Figures. Pages.

PLANCHE 1. 9

Polygones étoilés et Rosaces et Médailles.

Observations préliminaires. Paragraphe 1.
1. Hexagone étoilé, 2. Construction, 3. Observations, 4. Traits d'ombre ou traits forts, 5.
Doubler, tripler ou quadrupler les dimensions d'une figure, 6.
2. Pentagone à double étoile, 7.
3. Heptagone étoilé, 10.
4. Rose des vents, 13.
5. Rose de compartiment avec rosace au milieu, 16.
6. Rose de compartiment géométrique, 20.
7. Rose à six feuilles et à pointe, 23.
8. Rosace à six branches, 26.
9. Rosace à huit feuilles, 29. Constr., 30. Observat., 31.
10. Rosace à seize feuilles, 32.
11. Croix de la Légion d'honneur, 35.
12. Médaille, 38. Construction, 39. Observations, 40.

PLANCHE 2. 10

Menuiserie et Charpente.

Menuiserie, paragraphe 41.
Parquets, 42.
13. Parquet à bâtons rompus, 42 et 43. Const., 44. Obs., 45.
14. Parquet à compartiments égaux, 46.
15. Parquet en chaînons, 49.
16. Parquet en mosaïque, 52.
17. Porte avec archivolte et imposte, 55.
18. Porte d'extérieur à deux vantaux, 58.
19 et 20. Porte d'intérieur à deux vantaux, 62.
21. Porte carrée ou mezzanine, 65.
22. Porte vitrée, 68.
23. Devanture de boutique, 71.

Charpente.

Charpente. Définition, 74. Fermes, 75.
24 et 25. Fermes de comble, 76.
26. Comble brisé ou à mansardes, 79.
27 à 36. Assemblages divers de charpente, 82.

PLANCHE 3. 11

Serrurerie.

Serrurerie, 83. Qualités du serrurier, 84. Travail, 85.
Balcon, 86. Balcons ou appuis en fonte, 87. Appuis, 88.
37. Balcon avec croisillons droits, 89.
38. Balcon avec losanges, 92.
39. Balcon avec cercles tangents, 95.
40. Balcon avec croisillons courbes, 98.
41. Balcon en fonte orné, 101.
42. Grands balcons de façade, 104.
43. Grille ornée, style gothique, 109.
44. Pont en fonte, 112.

PLANCHE 4. 12

Maçonnerie.

Maçonnerie, 115.
Portes, 116.
45. Porte carrée avec fronton, 117.
46. Profil de la console, 117.
47. Porte à plein cintre d'ordre toscan, 120.
48. Porte à plein cintre de portique toscan, 123.
49. Porte à plein cintre d'ordre dorique, 126.
50. Porte carrée d'ordre ionique, 129.
51. Pont en pierre, 132.

PLANCHE 5. 13

Outils, Ustensiles et Moulures.

Outils, paragraphe 135.
52 à 69. Outils de serrurerie, 136.
70 à 91. Outils de menuiserie, 143.
92 à 111. Outils de charpenterie, 146.
112 à 132. Ustensiles de ménage, 155.
133 à 147. Profils de menuiserie, 160.
Plinthes et chambranles, 161.
148 à 150. Moulures pour corniches, 162.
151 et 152. Moulures pour plafonds, 163.

Figures. Pages.

PLANCHE 6. 14

Mécanique.

Mécanique, 164.
Machine, 165.
Moteurs, 168.
153. Des leviers. Point d'appui, puissance, résistance, 169. Force d'un levier, 170. Les trois genres de leviers, 171.
154. Balance, 172.
155. Romaine, 175.
156. Tenailles, 176.
157. Brouette, 177.
158. Compas, 178.
159. Poulie, 181.
160 et 161. Moufles, 182.
162. Vis sans fin, 184.
163. Grue, 187.
164. Treuil, 190.
165. Cabestan, 191.
166. Tour d'engrenage, 194.
167. Engrenages, 195.
168. Cric, 196.
169. Coin, 199.
170. Vis d'Archimède, 200.
171. Haquet. Application du plan incliné, 201.

PLANCHE 7. 15

Machines.

Chemin de fer, 204. Disposition, 205.
Travaux d'art et matériel d'exploitation, 206.
Remblais, 207. Déblais, 208.
172. Locomotive, 209. Ses diverses parties, 210.
Construction, 211. Observations, 212.
173. Tender, 213.
Construction, 214. Observations, 215.
174. Plan d'un train articulé, 216.
Courbe à petit rayon, 217.
175. Rail, 220.
176. Plan d'un coussinet, 221.
177. Coupe d'un rail à double champignon, 222.
178. Locomotive à air comprimé, 223.
Les diverses parties, 224 et 225.
Construction, 226.

PLANCHE 8. 16

Moulures ornées et Balustrades.

Moulures ornées, 229 à 231.
179. Baguettes ornées de perles et d'olives, 232.
180. Baguette ornée de chapelet, 232.
Construction, 233.
Observations, 234.
181. Gorge ornée de canaux, 235.
182. Cavet orné de rosaces et de feuilles, 236.
183. Tore ou boudin orné d'entrelacs, 239.
184. Tore orné de rubans et de feuilles d'olivier, 239.
185. Quart de rond orné d'oves et de dards, 242.
186. Quart de rond orné d'oves et de fleurons, 242.
187. Doucine ornée de feuilles d'acanthe, 245.
188. Doucine ornée de têtes de lion, 245.
189. Talon orné de feuilles de persil, 248.
190. Talon orné de rais de cœur et de perles, 248.
191. Entrelacs formés de cercles concentriques, 251.
192. Entrelacs formés de courbes concentriques, 251.
193. Plate-bande ornée de postes, 254.
194. Balustre toscan, 195. Balustre dorique, 196. Balustre ionique, 197. Balustre corinthien, 257.
198. Balustrade ornée d'entrelacs et de culots, 260.
199. Culot composé de rinceaux et de feuilles, 263.
200. Rosace ornée de feuilles, 264.

PLANCHE 9. 17

Architecture.

Architecture. Son but, 267. Ses divisions, 268.
Architecture privée, 269.
Architecture publique ou monumentale, 270.
Application de l'architecture, 271. Architecte, 272.

Figures. Pages.

Dessins généraux d'un bâtiment, 273.
Plan, 274.
Elévation, 275.
Coupe, 276.
201. Maison bourgeoise. Elévation, 277.
Cave ou étage souterrain de la maison, 278.
Rez-de-chaussée, 279. Premier étage, 280.
Ornements, 281.
Construction, 282. Observations, 283.
202. Plan de la maison bourgeoise, 284.
203. Coupe de la maison bourgeoise, 285.
Détails de la charpente, 285.
Construction, 286. Observations, 287.
204 à 210. Profils au double des moulures de la maison, Observations, 288.

PLANCHE 10. 18

Les cinq ordres d'architecture.

Ordre d'architecture, 289.
Piédestal, 290. Ses parties, 291.
Colonne, 292. Ses divisions, 293.
Entablement, 294. Ses divisions, 295.
Les cinq ordres d'architecture, 296.
211. Ordre toscan. Son origine, 297.
212. Ordre dorique. Son caractère, 298.
213. Ordre ionique, 299.
214. Ordre corinthien, 300.
215. Ordre composite, 301.
Parties d'un ordre d'architecture, 302 à 303.
Proportions de la colonne dans les cinq ordres, 305.
Module et ses divisions, 306.
Manière d'élever un ordre dans une hauteur donnée, de 308 à 312.
Proportions des cinq ordres, 312.
Manière d'élever un ordre, le module étant donné, 313.
Tracé des cinq ordres. Tracé de l'ordre toscan, 315.
Observations générales, 316.
Observations sur l'ordre dorique, 317.
Observations sur l'ordre ionique, 318.
Observations sur l'ordre corinthien et sur le composite, 319.

PLANCHE 11. 19

Ordre toscan.

Ordre toscan. Son caractère, 320. Sa place, 321.
Ses applications, 322.
Portique, 323.
Colonnade. Stylobate. Applications, 324.
Entre-colonnement, 325.
Arcade, 327.
Archivolte, 328.
Pieds-droits, 330.
Imposte, 332.
Proportions des portiques des cinq ordres, 333.
216. Portique toscan avec piédestal. Construction, 334.
Manière d'avoir le module, 335.
Dessiner le portique toscan sans piédestal, 336.
Le dessiner, si le module était donné, 337.
Proportions et moulures de l'ordre toscan, 338.
217. Piédestal au double de l'ensemble, 340.
218. Entablement au double de l'ensemble, 340.
219. Imposte et archivolte au double de l'ensemble, 340.
Construction, 341. Observations, 342.
Observations générales sur les cinq ordres, 343.

PLANCHE 12. 20

Ordre dorique.

Ordre dorique. Son caractère, 344. Origine, 345.
Applications, 346.
Construction de l'ordre dorique, la hauteur étant donnée, 347.
Trouver le module, 348.
Le module étant donné, 349.
Piédestal, 350. Colonne, 351. Entablement, 352.
Entre-colonnement, 353.
Pieds-droits de l'arcade, 354.
220. Portique dorique avec piédestal. Ses proportions, 355.
221 Piédestal, base et plan de la colonne dorique, 356.
222 Entablement et chapiteau doriques, 357.
223. Imposte et archivolte, 355.
Triglyphe, 358.
Métope, 359.
Construction, 360. Observations, 361.

Figures. Pages.

PLANCHE 13. 21

Ordre ionique.

Ordre ionique. Son caractère, 362.
Origine de l'ordre ionique, 363.
Applications, 364.
Tracé de l'ordre ionique dans une hauteur donnée, 365.
Tracé de l'ordre ionique, le module étant donné, 367.
Piédestal, 368. Colonne, 369. Entablement, 370.
Entre-colonnement, 371. Arcade, 372.
Clef de l'arcade, 373. Proportions, 374.
Imposte et archivolte, 375. Pieds droits, 376.
224. Portique ionique avec piédestal, 362.
Construction, 377. Observations, 378.
225. Piédestal et base de la colonne ionique, 379.
226. Entablement et chapiteau ioniques, 380.
227. Imposte et archivolte ioniques, 381.
228. Plan renversé du chapiteau ionique, 382.
Proportions et moulures de l'ordre ionique, 383.

PLANCHE 14. 22

Détails en grand de l'Ordre ionique.

229. Entablement ionique, 384. Proportions, 385.
Ornements de l'entablement, 386 à 388.
230. Détails en grand de la corniche ionique, 389.
231. Plan renversé du chapiteau, 390. Volutes, 391.
232. Elévation latérale du chapiteau, 392.
233. Archivolte et imposte, 393.
234. Détails du chapiteau ionique et de la volute, 394.
Manière de tracer le chapiteau ionique, 395.
Manière de tracer la volute ionique, 396.
Manière de tracer la seconde arête de la volute, 397.
Observations spéciales, 399. Observations générales, 400.

PLANCHE 15. 23

Ordre corinthien.

235. Ordre corinthien, son caractère, 401. Son origine, 402.
Ses applications, 403.
Tracé de l'ordre corinthien dans une hauteur donnée, 404.
Tracé de l'ordre corinthien, le module étant donné, 406.
236. Portique corinthien, avec piédestal, 407.
Construction, 407. Observations, 408.
Subdivisions générales. Piédestal, 409. Colonne, 410.
Entablement, 411. Entre-colonnement, 412.
Arcade, 413. Clef de l'arcade, 414.
Archivolte et imposte, 415. Pieds-droits, 416.
Proportions et moulures de l'ordre corinthien, 418.
237. Piédestal et base de la colonne corinthienne au double.
238. Entablement et chapiteau corinthiens, 419.
239. Imposte et archivolte, 419.
Ordre composite, 420.

PLANCHE 16. 42

Détails de l'Ordre corinthien.

240. Entablement et chapiteau corinthiens, 421.
Proportions de l'entablement, 422. Ornements, 423.
Ornements de la corniche corinthienne, 424.
Ornements de la frise, 425.
Ornements de l'architrave, 426.
Ornements du chapiteau corinthien, 427.
Proportions, 428.
241. Plan de la base de la colonne corinthienne et du piédestal. Ornements de la colonne, 429.
Ornements du piédestal, 430.
242. Archivolte et imposte, ornements de l'archivolte, 431.
Ornements de l'imposte, 432.
243. Clef de l'arcade, ses ornements, 433.
244. Plan renversé de la moitié du chapiteau, 434.
Manière de tracer le plan du chapiteau corinthien, 434.
Manière de disposer convenablement toutes les parties du chapiteau corinthien, 435.
Tronquer un ordre, 437.
Construction générale, 438. Observations, 440.

PLANCHE 17. 25

Des Plafonds.

245. Plan de la corniche du plafond dorique denticulaire, 441
Soffites, 442.
Détails du plafond dorique denticulaire, 443.

Figures. Pages.

246. Plan de la corniche du plafond dorique mutulaire, 449.
Moulures de l'ordre dorique mutulaire, 451.
247. Plan de la corniche du plafond de l'ordre ionique, 454.
248. Plan de la corniche du plafond de l'ordre corinthien, 455.
249. Manières de galber les colonnes, 457.
Première manière de galber une colonne, 458.
Seconde manière de galber une colonne, 459.
Observations, 460.

PLANCHE 18. 26

Portail d'église, Halle aux grains.

250. Portail d'église : définition, 461.
Détails du portail, de 462 à 468.
Construction, 469. Observations, 470.
251. Halle aux grains, 471.
Détails de la halle, de 472 à 474.
Pilastre, 475.
Acrotère, 476.
Comble, 477.
252. Panneau des arcades au double de l'ensemble, 479.
253. Entablement au double de l'ensemble, 480.
Construction, 481. Observations, 482.

PLANCHE 19. 27

Pavillon bourgeois, Maison riche.

254. Pavillon bourgeois, 482.
Détails et ornements du rez-de-chaussée du pavillon, 483.
Détails et ornements du premier étage, 484.
Détails de la terrasse formant acrotère, 485.
Construction, 486. Observations, 487.
255. Façade d'une maison riche, 488.
Détails du rez-de-chaussée de la maison, 489.
Détails de l'entresol, 490.
Détails du premier étage, 491.
Détails du deuxième étage, 492.
Détails de l'étage des combles, 493.
Des balcons, 494.
Construction, 495. Observations, 496.

PLANCHE 20. 28

Portail de l'église Saint-Gervais.

Superposition des ordres d'architecture, 498.
Règles de la superposition des ordres, 499 à 503.
Superposition des ordres qui ont des pilastres, 502.
256. Portail de l'église Saint-Gervais, 504.
Décoration du rez-de-chaussée de l'église, 505.
Décoration du premier étage et détails, 509.
Niche, 510.
Leur forme, leurs dimensions, 511.
Décoration et détails du second étage, 514.
Construction, 516. Observations, 517.
Manière d'augmenter les dimensions de cette fig., 518.

PLANCHE 21. 29

Développements des Corps et Projections.

Projections orthogonales. Leur emploi, 520.
Corps principaux : 257. Cube, 258. Parallélipipède, 259. Prisme, 260. Pyramide, 261. Cylindre, 262. Cône, 263. Sphère, 521.
264. Développement du cube, 523.
265. Développement du parallélipipède, 524.
266. Développement du prisme, 525.
267. Développement de la pyramide, 526.
268. Développement du cylindre, 527.
269 et 270. Développ. du cône, 528. Du cône tronqué, 529.
271. Développement de la sphère par fuseaux, de 530 à 532, page 48.
Utilité du développement des corps, 533.

Plans et Projections.

Plan. — Définition, 534.
272. Des différents plans, 535.
Ligne de terre, 536.
Projection d'un point sur un plan. — Projection verticale. — Projection horizontale, 537.
272. Projeter ou déterminer la position d'un point donné B situé dans l'espace, 538.
La projection verticale et la projection horizontale déterminent la position d'un point, d'une ligne et d'un corps, 539.
273. Manière de représenter les plans. Épure, 540.
Épure. Feuille de papier, tableau, mur, 543.
Projections orthogonales, 542.
274. Plan oblique. Déterminer sa longueur et sa position, 544.
275. Roue à palettes, 545. Ses projections, 546.
Plans coordonnés. Leur emploi, 547.
277. Tréteau. Elévation, 278. Profil, 279. Plan, 548.
280. Chaise. Elévation, 281. Profil, 282. Plan, 549.
Manière de tracer le profil, 550.
283. Console. Elévation, 284. Profil, 285. Plan, 551.
Utilité et but des projections, 552.

PLANCHE 22. **Perspective.** 30

Projections obliques ou Perspective cavalière.

Perspective. Son but. Ses divisions, 553.
Perspective linéaire, 554.
Perspective aérienne, 555.
Projections obliques ou perspective cavalière, 556.
Manière de représenter les corps par les projections obliques, 557.
286. Angle conventionnel, 558.
Tracé de l'obliquité des lignes, 558.
287. Tracer un carré en perspective cavalière, 559.
288. Tracer un coffret par les projections obliques, 560.
Manière de mettre en perspective cavalière un objet quelconque, 561.
289. Mettre un cercle en perspective cavalière, 562.
Mettre un cercle en perspective cavalière dans le sens vertical, 563.
290. Mettre un octogone en perspective cavalière, 564.
Longueur perspective des côtés, 565.
291. Cabestan vu en perspective cavalière, 566.

Perspective rigoureuse.

292. Cône optique ou perspectif, 567.
Fondement de la perspective, 567.
Ligne d'horizon. Point de vue. Point de distance, 567.
Usage du point de vue. Lignes de fuite, 568.
Emploi du point de distance, 569.
293. Intersection d'un plan transparent par les rayons visuels, 570.
294. Face du plan transparent ou effet en perspective des lignes vues de profil, 571.
Exactitude de ce procédé, 572.
295. Plan vertical et plan horizontal, 573.
296. Allée d'arbres en perspective, 574.
297. Mettre un carré en perspective, 575.
Placer le point de distance sur le bord du tableau, 576.
Changements selon la position du spectateur, 577.
Tracer en perspective un second carré de mêmes dimensions et à la suite du premier, 578.
298. Le point de vue n'étant pas au milieu du tableau, obtenir la position du point de distance, 579.
299. Mettre en perspective une ligne ou un polygone, 580.
Mettre un cercle en perspective, 581.
300. Mettre en perspective une figure quelconque, 582. Soit le plan d'un siége, 582.
301. Mettre le plan perspectif dans son véritable sens, 583.
303. Tracer en perspective l'intérieur d'un salon, 584.

PLANCHE 23. 31

Application de la Perspective.

303. Tunnel, 585.
Position perspective, 586. Observations, 587.
304. Viaduc, 589.
Ligne d'horizon, 590. Observations, 591.
305. Eglise de campagne, 592.
Position perspective, 593. Observations, 594.
306. Palais en perspective, 595.
Position perspective, 596. Observations, 597.

PLANCHE 24. 32

Paysages.

Paysage, 598.
307. Chaumières esquissées, 599.
308. Chaumières terminées à l'encre, 599.
Construction, 600. Observations, 601.
309. Ferme, 602. Observations, 603.
310. Vue maritime, 604.
Construction, 605. Observations, 606.

Figures. Pages.
311. Ville en amphithéâtre, 607.
Observations, 608.
Règles pour dessiner d'après nature, 609.
Horizon, 610.
Place de la ligne d'horizon, 611.
Règles de la perspective, de 614 à 619.
Perspective aérienne, 620.
Clair-obscur, 621.
Manière de représenter les ombres, 622.
Demi-teintes, 623.
Couleur des eaux, 624.
Ciels, Nuages, 625.

PLANCHE 25. 33

Figures et Animaux.

Principes de figure, 627.
312. OEil, 313.
Nez, 314.
Bouche, 628. Observations, 629.
315. Profil, 630. Observations, 631.
316. Tête vue de profil, 632.
317. Tête de guerrier vue de trois quarts, 634.
318. Main esquissée, 319. Main terminée, 636.
320. Académie, 637.
321. Art. Statue allégorique, 639.
322. Science. Statue allégorique, 639. Observations, 640.
323. Jeune dame, étude de modes, 641.
324. Jeune homme, étude de costumes, 643.
Proportions du corps humain, 645.
325. Groupe d'animaux, 648.
326. Groupe de villageois, 650.
Manière de copier exactement un dessin, 652.
Manière d'augmenter ou de réduire un dessin, 653.

PLANCHE 26. 34

Ornement.

Ornement, son tracé, 654.
Application de l'ornement, 655.
327. Palmette. Emploi, 656.
328. Palme, 657. Observations, 658.
329. Feuille de chêne. Emblèmes, 659.
330. Feuille de laurier, 659.
331. Feuille d'olivier. Observations, 661.
332. Feuille d'acanthe, 662.
333. Enroulements, 664.
334. Epée romaine, 666.
335. Carquois avec ses flèches, 667.
336. Thyrse. Attribut, 668.
337. Flambeau, 669.
338. Caducée. Symbole, 670. Observations, 671.
339. Candélabre, 672.
340. Vase antique, 674.
341. Lyre antique, 676.
342. Appareil à gaz, 678.
343. Bouclier, 680.
344. Attribut, 682.
345. Trophée, 684.
Observations générales, 686.

PLANCHE 27. 35

Fleurs et Fruits.

Botanique. Notions générales, 687.
Tige, branches, rameaux, ramilles, 688.
Organes des végétaux, 689. Feuilles, 690.
Fleurs, calice, corolle, étamine, pistil, 691.

ETUDE DE FLEURS.

346. Rose, sa nature, sa couleur, son emblème, 693.
Observations, 694.

Figures. Pages.
347. Pensée, sa nature, son emblème, 695.
348. OEillet, id. id. 697.
349. Lis, id. id. 699.
350. Pistil, organe femelle, ses parties, 701.
351. Etamine, organe mâle, ses parties, 702.
352. Marguerite, sa corolle, emblème, 703.
353. Coquelicot, emblème, 705.
354. Tulipe, sa forme, emblème, 707.
355. Bluet, id. id. 709.
Remarque, 710.

ETUDE DE FRUITS.

Fruits, 712.
Parties du fruits : péricarpe, épicarpe, sarcocarpe, endocarpe, 713.
Semence, plantule, radicule, 714.
356. Epi, 715 Observations, 716.
357. Groseilles, 717.
358. Poire, 719.
359. Pomme, 721.
360. Raisin, 723.
361. Prunes, 725.
362. Melon, 727.
363. Pêche, 729.
364. Cerises, 731. Observations, 732.

PLANCHE 28. 36

Broderie.

Broderie, ses applications, 733.
Différents genres de broderie, 736.
Plumetis, 736.
Feston, 737.
Cordonnet, 738.
Point de rose, 739.
Application, 740.
Mat coupé, 741.
Point de Bruxelles, 742.
Soutache, 743.
Point de chaînette, 744.
365 à 378. Pois, œillets, amandes, feuilles.
379 à 401. Boutons, grains, étoiles, tiges.
402 à 427. Roues, crêtes, dents, rosettes.
Observations sur la composition des dessins de broderie, 745.

Devis.

Devis des travaux à exécuter à une maison. 37
Chapitre 1er. Terrasse. 37
Chapitre 2. Maçonnerie. 37
Chapitre 3. Charpente. 38
Chapitre 4. Carrelage et dallage. 38
Chapitre 5. Couverture et zinguerie. 38
Chapitre 6. Menuiserie. 38
Chapitre 7. Serrurerie et quincaillerie. 38
Chapitre 8. Fumisterie et marbrerie. 39
Chapitre 9. Peinture et vitrerie. 39
Récapitulation et résumé général. 39

Mémoires.

Mémoire de maçonnerie. 40
Mémoire de menuiserie. 41
Mémoire de couverture. 42
Mémoire de serrurerie et de quincaillerie. 42
Mémoire de peinture et vitrerie. 43

Dictionnaire.

Dictionnaire des termes employés. 44
Développement de la sphère. 48

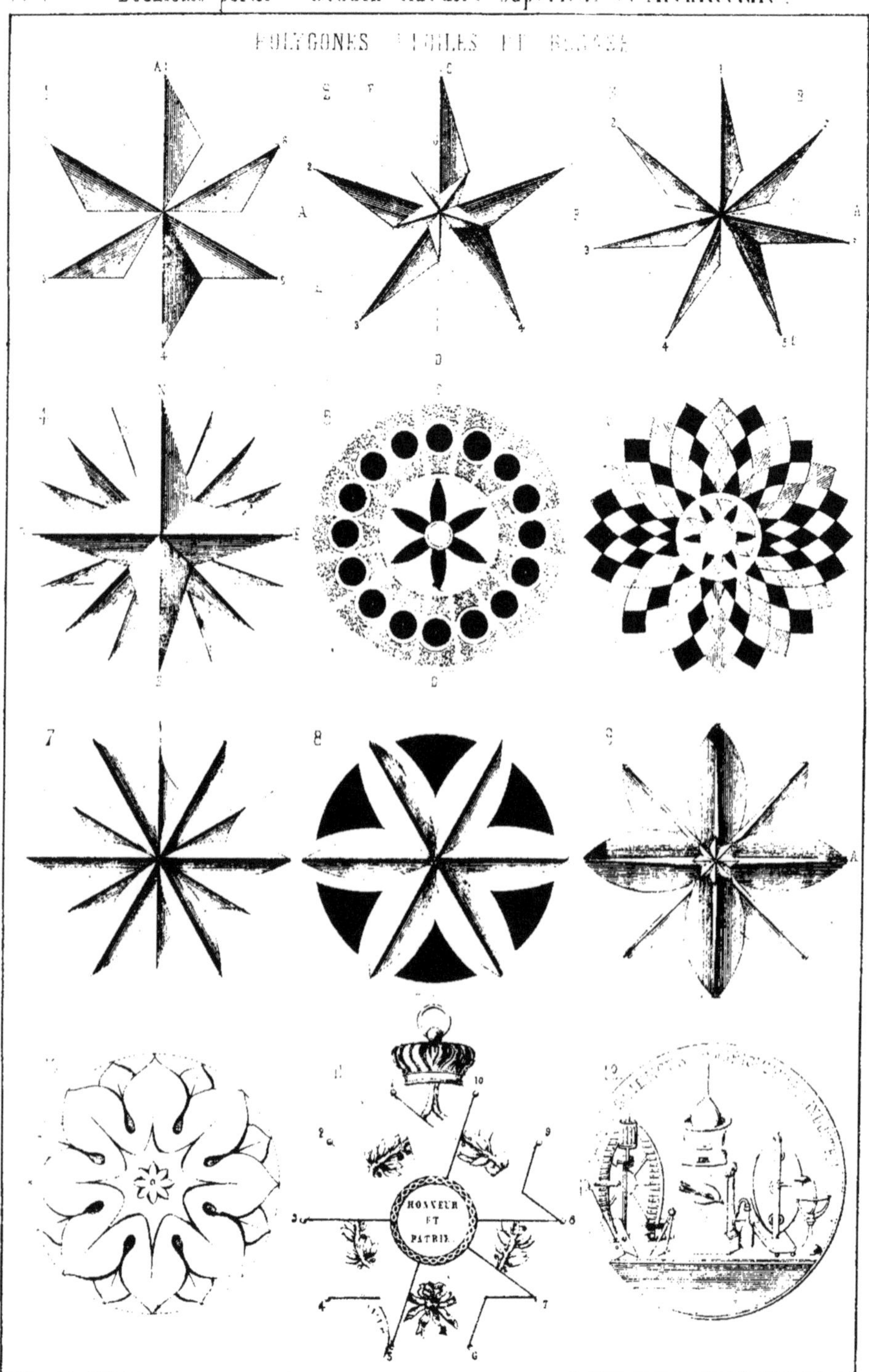

C. A CHAR[illegible]N

Philippe-Lavallée lith

1. Observation préliminaire. Nous renvoyons à la première partie de cet ouvrage pour tout ce qui est relatif à la définition, au tracé, à la mesure et aux applications des lignes, des surfaces et des corps.

1. Hexagone étoilé.

2. Le polygone étoilé a six branches divisées en deux parties égales, formant relief; les parties blanches représentent celles qui sont éclairées.

3. Construction. Tracez une circonférence, divisez-la en six parties égales, en portant dessus six fois le rayon; tirez une ligne par les divisions 1 et 3, 2 et 4, 3 et 5, 4 et 6, 5 et 1, 6 et 2, les intersections de ces lignes déterminent les branches du polygone; joignez les intersections opposées. Pour les hachures ou ombres, tracez trois diamètres qui joignent les pointes opposées, et menez parallèlement des lignes fines et espacées graduellement.

4. Observations. Les divisions doivent être égales, les branches pointues et les hachures régulières.

5. *Les traits d'ombre* ou *traits forts* se placent à droite et au bas de la figure, la lumière étant supposée venir de gauche à droite, par un angle de 45 degrés.

6. *Pour doubler, tripler ou quadrupler les dimensions de ce polygone ou de toute autre figure circulaire*, il suffit de doubler, de tripler ou de quadrupler le rayon.

2. Pentagone à double étoile.

7. Cette figure se compose de deux polygones étoilés à cinq branches; on se sert ordinairement de la forme de ce pentagone pour représenter les étoiles.

8. Construction. Décrivez une circonférence et divisez-la en cinq parties égales (*planche* 3, *fig.* 90, *paragraphe* 220); par les points 1 et 3, 2 et 4, 3 et 5, 4 et 6, 5 et 2, menez des lignes; leurs intersections déterminent les branches de la grande étoile. Pour tracer la petite, par ces intersections, tirez de 2 en 2 des lignes qui déterminent les branches; puis, par les pointes opposées de la grande étoile et de la petite, menez des lignes pour déterminer les ombres.

9. Observations. Les pointes des deux étoiles doivent être très-aiguës, les divisions égales, les ombres bien graduées et uniformes.

3. Heptagone étoilé.

10. *L'heptagone étoilé* est un polygone à sept branches très-aiguës.

11. Construction. Tracez une circonférence, divisez-la en sept parties égales, en portant la longueur du rayon de A en B et en C, la moitié B D de B C, divise la circonférence en 7 parties égales. Pour tracer les branches, tirez une ligne par les points 1 et 4, 2 et 5, 3 et 6, 4 et 7, 5 et 1, 6 et 2, 7 et 3; puis joignez chaque pointe à l'intersection qui lui est opposée.

12. Observations. Elles sont les mêmes que pour les deux figures précédentes.

4. Rose des vents.

13. La *rose des vents* sert à indiquer les diverses directions dans lesquelles souffle le vent. Les quatre grandes flèches perpendiculaires désignent les quatre points cardinaux appelés : *Nord*, *Sud*, *Est* et *Ouest*.

14. Construction. Décrivez une circonférence, divisez-la, par des diamètres perpendiculaires, d'abord en quatre, puis en huit et en seize parties égales; ensuite décrivez trois petites circonférences qui déterminent les intersections des branches; tracez les quatre grandes, les quatre moyennes et les huit petites.

15. Observations. Les grandes branches, les moyennes et les petites doivent être semblables et régulières.

5. Rose de compartiment avec rosace au milieu.

16. Les *roses de compartiment* s'emploient pour décorer les pavés des antichambres, des péristyles, etc.

17. La *rose de compartiment avec rosace au milieu*, est formée de seize compartiments égaux et d'une rosace à six branches.

18. Construction. Tracez une circonférence, divisez-la en seize parties égales; joignez ces divisions par des diamètres; décrivez les circonférences concentriques qui déterminent la rosace et les centres des seize petits cercles; tracez les cercles, les compartiments et la rosace.

19. Observations. Les seize panneaux doivent être égaux; les petites circonférences décrites avec le même rayon, les branches et les cercles bien noirs.

6. Rose de compartiment géométrique.

20. Cette rosace se compose de carreaux gris, noirs et blancs, qu'on peut alterner diversement; au milieu se trouve une rosace à douze branches.

21. Construction. Décrivez une circonférence, divisez-la en vingt-quatre parties égales : d'abord en six parties égales par le rayon, puis divisez chaque division en quatre parties. Par chaque division tirez un diamètre; partagez le rayon en trois parties égales; par ces divisions décrivez deux circonférences; la petite circonscrit la rosace, et la grande détermine sur les diamètres les centres des arcs formant les carreaux; tracez ces arcs avec un rayon égal à la distance de trois divisions; puis la rosace dont les pointes sont les centres des arcs.

22. Observations. Les carreaux doivent être bien réguliers, et alternés d'une manière uniforme : la construction de cette figure demande beaucoup de soins.

7. Rosace à six feuilles et à pointes.

23. Les *rosaces* sont des ornements circulaires représentant une rose. Celle-ci se compose de six feuilles et de six pointes d'un effet très-gracieux.

24. Construction. Décrivez une circonférence, divisez-la en six parties égales; tirez trois diamètres, et divisez chaque division en deux parties égales; de chaque division décrivez avec le rayon les feuilles de la rosace; tracez les six pointes en posant le compas à l'extrémité de chaque feuille, terminez par les hachures.

25. Observations. Les divisions doivent être bien égales, les pointes fines, et les hachures régulières.

8. Rosace à six branches.

26. Cette rosace a six branches, séparées par des triangles curvilignes formés d'arcs concentriques.

27. Construction. Décrivez une circonférence, et, avec le même rayon, les branches; de l'extrémité de celles-ci et avec une ouverture plus grande que le rayon, décrivez les triangles, puis les arcs concentriques.

28. Observations. Les six branches et les six triangles doivent être bien réguliers, et les arcs gradués.

9. Rosace à huit feuilles.

29. La *rosace à huit feuilles* est ornée au milieu d'une petite rosace à huit branches.

30. Construction. Décrivez une circonférence et divisez-la en huit parties égales; tracez la petite rosace; cherchez sur le diamètre un point qui soit à égale distance du centre et de l'extrémité des deux diamètres adjacents; du centre décrivez une circonférence qui passe par ce point, elle détermine, sur chaque diamètre, le centre des arcs; tracez les grandes feuilles, puis les petites; ensuite les nervures et les hachures.

31. Observations. Les petites feuilles doivent s'arrêter aux grandes et les hachures être bien nettes.

10. Rosace à seize feuilles.

32. La *rosace à seize feuilles* est ornée au milieu d'une petite rosace à huit feuilles.

33. Construction. Décrivez une circonférence, divisez-la en seize parties égales, tracez huit diamètres, décrivez des circonférences concentriques qui déterminent la petite rosace et les diverses parties des feuilles; dessinez les courbes à main levée.

34. Observations. Les feuilles doivent être semblables, et les courbes régulières et gracieuses.

11. Croix de la Légion d'honneur.

35. La croix de la Légion d'honneur, est une décoration civile et militaire, elle a la forme d'une étoile à cinq branches à double pointe.

36. Construction. Tracez une circonférence, divisez-la en dix parties égales; tracez les petites circonférences, et menez des diamètres par les divisions 1 et 6, 2 et 7, 3 et 8, etc., menez de 2 à 5, de 3 à 10, etc., des lignes qui forment les angles rentrants des branches; dessinez les couronnes et les lettres.

37. Observations. Les branches doivent être régulières, les détails des couronnes dessinés avec soin.

12. Médaille.

38. Une médaille est une pièce de métal circulaire, frappée en l'honneur de personnes illustres, d'actions, d'événements ou d'entreprises mémorables.

39. Construction. Décrivez une circonférence et dessinez les détails; terminez par les lettres.

40. Observations. La beauté de ce dessin consiste dans le fini des détails et l'harmonie de l'ensemble.

MENUISERIE.

41. La *menuiserie* est l'art de travailler le bois. La menuiserie en bâtiment comprend les travaux en bois qui entrent dans la construction des bâtiments, tels que portes, croisées, lambris, parquets, etc.

13. Parquet à bâtons rompus.

42. Les *parquets* sont des assemblages de menuiserie composés d'un châssis et de plusieurs traverses assemblées à tenons et mortaises, qu'on remplit de panneaux retenus par des languettes dans les rainures du châssis; le tout à parement arasé.

43. Le *parquet à bâtons rompus* se compose d'un châssis, de traverses qui se coupent en alternant et de panneaux.

44. Construction. Tirez la ligne A B, puis les perpendiculaires égales A C et B D, joignez C D; divisez les côtés du carré en trois parties égales; tirez deux diagonales, qui seront les axes des deux grandes frises; tracez-les au moyen de parallèles; terminez par les autres frises.

45. Observations. Toutes les frises doivent avoir la même épaisseur et se couper régulièrement.

14. Parquet à compartiments égaux.

46. Le *parquet à compartiments égaux* se compose d'un châssis et de quatre carrés, divisés par des diagonales.

47. Construction. Tracez le carré A B C D, divisez chaque côté en deux parties égales; tracez les quatre carrés, puis les diagonales qui forment croisillons.

48. Observations. Les frises et les croisillons doivent être bien égaux, ainsi que les quatre carrés.

15. Parquet en chaînons.

49. Le *parquet en chaînons* se compose d'un châssis et de frises qui, terminées carrément d'un côté et de l'autre par un quart de cercle, forment de petits carrés et des octogones mixtilignes.

50. Construction. Tracez le carré A B C D, divisez les côtés en dix parties égales; tirez par ces divisions des lignes parallèles destinées à former les frises. Pour les chaînons, décrivez les quarts de cercle qui doivent se raccorder avec les lignes droites.

51. Observations. Les frises doivent être égales, les arcs se raccorder sans coude et les octogones bien nets.

16. Parquet en mosaïque.

52. Le *parquet en mosaïque* se compose d'un châssis et d'une couronne qui lui est tangente, de traverses, et d'un panneau octogone au milieu.

53. Construction. Tracez le carré A B C D; divisez-le en quatre parties égales; tirez les deux diagonales, leur intersection est le centre des circonférences de la couronne, décrivez-les; tracez l'octogone et les traverses.

54. Observations. La couronne doit être tangente aux quatre côtés du carré, les côtés de l'octogone égaux.

17. Porte avec archivolte et imposte.

55. La *porte avec archivolte et imposte* se compose : 1° de deux pilastres A et B, surmontés d'une archivolte G, de deux colonnettes E E; 2° d'une porte à deux vantaux.

56. Construction. Tracez la ligne A B, puis, perpendiculairement au milieu, la ligne d'axe F G, et, à égale distance, les lignes A C et B D; marquez la hauteur de la porte, et décrivez l'archivolte C G D; tracez les pilastres, les colonnettes et leurs moulures qui sont : un filet, un larmier, un quart de rond, un filet, et une astragale; terminez par les panneaux de la porte.

57. Observations. Les arcs de l'archivolte doivent tomber d'aplomb sur les pilastres et sur les colonnettes.

18. Porte d'extérieur à deux vantaux.

58. La *porte d'extérieur à deux vantaux* est entourée d'un chambranle : elle se compose de deux vantaux s'ouvrant sous l'imposte, décorée de panneaux octogones

59. Construction. Tracez la ligne A B, puis la perpendiculaire E F au milieu, et les parallèles A C et B D; tirez C D; marquez la hauteur et la largeur du chambranle, de la porte et des panneaux, et tracez-les.

60. Observations. Les lignes des moulures du chambranle et de la porte doivent être fines et parallèles, et les côtés des panneaux bien réguliers.

61. *Pour doubler les dimensions de cette figure ou de toute autre*, il faut porter deux fois la longueur de chaque ligne.

19 et 20. Porte d'intérieur à deux vantaux.

62. La *porte d'intérieur* a deux vantaux différents : le premier est orné de trois panneaux, le second de quatre.

63. Construction. Tracez les lignes A B, puis A C, B D et E F au milieu; dessinez le chambranle, ensuite la porte et ses deux vantaux avec leurs panneaux.

64. Observations. Il faut faire les deux vantaux semblables, ce qui produira deux portes différentes.

21. Fenêtre carrée ou mezzanine.

65. Les *mezzanines* sont de petites fenêtres carrées qui se placent aux entresols des grandes habitations.

66. Construction. Tracez un carré, divisez-le en quatre parties égales; puis tracez le bâti, les petits bois et le chambranle dont les angles font saillie.

67. Observations. Les carreaux et les angles doivent être égaux et réguliers.

22. Porte vitrée.

68. Les *portes vitrées* se placent dans les intérieurs, pour les cabinets, les chambres, les cuisines, etc.

69. Construction. Tracez le chambranle, puis les panneaux; celui du bas plein, et celui du haut vitré.

70. Observations. Les lignes des moulures doivent être fines et bien parallèles, et les carrés réguliers.

23. Devanture de boutique.

71. La *devanture de boutique* se compose de quatre compartiments égaux, séparés deux à deux par un cinquième formant l'entrée du magasin; elle est décorée de quatre pilastres avec chapiteaux et bases, et de deux petites colonnettes appuyées contre des pieds-droits.

72. Construction. Tracez la ligne de base A B, la perpendiculaire E F, et les parallèles A C et B D, puis les axes des pilastres et des colonnes; marquez la hauteur du soubassement G H, et celle de l'entablement C D I J; tracez les pilastres et les colonnes, et profilez leurs moulures; décrivez les quarts de cercle, tracez les carreaux, puis les panneaux du soubassement.

73. Observations. Les compartiments doivent être égaux, les moulures régulières, les lignes correspondantes des panneaux et des carreaux tracées ensemble.

CHARPENTE.

74. La *charpente* est l'art de travailler les grosses pièces de bois, pour les planchers, les toits, les échafaudages, les ponts en bois, etc.

24 et 25. Fermes de comble.

75. Les *fermes*, parties importantes de la charpente, sont des assemblages de pièces de bois qui forment le comble d'un bâtiment et soutiennent la couverture.

76. Les figures 24 et 25 représentent deux demi-fermes de comble de manége; elles sont composées chacune d'une cerce A, reliée aux arbalétriers B au moyen de moises C; celles de la figure 24 convergent au centre I, et celles de la figure 25 sont parallèles au poinçon D.

77. Construction. Tracez la base, décrivez la demi-circonférence pour la cerce; tracez les moises à égales distances, puis les arbalétriers.

78. Observations. Les moises doivent avoir la même épaisseur, et n'être pas coupées par les autres traits.

26. Comble brisé ou à mansardes.

79. Le *comble brisé* se compose des pièces de bois suivantes : A, l'entrait; B, les solives; C, les cerces; D, le poinçon; E, le faux entrait; F, les arbalétriers; G, les chevrons; H, les pannes; I, les échantignolles; K, les aisseliers, et O le faîtage.

80. Construction. Tracez la ligne horizontale, puis la ligne d'axe; enfin toutes les autres parties du comble.

81. Observations. Les deux côtés du comble doivent être semblables, et les solives à égales distances,

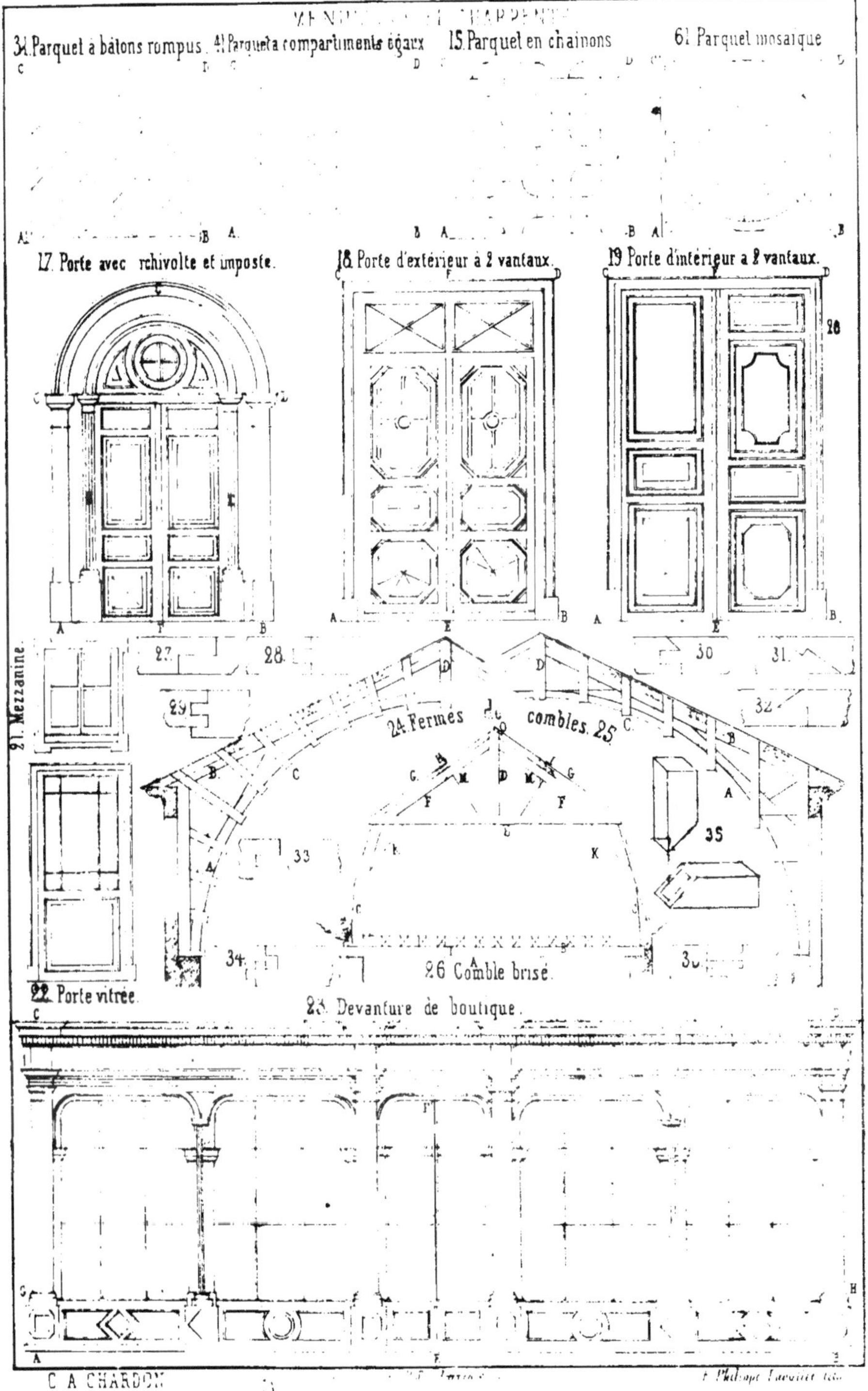

3. Parquet à bâtons rompus. 4. Parquet à compartiments égaux. 15. Parquet en chaînons. 6. Parquet mosaïque

17. Porte avec archivolte et imposte.

18. Porte d'extérieur à 2 vantaux.

19. Porte d'intérieur à 2 vantaux.

20

21. Mezzanine.

22. Porte vitrée.

24. Fermes de combles. 25

26. Comble brisé.

23. Devanture de boutique.

C. A. CHARDON

Paris

Philippe Lacroix lith.

SERRURERIE

37. Balcon avec croisillons droits.

38. Balcon avec losanges.

39. Balcon avec cercles tangents.

40. Balcon avec croisillons courbes.

41. Balcon en fonte orné.

42. Grille ornée style gothique.

43 Grands Balcons de façade.

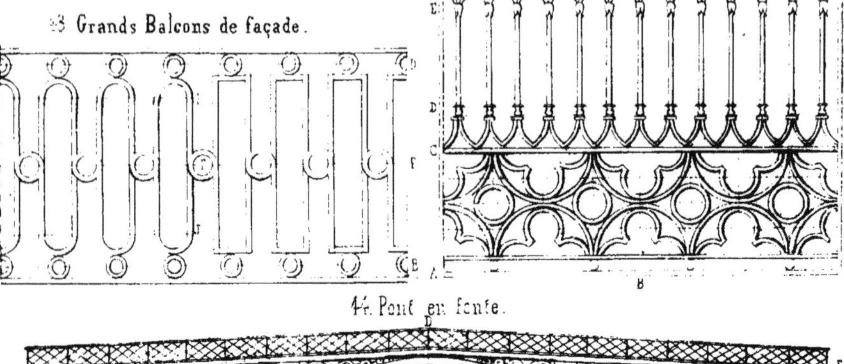

44. Pont en fonte.

27, 28, etc. Assemblages.

82. On appelle *assemblage* la réunion de deux ou de plusieurs pièces de bois jointes ensemble solidement.

27, Assemblage à mi-bois; 28, assemblage à rainure et languette; 29, assemblage à embrèvement simple; 30, assemblage à barbe et à chaperon; 31, assemblage à enfourchement avec encoches; 32, assemblage à mors d'âne; 33, assemblage à renfort; 34, assemblage à entailles; 35, assemblage à onglet, à tenons et mortaise; 36, assemblage à enfourchement.

SERRURERIE.

83. La *serrurerie* est l'art de travailler le fer.

84. Un bon serrurier doit connaître les différentes qualités de fer et savoir les employer à propos; il doit aussi avoir des notions de dessin pour les ouvrages de goût et de précision.

85. Le travail du serrurier consiste dans l'habileté à bien forger le fer, le souder au besoin, l'étamper, le limer et le polir selon sa destination.

37. Balcon avec croisillons droits.

86. On appelle *balcon* un assemblage de serrurerie, avec ou sans ornements, qui se place à hauteur d'appui à l'extérieur des croisées.

87. Les balcons ou appuis étaient autrefois en fer forgé contourné; aujourd'hui, par économie, ils sont remplacés par des panneaux en fonte très-ornementés.

88. On remplace souvent les balcons par de simples appuis en fonte formés de deux consoles et d'une palmette au milieu.

89. Le *balcon avec croisillons droits* se compose d'un bâti et de barres formant des triangles et des losanges : les intersections des barres sont ornées de patères.

90. Construction. Tirez la ligne A B et les verticales A C et B D, tracez le bâti A B C D; divisez les côtés du rectangle intérieur en deux parties égales; menez les diagonales et les parallèles par les points de division, et tracez la rosace et les petites circonférences.

91. Observations. Les barres de fer doivent toutes avoir la même épaisseur; les barres, les rectangles et les losanges être réguliers; les circonférences être tangentes, et les croisillons bien arrêtés aux petits cercles.

38. Balcon avec losanges.

92. Le *balcon avec losanges* est formé d'un bâti rempli par de petites tiges dont les interstices forment des losanges, et de barreaux en fer reliés par des barres formant des triangles.

93. Construction. Tracez le bâti A B C D; dans le rectangle du milieu tirez les lignes E F et G H, sur lesquelles doivent s'arrêter les barreaux; marquez la distance des barreaux et des triangles, puis les parties obliques qui les relient; divisez les côtés des grands rectangles en huit parties égales, et ceux des petits en quatre; tracez les croisillons qui doivent se couper régulièrement.

94. Observations. Les barres et les barreaux doivent avoir la même épaisseur, les barreaux être parallèles, à égale distance, et les losanges bien égaux.

39. Balcon avec cercles tangents.

95. Ce balcon se compose d'un bâti et de cercles qui lui sont tangents et qui se coupent alternativement.

96. Construction. Tirez la ligne E F sur laquelle se trouvent les centres des cercles; tracez une circonférence, et des extrémités du diamètre décrivez deux autres circonférences sur lesquelles vous tracez les deux demi-circonférences; tirez les diamètres verticaux; puis par les mêmes centres et d'un rayon plus petit, décrivez les circonférences qui marquent l'épaisseur des fers; tracez le bâti, et terminez par les petits cercles.

97. Observations. Il faut avoir soin de ne pas changer les rayons des grands cercles ni ceux des petits, afin que les fers aient tous la même épaisseur : les grands cercles doivent se couper régulièrement.

40. Balcon avec croisillons courbes.

98. Le *balcon avec croisillons courbes* se compose d'un double châssis orné de cercles et de losanges tangents.

99. Construction. Tirez la ligne A B, et les perpendiculaires A C et B D, et tracez le bâti A B C D, puis le second E F, ensuite les quatre cercles tangents, et les deux losanges qui les relient; divisez les côtés du rectangle du milieu en deux parties égales : le centre de chaque arc se trouve sur la perpendiculaire élevée sur le milieu de la distance de deux divisions; tracez les quatre arcs et les petits cercles du bâti.

100. Observations. Les fers doivent avoir la même épaisseur, les arcs être décrits avec le même rayon.

41. Balcon en fonte orné.

101. Le *balcon en fonte orné* est composé d'un bâti et d'un panneau dont les ornements sont : une rosace au milieu, des enroulements avec feuilles et volutes.

102. Construction. Tracez le bâti, partagez-le en deux parties égales par les lignes E F et G H; tracez les tiges et les volutes; quand elles sont bien régulières, dessinez les feuilles et terminez par les fleurons du bâti.

103. Observations. Le dessin du panneau se fait à main levée; il faut donner aux courbes de la régularité et de la grâce.

42. Grands Balcons de façade.

104. Les *grands balcons* sont ceux qui se placent ordinairement à l'étage supérieur d'une maison importante, et qui reposent sur la saillie couronnant l'édifice.

105. Le *premier grand balcon de façade* est composé de barreaux cintrés du haut et du bas, raccordés dans le milieu par de petits cercles; des cercles plus petits les relient aux deux barres qui forment le bâti.

106. Dans le *second grand balcon* les barreaux, au lieu d'être circulaires, sont terminés carrément.

107. Construction. Pour tracer le premier grand balcon, tirez la ligne A B, et les perpendiculaires A C et B D; puis les parallèles E F, G H, I J, sur lesquelles se trouvent les centres des cercles et des demi-cercles; marquez par des verticales la distance des cercles, décrivez-les et raccordez-les par des lignes droites; décrivez les petits cercles du haut et ceux du bas; tracez les deux barres horizontales; terminez par les petits cercles du milieu. Le second se fait d'une manière analogue.

108. Observations. Les cercles et les demi-cercles doivent être bien égaux; les barreaux raccordés avec les cercles d'une manière gracieuse et sans jarrets.

43. Grille ornée style gothique.

109. La *grille ornée style gothique* est formée de petits fuseaux en fer ornés de chapiteaux, de bases et de culots; ces fuseaux sont réunis entre eux par de petites tiges contournées en ogives.

110. Construction. Tracez la ligne horizontale A A, et au milieu la verticale B B; tirez les parallèles C C, D D, E E, F F, G G, H H, I I, J J, qui marquent la distance des ogives, des chapiteaux, des bases et des culots; à partir de la ligne B B, marquez, à des distances égales, l'axe de chacun des fuseaux sur lesquels se trouvent les centres des ogives; tracez les fuseaux, les ogives, les bases, puis les demi-cercles et les culots; décrivez les demi-cercles et les ogives de la partie supérieure; terminez par la partie inférieure de la grille, qu'il faut diviser en quatre carrés égaux subdivisés encore en quatre, pour avoir les centres des demi-cercles, des cercles et des trèfles.

111. Observations. Les fuseaux doivent être de même grosseur et à égale distance, les ogives bien régulières ainsi que les culots, les trèfles et les palmettes.

44. Pont en fonte.

112. Le *pont en fonte* se compose de trois arches formées par des archivoltes en fonte appuyées sur des piles en pierre. Les tympans sont remplis par des cercles qui reposent sur l'archivolte et soutiennent le tablier.

113. Construction. Tirez la ligne A B, et la perpendiculaire C D, axe de la pile du milieu; tracez les piles, le tablier et la balustrade; pour décrire les arches, cherchez le centre, comme pour faire passer une circonférence par trois points donnés (*pl. 4, fig. 114, paragr. 249*); terminez par les cercles qui doivent être tangents aux arcs et au tablier du pont.

114. Observations. Les lignes des piles, du tablier, de la balustrade et celles des arches, doivent être parallèles; les cercles tangents et les losanges égaux.

45. Porte carrée avec fronton.

115. La *maçonnerie* est l'art de bâtir toutes espèces de constructions en pierres, édifices publics ou particuliers, ponts, quais, etc.

116. Les portes sont des ouvertures faites pour entrer dans un lieu fermé et pour en sortir.

117. La *porte carrée avec fronton* se compose : d'un chambranle A, orné de moulures, de deux pieds-droits surmontés d'une console, dont nous donnons le profil *fig.* 46, d'une frise G décorée de panneaux, et d'un fronton triangulaire D.

118. CONSTRUCTION. Tirez la ligne de sol A B, au milieu de laquelle vous élevez la perpendiculaire ou ligne d'axe C D; tracez ensuite les lignes A E et B F, qui déterminent la largeur de la porte, et portez-y la hauteur de la frise et de la corniche; à droite et à gauche de la ligne d'axe, et à égale distance, tracez les deux pieds-droits et les deux contre-chambranles; dessinez les consoles, le fronton et la frise, et profilez les moulures de la corniche qui sont : un filet, un talon, un larmier, un filet, un quart de rond et un filet; le fronton a, en plus, un filet et une doucine.

119. OBSERVATIONS. Les lignes du chambranle, des pieds-droits et de la corniche doivent être bien parallèles, et les deux côtés de la porte et du fronton être parfaitement semblables.

NOTA. *Il faut dessiner chaque figure au quadruple, en doublant les dimensions de chaque ligne.*

47. Porte à plein cintre d'ordre toscan.

120. La *porte à plein cintre d'ordre toscan* se compose d'un chambranle circulaire, orné de moulures et d'une clef à facettes G; des pierres de taille en saillie P, appelées *bossages*, donnent à cette porte un caractère de magnificence et de solidité; elle est surmontée d'une corniche d'ordre toscan.

121. CONSTRUCTION. Tracez la ligne de sol A B, la perpendiculaire C D qui forme l'axe, et les lignes A E et B F qui donnent la largeur de la porte; marquez sur ces lignes la hauteur de la corniche, de la frise et du cintre; décrivez les six demi-circonférences du chambranle, puis les six lignes droites qui doivent se raccorder sans jarret; dessinez la clef et les bossages qui doivent être tous égaux. Les membres de la corniche sont : un glacis pour l'écoulement des eaux, un quart de rond, un filet, un larmier, et un filet; pour l'architrave : un filet, un talon, et deux plates-bandes d'inégale hauteur.

122. OBSERVATIONS. Les lignes droites doivent se raccorder parfaitement avec les demi-circonférences, les bossages être bien réguliers et égaux, et les profils des moulures semblables.

48. Porte à plein cintre de portique toscan.

123. Cette porte, élevée de cinq marches au-dessus du sol, est composée de deux pilastres cannelés L reposant sur deux piédestaux formant l'acrotère du perron, et d'un entablement d'ordre toscan E; l'ouverture est formée par une archivolte sans moulure reposant sur les impostes des pieds-droits P.

124. CONSTRUCTION. Tracez la ligne de sol A B, au milieu la ligne C D, et, sur les côtés, les parallèles A E et B F; portez dessus la hauteur de l'entablement, des chapiteaux, des bases, des piédestaux et des marches, et tracez ces lignes; après avoir décrit l'archivolte I, tracez les pieds-droits; puis les pilastres, avec leurs chapiteaux, leurs fûts, leurs bases et leurs cannelures; terminez par le profil des moulures. Les moulures de l'entablement sont : un quart de rond, un filet, un larmier, un filet, un talon; pour le chapiteau : un filet, un larmier, un filet, un quart de rond, un filet; pour la base : un congé, un filet, un tore et un plinthe; pour le piédestal : un filet, un talon et un socle.

125. OBSERVATIONS. L'archivolte doit tomber à plomb des pieds-droits et toucher les pilastres, la frise être sur le prolongement des pilastres.

49. Porte à plein cintre d'ordre dorique.

126. Cette porte est composée de pilastres, d'une archivolte et d'un entablement dorique. L'ouverture de la porte est remplie par une grille, et le plein cintre par un panneau orné en fonte.

127. CONSTRUCTION. Tracez la ligne A B, et au milieu la perpendiculaire C D, puis les parallèles A E et B F; marquez sur ces lignes la hauteur de l'entablement, des impostes, et tracez-les; décrivez l'archivolte, et à droite et à gauche l'axe des pilastres P; tracez les pilastres avec leurs chapiteaux, leurs fûts et leurs bases; puis dessinez les triglyphes T et les mutules M, en observant qu'il doit s'en trouver un à l'aplomb de l'axe de la porte et de celui des pilastres; terminez par la grille et les panneaux de l'archivolte; pour le tracer, divisez la demi-circonférence d'abord en trois parties égales en portant trois fois le rayon, puis partagez chaque division en trois parties égales; menez les huit rayons et dessinez les courbes. Les moulures sont pour l'entablement : un filet, une doucine, un filet, un larmier, un filet, et les deux faces de l'architrave; pour le chapiteau, un filet, un talon, un larmier, un quart de rond et un filet; pour l'imposte, un filet, une doucine, un filet et une plate-bande; pour la base, un congé, un filet, un tore, un plinthe et le socle au-dessous.

128. OBSERVATIONS. Les moulures doivent être nettes et les saillies pas trop fortes; les pierres bien égales, ainsi que la distance des barreaux et des rayons.

50. Porte carrée d'ordre ionique.

129. Cette porte est formée de deux colonnes d'ordre ionique surmontées d'un entablement du même ordre. La baie est entourée d'un chambranle orné de moulures; la porte est fermée de deux vantaux en menuiserie décorés de panneaux.

130. CONSTRUCTION. Tracez la ligne A B, et au milieu la perpendiculaire C D, qui est la ligne d'axe; à droite et à gauche, et à des distances égales, tracez l'axe des colonnes; marquez dessus la hauteur de l'entablement, du chambranle et de la porte, et tracez-les; dessinez les fûts, les chapiteaux et les bases des colonnes, en ayant soin de diminuer le fût d'un sixième par en haut, et de placer les moulures à une égale distance de chaque côté des axes; terminez par les panneaux des vantaux et les marches.

La corniche est composée des moulures suivantes : un filet, une doucine, un filet, un larmier, un filet, un champ dans lequel on peut placer des denticules, un filet, un quart de rond et un filet; l'architrave a un filet, un talon, et les deux faces d'inégale hauteur; le chapiteau de la colonne a un filet, un talon, les deux volutes et l'astragale; la base a un congé, un filet, une baguette, une scotie, un tore, un plinthe et un socle.

131. OBSERVATIONS. Les deux colonnes doivent être semblables, à égale distance de l'axe de la porte, et toutes leurs moulures correspondantes tracées en même temps, ainsi que celles des panneaux; les profils doivent être à égale distance des axes des colonnes.

51. Pont en pierre.

132. Le *pont en pierre* est composé de trois arches d'inégale largeur, en forme d'anse de panier, reposant sur des pieds-droits ou piles en pierres de taille, dans lesquels se trouvent refouillées de petites niches placées au-dessus de carrés formant saillie et taillés en pointe de diamant. La balustrade ou appui est composée de dés qui se trouvent à plomb des pieds-droits.

133. CONSTRUCTION. Tracez la ligne de sol A B, puis au milieu la perpendiculaire C D, qui sera l'axe de l'arche du milieu; à droite et à gauche et à égale distance, tracez deux autres verticales qui seront les axes des arches latérales; chaque arche se compose de deux petits arcs égaux se raccordant avec un troisième : ils se décrivent au moyen des centres G H I; tracez les arches en commençant par les petits arcs, puis les piles qui doivent se raccorder parfaitement avec les petits arcs; tracez les lignes parallèles de la balustrade; dessinez les dés et les ornements de la balustrade; terminez par les claveaux ou pierres de taille des trois voûtes, et par les niches et les carrés.

134. OBSERVATIONS. Les lignes des piles doivent se raccorder avec les arcs des voûtes; les quatre piles doivent être semblables; les claveaux bien égaux, ainsi que les dés, les carrés et les rectangles de la balustrade.

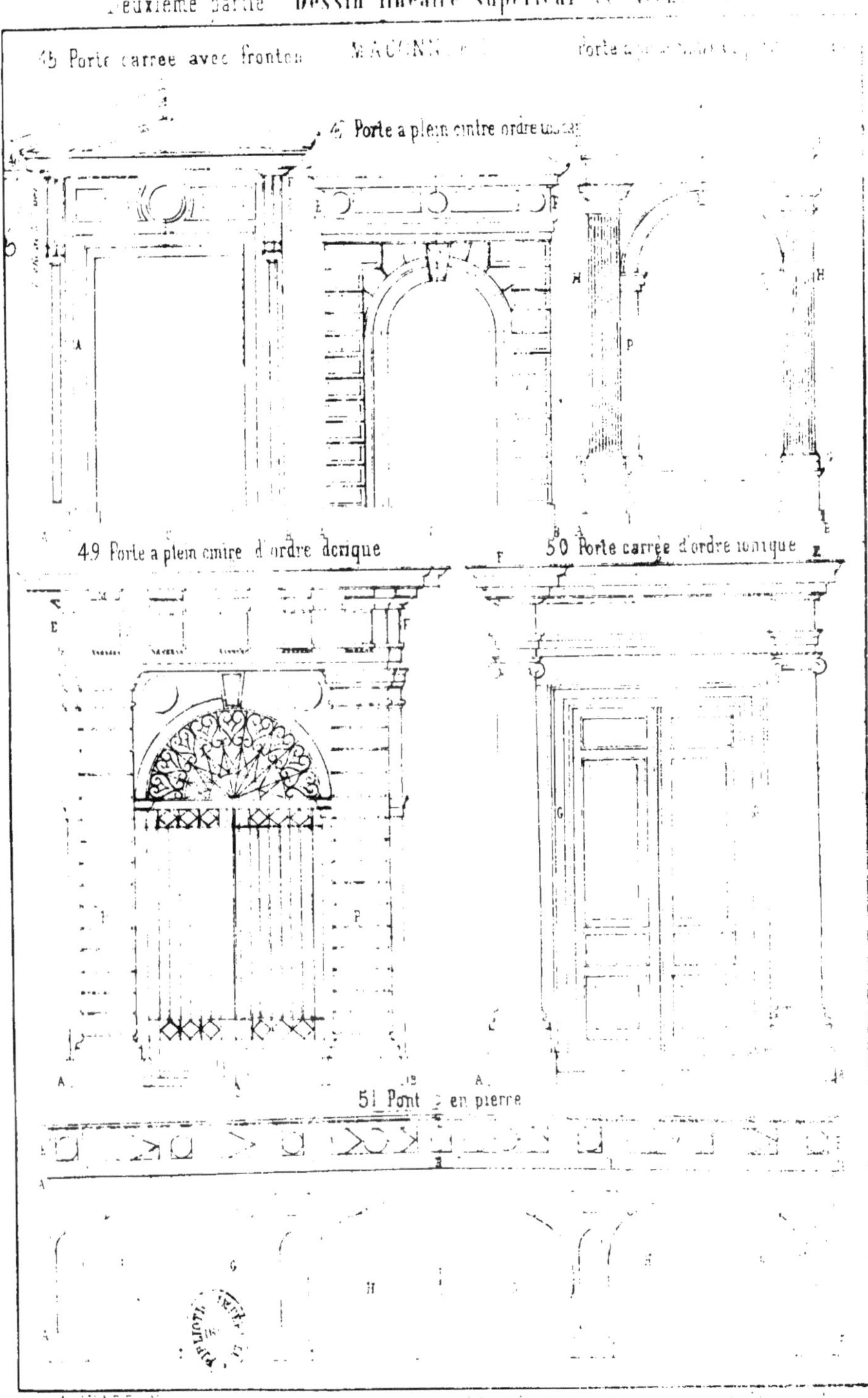
Porte carree avec fronton
Porte a plein cintre ordre
49 Porte a plein cintre d'ordre dorique
50 Porte carrée d'ordre ionique
51 Pont en pierre

DES LEVIERS.

153, Levier; 154, Balance; 155, Romaine, etc.

164. La *mécanique* est la science du mouvement et de l'équilibre des corps; elle a pour but la conception, la construction et l'application des machines.

165. On appelle *machine* tout instrument qui transmet à un corps l'action d'une force, ou change la direction de celle-ci.

166. Les *machines simples* sont : le levier, la poulie, le treuil, le coin, le plan incliné et la vis.

167. Les combinaisons de machines simples donnent les *machines composées*.

168. Les *moteurs* sont les forces qui donnent le mouvement aux machines; les principaux moteurs sont : l'homme, les animaux, l'eau, le vent, la vapeur d'eau, l'air comprimé, etc.

169. Le *levier*, *fig.* 153, est une barre de fer ou de bois, qui repose sur un *point d'appui* fixe A, et reçoit à l'une de ses extrémités une *puissance* P, pour vaincre une *résistance* B.

170. La *force d'un levier* consiste dans la différence de longueur des deux bras : plus la distance du point d'appui à la puissance est grande, plus le levier est puissant; mais ce qu'on gagne en force on le perd en vitesse, et *vice versa*.

171. Il y a trois sortes de leviers : 1° le *premier genre* a le point d'appui entre la puissance et la résistance : levier ordinaire, balance, romaine, tenailles, etc.; 2° le *deuxième genre* a la résistance entre l'appui et la puissance : brouette, couteau de boulanger, etc.; 3° le *troisième genre* a la puissance entre l'appui et la résistance : compas, étau, pincettes, etc.

172. La *balance*, fig. 154, est un levier du premier genre à bras égaux : *b d*, fléau; P R, bassins; *c*, colonne; A, appui.

173. CONSTRUCTION. Tirez une ligne horizontale et une ligne d'axe perpendiculaire au milieu; tracez la colonne, le fléau, les plateaux et les chaînes.

174. OBSERVATIONS. Faites les deux plateaux égaux, et le fléau perpendiculaire à l'axe de la colonne.

175. La *romaine*, fig. 155, est une balance à bras inégaux, composée d'un fléau, de deux crochets et d'un curseur mobile P.

176. Les *tenailles*, fig. 156, sont encore un exemple de levier du premier genre.

177. La *brouette*, fig. 157, est un levier du second genre : la résistance R est placée entre l'appui A et la puissance P.

178. Le *compas*, fig. 158, levier du troisième genre, a la puissance P placée entre la résistance R et l'appui A.

179. CONSTRUCTION. Pour le tracé de la romaine, des tenailles, du compas et de la brouette, tirez une ligne d'axe, et dessinez les contours et les détails avec régularité.

180. OBSERVATIONS. Les divisions de la romaine doivent être égales, les branches des tenailles et du compas semblables, et les lignes de la brouette bien régulières.

159. Poulie; 160 et 161. Moufles; 162. Vis sans fin.

181. La *poulie* est une roue creusée, à sa circonférence, d'une gorge dans laquelle passe une corde, et traversée au centre par un pivot dont les extrémités sont enchâssées dans les montants d'une chape.

182. Les *moufles* sont des systèmes de poulies fixes et de poulies mobiles embrassées par la même corde : *fig.* 160, moufle à poulies assemblées dans une même chape, sur des axes particuliers; *fig.* 161, moufle à trois poulies tournant sur le même axe.

183. La poulie, étant un levier à bras égaux, change seulement la direction de la puissance; les moufles augmentent la puissance d'autant de fois qu'ils ont de poulies. Ils servent à soulever de grandes masses avec de petites forces.

184. La *vis sans fin*, fig. 162, est composée d'une roue dentée et d'une vis dont le filet s'engage dans les dents de la roue : en tournant, la vis fait nécessairement tourner la roue.

185. CONSTRUCTION. Pour la poulie, tracez la circonférence, la chape et la corde; pour les moufles, tirez la ligne d'axe des chapes; tracez-les, ainsi que les roues; dessinez les cordes, les crochets et les poids; pour la vis sans fin, dessinez le cylindre et le filet, puis la roue dont les divisions doivent être égales.

186. OBSERVATIONS. Les axes des poulies doivent être sur la même ligne, les cordes de la même grosseur, les chapes et les crochets réguliers.

163. Grue.

187. La *grue*, formée de plusieurs roues d'engrenage, est destinée à charger et à décharger les bateaux, les wagons et à emmagasiner les marchandises.

188. CONSTRUCTION. Tracez la colonne verticale A B, et la potence horizontale B C; puis le support D E, les roues dentées et la chaîne.

189. OBSERVATIONS. La colonne doit diminuer vers le haut, et les hachures être espacées graduellement, de manière à la faire tourner; les lignes des autres pièces parallèles, et les dents des roues égales.

164. Treuil; 165. Cabestan.

190. Le *treuil* ou tour est composé d'un cylindre en bois sur lequel s'enroule une corde; à l'extrémité de celle-ci est attaché le poids à soulever.

191. Le *cabestan* est un treuil dont le cylindre est placé verticalement. On s'en sert pour exercer de très-grands efforts en sens horizontal; il est mis en mouvement au moyen de barres ou leviers.

192. CONSTRUCTION. Tracez les deux montants, le cylindre, les leviers, la corde et le poids.

193. OBSERVATIONS. Les montants doivent être semblables, le cylindre rond, les leviers réguliers, et la corde partout de la même grosseur.

166. Tour d'engrenage; 167. Engrenage; 168. Cric.

194. Le *tour à engrenage à guide mobile* sert à tourner le fer ou le bois.

195. Les *engrenages* augmentent les forces ou la vitesse, et les transmettent dans diverses directions.

196. Le *cric* est une machine qui sert à élever des corps très-pesants à de petites hauteurs. Il se compose d'une crémaillère *a*, qui engrène avec un pignon *c*, auquel est fixée une roue dentée *d*, qui engrène avec un second pignon *b*, mis en mouvement par une manivelle *e*.

197. CONSTRUCTION. Pour le tour, tracez l'établi, puis les roues d'engrenage; pour l'engrenage, tracez l'axe horizontal et l'axe vertical; puis dessinez la roue dentée A et la lanterne B; pour le cric, tracez le bâti en bois, la crémaillère et les roues d'engrenage.

198. OBSERVATIONS. Les lignes de l'établi, du tour, et celles des roues, doivent être parallèles, les ombres bien placées, ainsi que dans l'engrenage; les dents de la crémaillère, des roues et des pignons du cric, bien égales.

169. Coin; 170. Vis d'Archimède; 171. Haquet.

199. Le *coin* est un prisme triangulaire qui sert à fendre en deux du bois et des pierres, etc.

200. La *vis d'Archimède* est destinée à élever l'eau à une petite hauteur : elle se compose d'un cylindre sur lequel s'enroule un tube en forme de spirale : une manivelle la met en mouvement.

201. Le *haquet* est une charrette dont les limons ne font pas corps avec le brancard; aussi lui donne-t-on la forme d'un plan incliné, pour faciliter le chargement.

202. CONSTRUCTION. Tracez le bois, puis le coin; tracez le cylindre, puis la spirale et la manivelle; dessinez le haquet, l'homme et le cheval.

203. OBSERVATIONS. Le bois du coin et le cylindre de la vis doivent être ronds; les roues du haquet et le tonneau doivent être naturels; les détails de l'homme et du cheval gracieux.

OUTILS DE SERRURERIE.

135. Les *outils* sont les instruments dont se servent les ouvriers pour leurs travaux.

136. La *forge*, fig. 52, le plus utile outil du serrurier, se compose d'un foyer A, d'une cheminée B, d'une auge C, et d'un soufflet D, fig. 53.

137. Construction. Tracez la ligne de sol, puis la ligne d'axe F G; marquez la hauteur du manteau M et celle de la plate-bande; dessinez la cheminée, le foyer et les deux âtres E; profilez les moulures de l'auge, de la corniche et des deux consoles du soubassement; terminez par le soufflet et ses accessoires.

138. Observations. Les lignes horizontales doivent être bien parallèles, les briques régulières.

139. Les autres outils du serrurier sont :

140. La *bigorne* ou *petite enclume*, fig. 54, se compose d'une tige A, d'une bigorne ronde B, d'une bigorne carrée C, et de son embase D.

55, Le *tranchet*; 56, le *tasseau d'enclume*; 57, la *griffe d'enclume*; 58, le *marteau de frappeur*; 59, *marteau à devant*; 60, *marteau à main*; 61, l'*étau d'établi* de serrurier, composé de deux tiges A A, des mors B, des yeux C, de la boite D, des jumelles E, de la tête de la vis P, de la manivelle M, d'un ressort R, de l'établi S, du pied T; 62, le *tas d'établi*; 63, le *vilebrequin* pour percer des trous : *a*, poignée; *b*, manivelle; *c*, mèche; 64, la *petite pince*; 65, les *tenailles ordinaires*; 66, les *tenailles à bouton*; 67, le *dégorgeoir* à gaine; 68, *filière moderne* pour faire les pas de vis; 69, une *filière* plus solide.

141. Construction. Le dessin de ces divers outils se fait à main levée, le plus exactement possible.

142. Observations. Pour augmenter ces figures, donnez à chaque ligne une longueur proportionnelle à l'augmentation adoptée.

OUTILS DE MENUISERIE.

143. Les outils du menuisier sont en très-grand nombre; les principaux sont :

70, La *scie allemande ou de côté*, pour refendre les pièces de bois; 71, la *scie à débiter*, pour les couper de longueur; 72, l'*établi*, le plus utile des outils du menuisier : *a*, crochet pour arrêter les planches; *b*, le valet pour les assujettir; *c*, l'entaille pour assujettir les scies à réparer; 73, la *grande varlope*, pour dresser le bois; 74, la *demi-varlope*, pour le corroyer; 75, le *rabot*; 76, le *guillaume*, pour replanir le bois. Ces pièces sont appelées *outils à fût*. 77, le *maillet*; 78, le *marteau*; 79, le *compas*; 80, *scie à main*; 81, le *sergent en fer*, et 82, la *presse*, qui servent à serrer pour coller, cheviller ou redresser; 83, la *petite équerre*, réunissant l'angle droit, l'onglet et la pièce carrée; 84, la *fausse équerre*, pour tracer les fausses coupes; 85 et 86, les *ciseaux à manche de bois*, pour préparer le bois avant de le corroyer; 87, le *bec-d'âne*, pour percer les mortaises; 88, le *fermoir*, pour ébaucher les tenons et les mortaises; 89, le *fermoir à nez rond*; 90, la *gouge*, pour creuser circulairement; 91, le *biseau*.

144. Construction. Pour dessiner les scies, l'établi et les varlopes, tracez d'abord un rectangle, puis les détails; pour les ciseaux, tracez une ligne d'axe et dessinez les détails de chacun.

145. Observations. Les lignes d'ombre doivent être plus grosses, les courbes régulières, les dents des scies bien égales.

OUTILS DE CHARPENTERIE.

146. Les outils indispensables au charpentier sont peu nombreux; les principaux sont :

147. La *scie ordinaire*, fig. 92, qui sert à débiter le bois; deux hommes la font mouvoir en la tirant alternativement. Ses principales pièces sont : *a a*, montants; *b*, traverse; *c*, corde; *d*, clef; *e*, lame.

148. La *bisaiguë*, fig. 93, est une barre de fer plate garnie d'acier aux deux extrémités : *a*, ciseau plat; *b*, bec-d'âne; *c*, douille, pour faire les tenons et les mortaises.

149. Les *haches* sont composées d'une lame tranchante *a*, d'une tête *b*, et d'un manche *c* : 94, *grosse hache*; 95, *hache de charron*; 96, *petite hachette*; 97, *herminettes*; 98, *herminette à gouge*; 99, *marteau*.

150. Le *passe-partout*, fig. 100, espèce de scie dont la lame est courbée et les dents fortes et espacées : *a a*, manches; *b*, lame.

151. Le *vilebrequin*, fig. 101 : *a*, poignée; *b*, manivelle coudée; *c*, mèche.

152. Les autres outils sont : 102, les *tenailles*; 103, le *compas*; 104, le *maillet*; 105, le *ciseau à froid*; 106, l'*ébauchoir*; 107, *le pied de biche*; 108 et 109, les *ciseaux* à manches de bois; 110, le *fermoir*; 111, la *gouge*.

153. Construction. Avoir soin de tirer une ligne d'axe, et de tracer exactement les contours.

154. Observations. Les lignes horizontales et les perpendiculaires doivent être d'un tracé régulier; les courbes gracieuses; les lignes d'ombre bien senties.

USTENSILES DE MÉNAGE.

155. On désigne par *ustensiles de ménage* ceux qui servent principalement à la cuisine. Ils ont des formes très-variées, les principaux sont :

156. Le *cuvier*, fig. 112, baquet en bois, de forme circulaire, à le fond plus étroit que le haut; il est composé de douves réunies par des cercles en bois ou en fer.

157. Le *tonneau*, fig. 113, est en bois, cylindrique, renflé au milieu, construit de douves réunies par des cerceaux : *b*, bonde; *c*, cerceaux; *d*, douves; *t*, traverses.

114, La *soupière moderne*, à anses en forme de consoles; 115, le *saladier* à côtes refouillées; 116, le *pot à eau* avec sa *cuvette*; 117, la *tasse* à café avec sa *soucoupe*; 118, la *carafe* à facettes taillées; 119, la *pelle à feu*; 120, les *pincettes*; 121, la *crémaillère* à dents; 122, le *garde-feu*; 123, le *fourneau* portatif, en terre; 124, le *soufflet*; 125, le *poêle en faïence* à cannelures; P, porte du foyer; F, four; T, tuyau; 126, les *chenets*; 127, le *quinquet*; 128, le *chandelier*; 129, l'*éteignoir*; 130, la *lanterne*; 131, le *panier* en osier; 132, la *hotte* en osier.

158. Construction. Pour le cuvier, le tonneau et le poêle, tracez une ligne de sol et une ligne d'axe perpendiculaire au milieu; dessinez les douves et les cannelures en les diminuant à partir de l'axe.

159. Observations. Les lignes doivent être fines, les contours réguliers et gracieux, les détails et l'ensemble bien harmonisés; il faut doubler, tripler ou quadrupler les dimensions des figures.

Nota. Notre cadre restreint nous a forcé de réduire les grands outils et ustensiles, ce qui fait qu'ils ne sont pas tous proportionnés.

PROFILS DE MENUISERIE.

160. Les *cymaises* sont des moulures en bois qui se placent sur le mur à hauteur d'appui pour arrêter le papier de tenture.

Les *cymaises* suivantes ont : 133, plate-bande, talon, filet et baguette; 134, plate-bande, filet, doucine et filet; 135, plate-bande, filet, talon et baguette; 136, cavet, plate-bande, talon, filet et baguette.

161. Les *plinthes* ou *stylobates* sont des moulures en bois qui se placent au bas des murs pour les garantir.

Plinthes composées : 137, d'un cavet, d'un listel, d'un filet, d'une doucine renversée, d'un filet et d'un socle; 138, d'un filet, d'une doucine renversée, d'un filet et d'un socle; 139, d'un filet, d'un talon renversé, d'un cavet et d'un socle; 140, *petit-bois* pour panneaux, composé : d'un talon, d'un carré et d'un talon.

Chambranles 141, avec boudin, filet, doucine, filet; 142, boudin, filet, doucine, filet, baguette; *contre-chambranles* 143, avec : baguette, filet, congé, frise, congé, filet, baguette; 144, baguette, filet, congé, frise bombée, congé, filet, baguette.

Lambris, 145, avec baguette, filet, doucine, filet, plate-bande, filet, talon; 146, cavet, filet, baguette, filet, talon, filet, baguette; 147, *petit-bois de fenêtre*.

162. *Moulures pour corniches rampantes*, fig. 148, 149, 150.

Moulures pour corniches de plafonds, fig. 151, 152.

163. Observations. Nous avons donné un grand nombre de profils de moulures, afin d'habituer les élèves à profiler avec grâce et exactitude.

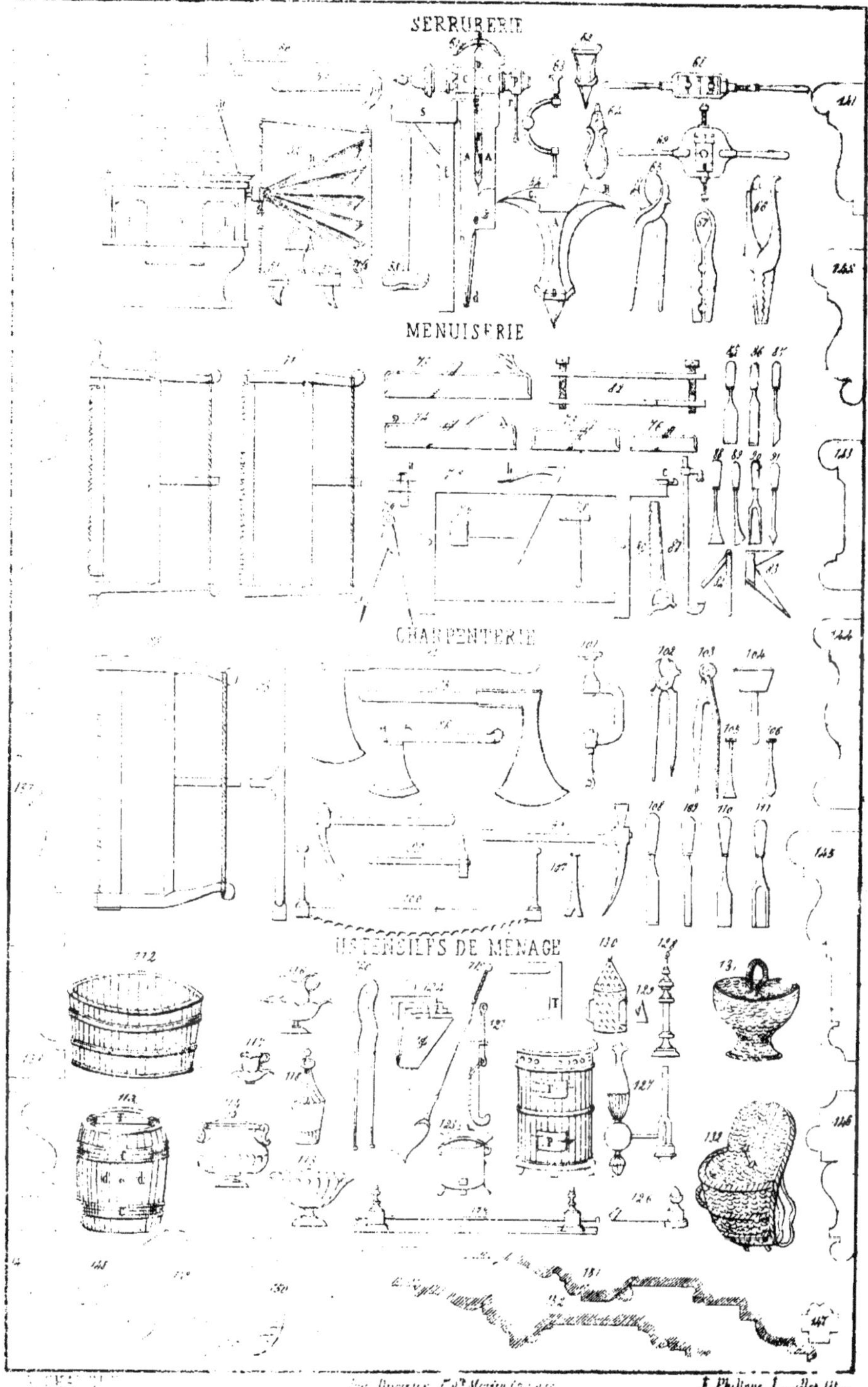
SERRURERIE
MENUISERIE
CHARPENTERIE
USTENSILES DE MÉNAGE

MÉCANIQUE.
Tenailles
Compas
158
Balance
154
155 Romaine
Poulie
Brouette
157
Levier
Moufle
160
163 Grue
Vis sans fin
162
165
Cabestan
166
Tour
164
Treuil
Coin
170
Vis d'Archimède
Plans inclinés
Bacquet
167
Engrenage
168

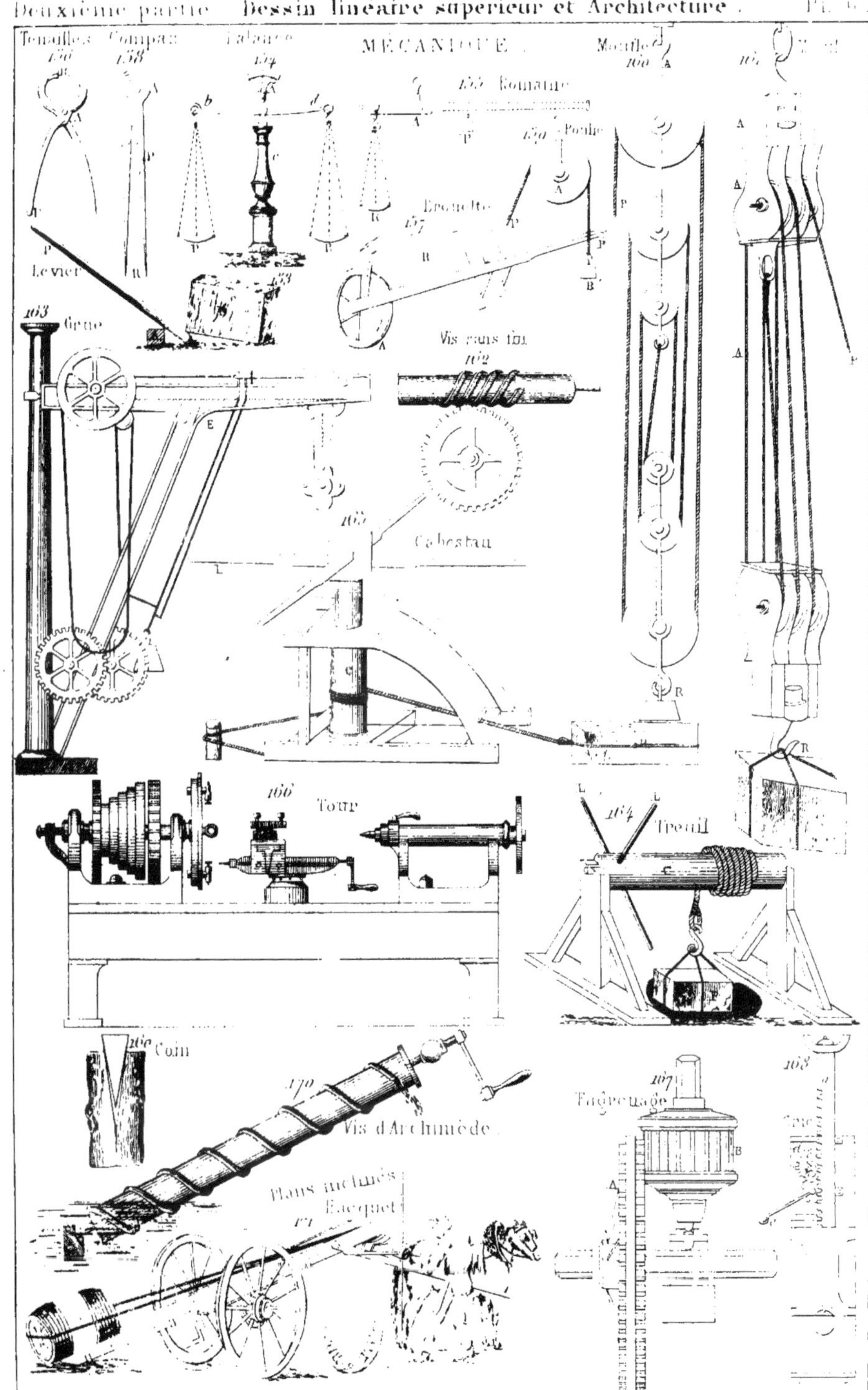

C.A. Chardon

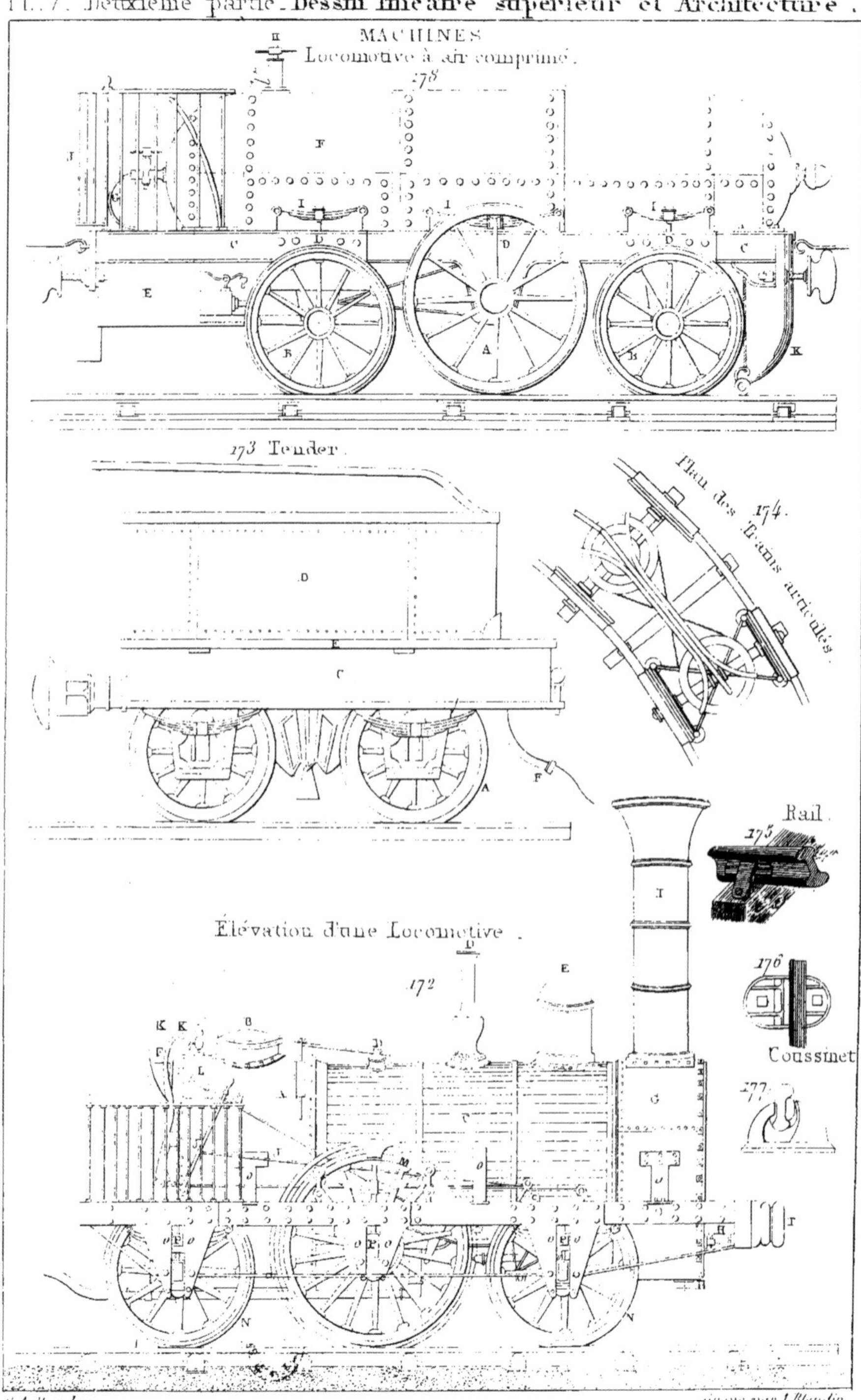

C. A. Chardon. Gravé par A. Blandin.

CHEMIN DE FER.

204. Les *chemins de fer* sont aujourd'hui les grands agents du progrès, de la civilisation; ils contribuent au bien-être des populations, et montrent le génie et la puissance de l'homme.

205. Un chemin de fer consiste dans une chaussée horizontale sur laquelle sont posés des rails ou barres de fer supportés par des traverses en bois; sur ces rails roulent les voitures.

206. L'établissement d'un chemin de fer comprend : 1° les *travaux d'art*, tels que terrassements, déblais, remblais, ponts, aqueducs, viaducs, tunnels, et pose des rails; 2° le *matériel d'exploitation*, consistant dans les voitures, wagons, locomotives, tenders, etc.

207. On appelle *remblais* la masse de terre que l'on dépose sur le sol pour l'exhausser.

208. On appelle *déblais* ou *tranchées* des excavations pratiquées dans le sol en rejetant en dehors les terres.

172. Élévation d'une locomotive.

209. Une *locomotive* est une machine à vapeur destinée à faire mouvoir les trains sur les chemins de fer; elle se compose d'une chaudière fournissant la vapeur à deux cylindres dans chacun desquels se meut un piston recevant alternativement la vapeur sur chacune de ses faces; la tige de ce piston communique le mouvement de rotation aux roues. Toute la machine repose sur un châssis supporté par six roues.

210. Les diverses parties de la locomotive sont : A, foyer, ou boîte à feu; B, trou d'homme par lequel un ouvrier peut s'introduire dans la chaudière pour la nettoyer; C, corps de la chaudière revêtue de sa chemise en bois; DD, soupapes de sûreté; E, dôme à vapeur, où elle s'accumule et passe dans le cylindre lorsqu'on ouvre le régulateur; F, poignée du régulateur; G, boîte à fumée, contenant les tiroirs et les cylindres; H, robinet pour vider l'eau qui peut s'introduire dans les cylindres; I, cheminée; J J, verge et poignée d'embrayage pour interrompre la communication entre les tiroirs et les excentriques; K K, leviers à main pour faire jouer les tiroirs et faire marcher la machine à reculons; L, poignée et tige du robinet de sûreté; M, roue motrice; N N, roues menantes; O O, jumelles où sont fixés les supports de la chaudière; P, boîte à graisse renfermant les coussinets; R, plate-forme du mécanicien; S, sifflet; T, tampons; U, trou à boue pour nettoyer le double fond de la chaudière.

211. Construction. Tracez la ligne de terre, le châssis, les axes des roues et leurs détails; décrivez les circonférences; divisez la petite en douze parties égales pour les roues menantes, et en dix-huit pour la roue motrice, par lesquelles vous tracez les diamètres qui forment les rayons ou rais; puis dessinez le corps de la machine, le foyer, la cheminée, les soupapes, les tiges, les ressorts, dont les centres sont sur les axes des roues, les clous rivés, etc.

212. Observations. Les deux roues menantes doivent être égales, leurs rayons passer par le centre; les lignes du corps de la machine régulières et parallèles, ainsi que les barreaux de la plate-forme du mécanicien; les clous également écartés et de la même grosseur.

173. Tender.

213. Le *tender* est un chariot réuni à la locomotive, et qui porte l'eau et le combustible nécessaire à son approvisionnement; le compartiment à eau D, complètement en fer et fermé, entoure celui du charbon, et communique, par deux tuyaux à robinets F, avec la chaudière de la locomotive. Un tender renferme ordinairement 3200 litres d'eau et 400 kilogrammes de charbon, qui suffisent pour un parcours de 50 à 60 kilomètres; un frein à double sabot B sert à enrayer les roues.

214. Construction. Tracez la ligne de terre, l'axe des roues et les lignes verticales du tender, sur lesquelles vous portez les lignes horizontales; dessinez les clous et le tampon; pour les roues, décrivez trois circonférences; divisez la plus petite en douze parties égales, tracez les rais, les ressorts [illegible] le frein.

215. Observations. Les deux roues doivent être égales, et la circonférence moyenne tangente aux rails; les arcs des ressorts décrits d'un même centre, les clous de la même grosseur et également espacés.

174. Plan des trains articulés.

216. Les *trains articulés* ont pour effet de vaincre les difficultés que présentent les courbes à petit rayon; ils ont été appliqués sur le chemin de fer de Paris à Sceaux, dont les gares forment des cercles que parcourent les convois.

217. Les *courbes à petit rayon* permettent de tourner les obstacles et les accidents de terrain, et d'éviter ainsi des percements, des déblais et des remblais considérables.

218. Construction. Tracez les courbes de la voie, les traverses, les essieux et leurs fusées, les roues et les chaînes.

219. Observations. Les deux trains doivent être semblables, les roues égales, les chaînes et les leviers uniformes.

175. Rail; 176. Coussinet.

220. *Élévation* d'un rail ou barre de fer à double champignon assujetti sur son coussinet fixé sur la traverse en bois : le rail a pour but de présenter aux roues une surface unie, résistante, et qui diminue le frottement et par conséquent le tirage.

221. Plan d'un coussinet, *fig.* 176.

222. Coupe d'un rail à double champignon, et de son coussinet avec le coin en bois qui les maintient l'un contre l'autre, *fig.* 177.

178. Locomotive à air comprimé.

223. La *locomotive à air comprimé* est basée sur l'élasticité de l'air ou propriété qu'a ce gaze de reprendre son volume habituel dès que cesse la compression.

224. Cette locomotive se compose d'un cylindre terminé par deux demi-sphères de la dimension des locomotives ordinaires, contenant de l'air comprimé, par des pompes foulantes, à une vingtaine d'atmosphères; pour la mettre en mouvement, on établit la communication de l'air comprimé avec les deux corps de pompe placés à l'arrière de la locomotive. La manœuvre pour faire marcher ou arrêter le convoi se borne à ouvrir ou à fermer un robinet.

225. Les parties principales de cette machine sont : A, roue motrice; B, roues menantes; C, châssis; D D, coussinets; E, boîte à air; F, cylindre recevant l'air comprimé; G, tuyau à robinet qui fait communiquer le cylindre avec la boîte à air; H, robinet d'échappement de l'air; II, ressorts supportant le corps de la machine; J, plate-forme du mécanicien; K, ressort d'acier en avant de la voiture; T T, tampons à l'avant et à l'arrière.

226. Construction. Tracez les lignes horizontales qui représentent les rails, puis les axes des roues; décrivez les deux circonférences des moyeux et celles des jantes; divisez-les en douze parties égales, et tirez des diamètres qui forment les rais; tracez le châssis, le cylindre et les clous rivés qui unissent les plaques de tôle, la plate-forme, les ressorts, les tampons, la boîte à air, les tiges des bielles et des leviers, les robinets, etc.

227. Observations. Les divisions des roues doivent être égales, les rais de la même grosseur, les barreaux de la plate-forme réguliers, les clous rivés du cylindre de la même grosseur et bien ronds.

228. Nota. Le cadre restreint de cet ouvrage nous a force de ne traiter que des objets les plus indispensables et de ceux qui pouvaient fournir des exercices de dessin; nous renvoyons pour plus de détails aux nombreux ouvrages spéciaux traitant de la mécanique et des chemins de fer.

M. Andraud a construit une locomotive à air comprimé de la dimension des locomotives ordinaires, qui, le 21 septembre 1844, a parcouru, sur le chemin de fer de Versailles, 3400 mètres avec une vitesse de 32 kilomètres à l'heure.

MOULURES ORNÉES.

229. Les moulures sont des ornements creux ou saillants qui décorent certaines parties des édifices; elles reçoivent divers ornements suivant la richesse de l'ordre auquel elles appartiennent.

230. Ayant donné dans la première partie (planche 12) la définition et le tracé géométrique de chaque moulure, nous ne nous occuperons que du dessin de leurs ornements.

231. Nous avons choisi pour chaque moulure les ornements dont l'application est la plus fréquente.

179, 180. Baguettes ornées.

232. La *baguette*, *fig.* 179, est ornée de perles et d'olives; celle, *fig.* 180, est ornée d'olives et de chapelets, et ombrée.

233. CONSTRUCTION. Tirez la ligne d'axe A B; marquez-y les centres des perles, des olives et des chapelets; décrivez les cercles des perles, les demi-cercles et raccordez-les pour former les olives; dessinez les grains de chapelet au compas ou à la main.

234. OBSERVATIONS. Les cercles des perles et les demi-cercles des olives doivent avoir le même rayon, celui des chapelets être plus grand, mais le même pour tous; enfin, les olives, les perles et les grains doivent être de même grosseur.

181. Gorge ornée; 182. Cavet orné.

235. La *gorge* est ornée de canaux et de feuilles.

236. Le *cavet* est orné de rosaces et de feuilles.

237. CONSTRUCTION. Pour la gorge, tracez les lignes des filets et la demi-circonférence, dessinez les feuilles et tracez les canaux à des distances égales. Pour le cavet, tracez les filets, décrivez le quart de cercle, et tirez la ligne d'axe; marquez le centre des rosaces, décrivez une circonférence pour chacune, dessinez les rosaces et les feuilles.

238. OBSERVATIONS. Les feuilles, les rosaces et les canaux doivent être bien réguliers.

182 et 183. Tores ou boudins ornés.

239. Le *Tore* ou *boudin*, *fig.* 182, est orné d'entrelacs; celui, *fig.* 184, est orné de rubans et de feuilles d'olivier. Il est ordinairement supporté par un socle de même saillie.

240. CONSTRUCTION. Pour le premier tore, tracez les filets et la ligne d'axe A B; marquez les centres des cercles; décrivez tous les grands, puis tous les petits, et dessinez les rosaces. Pour le second, tracez les lignes horizontales et la ligne d'axe A B; arrêtez les rubans, dessinez-les, ainsi que les feuilles d'olivier.

241. OBSERVATIONS. Pour le premier tore, les grands cercles doivent être égaux, bien raccordés avec les petits, et coupés régulièrement. Pour le second, les rubans doivent avoir la même largeur, être parallèles, et les feuilles bien semblables et plus larges au milieu de la moulure.

185 et 186. Quarts de rond ornés.

242. Le *quart de rond*, fig. 185, est orné d'oves et de dards; le second est orné d'oves et de fleurons. Le premier s'emploie pour l'ordre ionique et pour le corinthien.

243. CONSTRUCTION. Tracez les filets, marquez les axes des oves et leur largeur; dessinez-les, ainsi que les côtes; terminez par les dents, les fleurons et les feuilles.

244. OBSERVATIONS. Les oves doivent être égaux, les dards et les fleurons bien semblables.

187 et 188. Doucines ornées.

245. La *doucine*, fig. 187, est ornée de feuilles d'acanthe découpées et de feuilles pleines; elle s'emploie pour l'ordre corinthien et le composite. La doucine, *fig.* 188, est ornée de têtes de lion qui peuvent servir de gargouilles.

246. CONSTRUCTION. Tracez les filets et le profil; pour la première doucine, tirez des verticales pour les axes des feuilles; dessinez-les, avec les côtes et les découpures. Pour la deuxième, dessinez les têtes de lion et les hachures.

247. OBSERVATIONS. Les feuilles doivent être semblables et leurs côtés bien symétriques; les détails des têtes de lion bien exécutés.

189 et 190. Talons ornés.

248. Le *talon*, fig. 189, est orné de feuilles de persil; le talon, *fig.* 190, est orné de rais de cœur avec un rang de perles au-dessous.

249. CONSTRUCTION. Le premier talon se trace comme la doucine, *fig.* 187; pour le second, tracez les axes des rais de cœur, marquez leur largeur, et dessinez-les, ainsi que les feuilles, et terminez par les perles qui doivent avoir la même grosseur.

250. OBSERVATIONS. Les feuilles de persil doivent être semblables, les découpures bien nettes; les rais de cœur de même grosseur, et les perles tracées avec le même rayon.

191 et 192. Entrelacs à courbes concentriques.

251. Les *entrelacs* sont composés de listels et de fleurons entre-croisés, ils servent à décorer les frises; ceux de la *fig.* 191 sont formés de cercles concentriques; les *entrelacs*, fig. 192, de courbes concentriques à centres alternés.

252. CONSTRUCTION. Tracez la ligne A B, *fig.* 191, marquez les centres des cercles; décrivez tous les petits, puis successivement tous les cercles qui ont le même rayon. Pour les autres entrelacs, tirez les lignes A B et C D; marquez dessus les centres, tracez les cercles en les coupant et en les raccordant régulièrement.

253. OBSERVATIONS. Tous les cercles semblables doivent être égaux et avoir la même épaisseur.

193. Plate-bande ornée de postes.

254. La *plate-bande* est composée de postes ornées d'une rosace et de fleurons.

255. CONSTRUCTION. Tracez les filets et la ligne A B au milieu, marquez les centres, décrivez les circonférences des rosaces, et raccordez-les avec les postes; terminez par les culots et les fleurons.

256. OBSERVATIONS. Les rosaces doivent être semblables, les postes et les fleurons gracieux.

194, 195, etc. Balustres.

257. Les *balustres* sont des espèces de petites colonnes rondes, carrées ou à pans, renflées par le milieu, et décorées de moulures formant la base et le chapiteau; ils servent à former les balustrades : 194, balustre toscan; 195, balustre dorique; 196, balustre ionique; 197, balustre corinthien.

258. CONSTRUCTION. Tracez une ligne, marquez dessus la hauteur des moulures; dessinez la base, la panse et le chapiteau, en ayant bien soin de donner au balustre de chaque ordre les moulures qui lui conviennent.

259. OBSERVATIONS. Les deux profils doivent être symétriques, les courbes gracieuses, et les ombres placées pour les faire tourner.

198. Balustrade ornée d'entrelacs et de culots.

260. Une *balustrade* est une suite de balustres reposant sur un socle et surmontés d'une tablette.

261. CONSTRUCTION. Tracez les lignes horizontales et les verticales qui forment les axes des panneaux, des entrelacs; décrivez les arcs et les circonférences, et dessinez les rosaces et les culots.

262. OBSERVATIONS. Les panneaux, les entrelacs, les rosaces et les culots doivent être égaux et symétriques.

199. Culots; 200. Rosace.

263. Un *culot* est composé de rinceaux et de feuilles.

264. Une rosace est un ornement circulaire en forme de rose dont on décore les compartiments des voûtes, des plafonds, etc.

265. CONSTRUCTION. Pour le culot, tirez la ligne d'axe et dessinez le contour et les feuilles; pour la rosace, décrivez les circonférences; divisez-les en huit parties égales, dessinez les feuilles et la petite rosace.

266. OBSERVATIONS. Les deux côtés du culot doivent être symétriques, les courbes gracieuses, les feuilles de la rosace égales, et les découpures bien nettes.

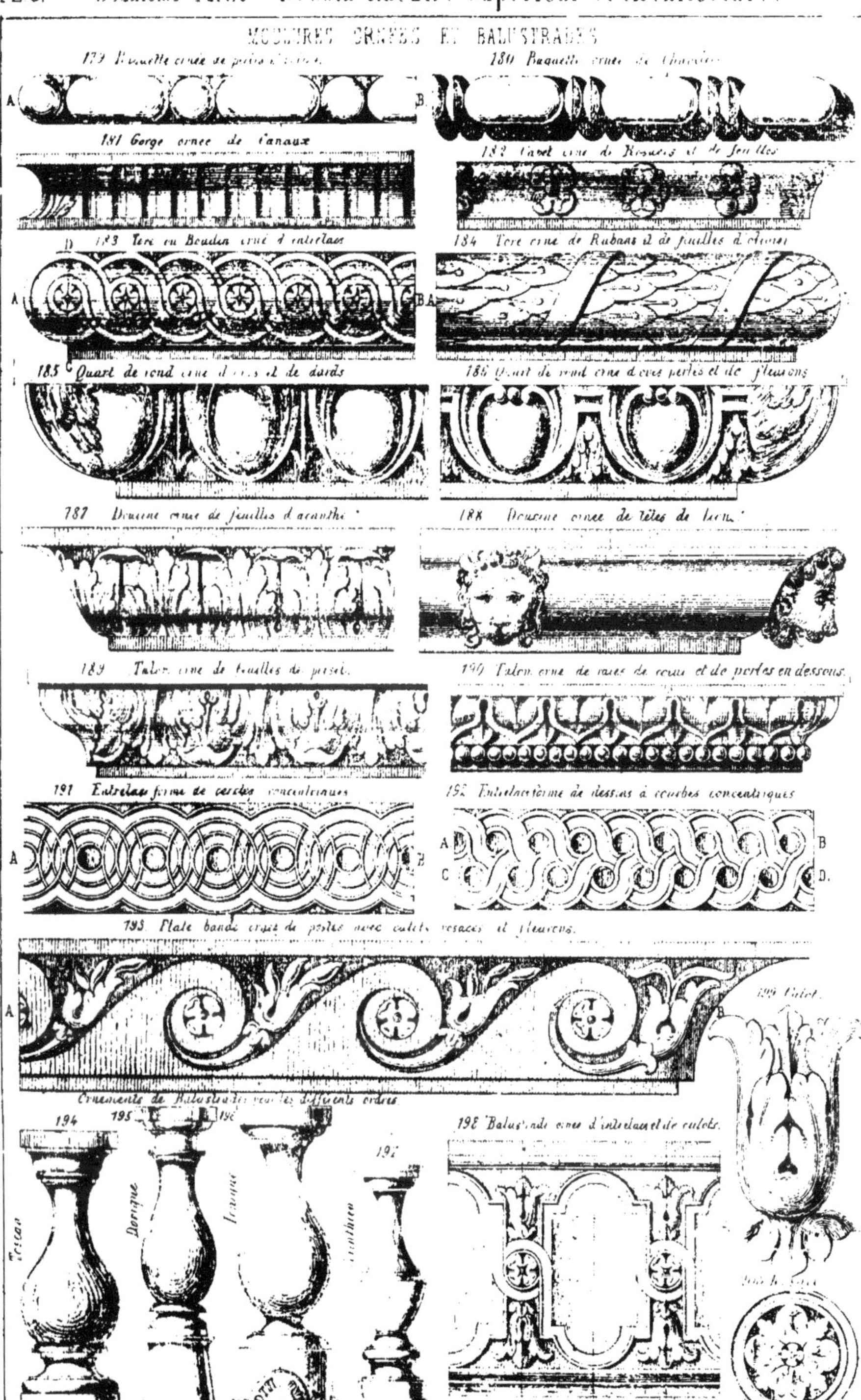
BALUSTRADES
180 Baguette ornée
181 Gorge ornée de Canaux
182 Cavet orné de Rosaces et de feuilles
183 Tore ou Boudin orné d'entrelacs
184 Tore orné de Rubans et de feuilles
185 Quart de rond orné d'oves et de dards
186 Quart de rond orné d'oves perles et de fleurons
187 Doucine ornée de feuilles d'acanthe
188 Doucine ornée de têtes de lion
189 Talon orné de feuilles de persil
190 Talon orné de raies de cœur et de perles en dessous
191 Entrelacs formé de cercles concentriques
192 Entrelacs formé de dessins à courbes concentriques
193 Plate bande ornée de postes avec culots rosaces et fleurons
Ornements de Balustrades pour les différents ordres
194
195
Toscan
Dorique
Ionique
Corinthien
198 Balustrade ornée d'entrelacs et de culots.
199 Culot.
A
B
C
D

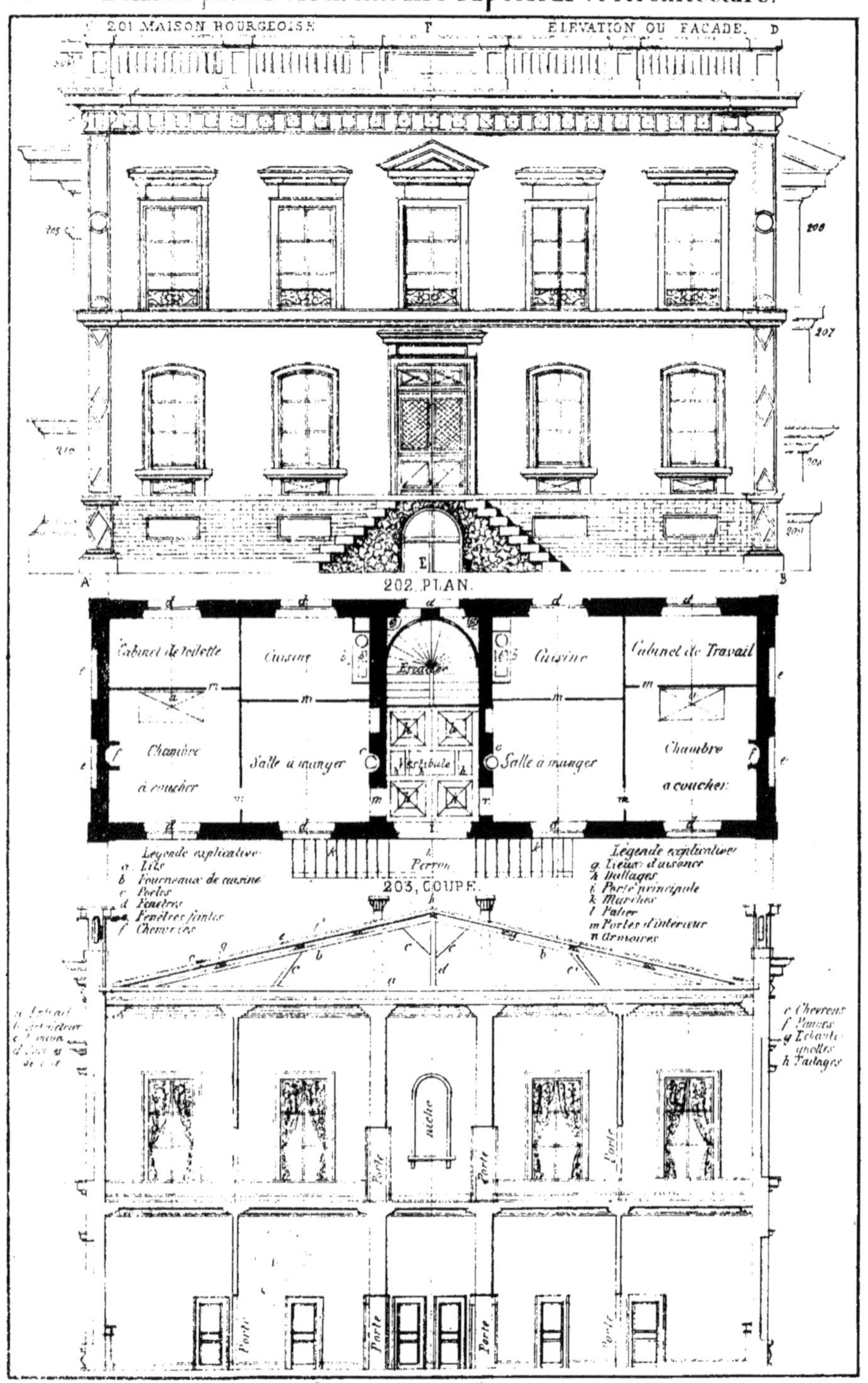

C. B. CHARDON
Imp. Ducreux, F^g St Martin N° 66. Paris
E. Philippe Lavallée lith

ARCHITECTURE.

SON OBJET.

267. L'*Architecture* est l'art de composer et d'exécuter tous les édifices publics ou particuliers. Son but est l'utilité générale, la conservation et le bonheur des individus et des sociétés.

268. L'architecture se divise en deux branches : l'architecture privée et l'architecture publique.

269. L'architecture privée a pour objet la construction des habitations, des fabriques, des usines; elle donne les règles pour faire des ateliers et des logements commodes, sains et économiques.

270. L'architecture publique ou monumentale s'occupe de la construction des églises, palais, hôtels de ville, bourses, halles, théâtres, arcs de triomphe, fontaines, gares et embarcadères de chemins de fer, etc.; elle étale tout son luxe et sa magnificence pour décorer les palais, les jardins publics; elle élève des monuments aux grands hommes, et transmet ainsi aux générations futures le souvenir de leur héroïsme, de leur génie et de leurs services.

271. L'architecture, par ses nombreuses applications, est un champ immense ouvert à l'imagination et au génie de l'homme; elle constate et montre la puissance, la richesse et la civilisation des nations.

272. L'architecte est l'artiste qui conçoit le plan d'un édifice, le trace, et en dirige la construction; il doit surtout s'attacher à ce que le plan de son édifice réponde à sa destination, et réunisse la solidité, la salubrité, la commodité et l'économie, sans exclure la richesse et la beauté.

273. Pour pouvoir se rendre compte d'un bâtiment quelconque, trois dessins généraux sont indispensables : 1° le plan, 2° l'élévation, 3° la coupe.

274. Le *plan* fait connaître la longueur et la largeur horizontale de l'édifice, la position et les détails de chaque pièce. Il faut autant de plans qu'il y a d'étages différents à un bâtiment.

275. L'*élévation* représente la principale face extérieure et verticale d'un bâtiment, dont elle indique la hauteur et la longueur, ainsi que celles des étages, des fenêtres, des corniches. Il doit y avoir autant d'élévations qu'il y a de façades.

276. La *coupe* fait voir la position verticale et les dimensions intérieures de chaque étage, des planchers, de la toiture, des portes et des fenêtres, etc.; c'est une autre disposition du bâtiment prise en sens opposé de l'élévation.

201. Maison bourgeoise, élévation.

277. La *maison bourgeoise* se compose d'un étage souterrain ou cave, d'un rez-de-chaussée et d'un premier étage.

278. L'*étage souterrain* se trouve au-dessous du niveau du sol ou de la voie publique; il est destiné aux caves, aux celliers, au bûcher, et quelquefois aux cuisines; il est éclairé par des soupiraux.

279. Le *rez-de-chaussée* est éclairé par quatre fenêtres et une porte, un perron de dix marches y donne accès. Sous ce perron se trouve la porte de l'étage souterrain.

280. Le *premier étage* est séparé du rez-de-chaussée par un bandeau portant cinq fenêtres; celle du milieu est décorée d'un fronton triangulaire.

281. La maison, ornée à ses extrémités d'un pilastre, est couronnée par un entablement dont l'architrave est remplie par une astragale, et la frise décorée d'ornements en pointes de diamant séparés par de petites consoles plates. L'entablement est surmonté d'une attique ou balustrade dont les dés sont à plomb des pilastres et des trumeaux, ou parties du mur qui séparent les fenêtres. Les parties comprises entre les dés sont à jour; celle du milieu est pleine et décorée d'une table renfoncée.

282. Construction. Tracez la ligne de sol A B, et au milieu la ligne d'axe E F perpendiculaire, et aux extrémités les parallèles A C et B D; marquez sur A C et B D la hauteur de toutes les lignes horizontales, et tracez-les; tirez à des distances égales les lignes d'axes des soupiraux et des fenêtres, et tracez-les; dessinez les corniches et les soubassements ou piédestaux; terminez par les pilastres, le perron et les pierres de taille.

283. Observations. Les fenêtres de chaque étage doivent être égales, de même hauteur et de même largeur, et avoir les mêmes ornements; être bien à plomb les unes des autres; les marches et les pierres de taille être régulières et égales.

202. Plan de la maison bourgeoise.

284. Le *plan* de la maison bourgeoise en fait voir la longueur, la profondeur et les dispositions intérieures; nous ne donnons que le plan du rez-de-chaussée, qui se compose de deux appartements semblables séparés par le vestibule et par l'escalier conduisant au premier étage. Chacun de ces appartements se compose d'une salle à manger, d'une cuisine, d'une chambre à coucher et d'un cabinet, communiquant entre eux par les portes d'intérieur *m*, et éclairés par les fenêtres *d*; les chambres sont chauffées par des cheminées *f*, et les salles par des poêles *c*. Le vestibule est orné d'un dallage à compartiments égaux; l'escalier est demi-circulaire, pour le rendre plus gracieux et pour ménager dans les vides existant entre la cage et le mur deux cabinets d'aisance éclairés et aérés par la fenêtre *d'*.

203. Coupe de la maison bourgeoise.

285. La *coupe de la maison bourgeoise* est une section faite dans le sens de la longueur du bâtiment; elle fait voir la hauteur verticale des étages et des combles, l'épaisseur des planchers et des murs.

Le manque de place nous a forcé de supprimer la coupe de l'étage souterrain.

La charpente se compose : d'un entrait ou filet *a*, dont les extrémités portent sur les deux murs latéraux; de deux arbalétriers *b*, assemblés par un bout dans un faitage *h*, et par l'autre dans l'entrait *a*; d'un poinçon *d*, assemblé dans l'entrait et dans le faîtage; de deux jambes de force *c c*, reliant le poinçon aux deux arbalétriers; de deux autres jambes de force *d' d'*, reposant sur l'entrait et supportant les arbalétriers; de pannes *f*, supportant les chevrons *e*; d'échantignoles *g*, destinées à contre-buter les pannes.

286. Construction. Tracez le plan avec tous les murs, les portes, les fenêtres, les cheminées, l'escalier; ensuite, au-dessus du plan, dessinez l'élévation, et au-dessous la coupe, en ayant bien soin que les lignes se correspondent parfaitement.

287. Observations. Les lignes du plan, de la coupe et de l'élévation, qui se correspondent, doivent se tracer en même temps; les murs, avoir les mêmes dimensions, ainsi que les portes et les fenêtres; les lignes de la charpente, être bien parallèles.

204, 205, etc. Profils de moulures.

Nota. Pour mieux faire sentir le profil de chaque moulure, nous les donnons à côté pour un dessin dont les dimensions seraient le double de celui-ci.

204. *Entablement :* filet, larmier, quart de rond, filet, plinthe.

205. *Corniche :* filet, doucine, filet, larmier, filet, quart de rond, filet, face, tore, filet, baguette.

206. *Fronton :* filet, doucine, filet, larmier, filet, quart de rond, filet, congé.

207. *Bandeau :* filet, plate-bande, filet, talon, filet.

208. *Corniche de la porte :* glacis, filet, doucine, larmier, filet, talon, filet.

209. *Soubassement :* plate-bande, filet, talon, filet.

210. *Piédestal :* filet, doucine, baguette, filet, dé, filet, doucine, filet, plinthe.

288. Observations. Les divers profils doivent être bien symétriques; les saillies des moulures, être égales et pas trop fortes : en général elles doivent égaler la hauteur; les moulures doivent être fines, régulières, bien parallèles, les lignes courbes gracieuses et sans jarrets.

Nota. A la suite des planches de cet ouvrage se trouvent les devis et les divers mémoires pour les travaux de cette maison.

Les cinq ordres d'Architecture.

289. Un *ordre d'architecture* est l'arrangement régulier d'un piédestal, d'une colonne et d'un entablement.

290. Le *piédestal*, étant la partie inférieure d'un ordre, doit avoir le plus de force et être le moins décoré. Lorsqu'il règne autour d'un édifice, il se nomme *stylobate*.

291. Le piédestal se compose de trois parties : la base, le dé et la corniche.

292. La *colonne* représente un cylindre qui diminue vers le haut d'un sixième; elle supporte l'entablement et repose sur le piédestal.

293. La colonne se compose de trois parties : la base, le fût et le chapiteau.

294. L'*entablement* est la partie supérieure d'un ordre; c'est la plus saillante et la plus décorée.

295. L'entablement se divise en trois parties : l'architrave, la frise et la corniche.

296. Il y a cinq ordres d'architecture : le toscan, le dorique, l'ionique, le corinthien et le composite.

297. L'*ordre toscan*, *fig.* 211, est le plus simple et le plus ancien de tous les ordres; il a pris naissance en Toscane (Italie).

298. L'*ordre dorique*, *fig.* 212, est le plus mâle et le plus régulier de tous; il se distingue par les triglyphes *t* et les métopes qui ornent sa frise.

299. L'*ordre ionique*, *fig.* 213, qui est à la fois élégant, gracieux et simple, se distingue par les volutes qui ornent son chapiteau.

300. L'*ordre corinthien*, *fig.* 214, le plus riche et le plus élégant des ordres, se distingue par son chapiteau orné de feuilles d'acanthe et de volutes.

301. L'*ordre composite*, *fig.* 215, combinaison de l'ordre corinthien et de l'ionique, est riche et grandiose; il a le chapiteau orné de feuilles d'acanthe et de volutes ioniques.

302. Un ordre, lorsqu'il est complet, se compose de trois grandes masses ou parties bien distinctes : le piédestal, la colonne et l'entablement.

303. Un ordre ne peut avoir moins de deux parties : la colonne et l'entablement, ni plus de quatre parties : le piédestal, la colonne, l'entablement, et l'*acrotère* qui couronne l'entablement.

304. La colonne est le membre le plus important d'un ordre, celui qui le caractérise : la colonne de chaque ordre a une proportion particulière.

305. La colonne toscane, base et chapiteau compris, a sept diamètres inférieurs de hauteur, ou quatorze modules; la colonne dorique a huit diamètres de hauteur, ou seize modules; la colonne ionique a neuf diamètres, ou dix-huit modules; la colonne corinthienne et la colonne composite ont dix diamètres de hauteur, ou vingt modules.

306. Le *module* est la moitié du diamètre inférieur de chaque colonne; il se divise en douze *parties* ou *minutes* pour l'ordre toscan et le dorique; et en dix-huit parties pour l'ordre ionique, le corinthien et le composite. Le module, ainsi divisé, sert d'échelle de proportion pour chaque ordre.

Manière d'élever un ordre.

307. Il y a plusieurs manières de tracer un ordre dans une hauteur donnée; celle de Vignole étant la plus simple, nous l'avons adoptée.

308. Divisez la hauteur donnée en 19 parties égales; donnez 4 parties au piédestal, 12 à la colonne et 3 à l'entablement. Divisez les 12 parties, longueur de la colonne, par 7 pour l'ordre toscan, par 8 pour l'ordre dorique, par 9 pour l'ordre ionique, par 10 pour l'ordre corinthien et le composite; le quotient sera la longueur du diamètre inférieur de la colonne, dont la moitié est le *module* de l'ordre; subdivisez le module en 12 parties égales pour l'ordre toscan et le dorique, et en 18 pour l'ionique, le corinthien et le composite.

309. *Si l'ordre n'a pas de piédestal*, on divise la hauteur destinée à la colonne et à l'entablement en cinq parties égales, dont quatre sont pour la colonne, et la cinquième pour l'entablement.

310. *Pour avoir la longueur du module*, on peut encore diviser la hauteur donnée par le nombre de modules de l'ordre qu'on veut élever.

311. PROPORTIONS DES CINQ ORDRES.

HAUTEUR.	TOSCAN.	DORIQUE.	IONIQUE.	CORINTHIEN et COMPOSITE.
COLONNE	14 m. » p.	16 m. » p.	18 m. » p.	20 m. » p.
PIÉDESTAL ...	4 — 8 —	5 — 4 —	6 — » —	6 — 12 —
ENTABLEMENT	3 — 6 —	4 — » —	4 — 6 —	5 — 5 —
ORDRE	22 — 2 —	25 — 4 —	28 — 6 —	31 — 12 —

312. Dans les cinq ordres, la hauteur de l'entablement est le quart de la hauteur de la colonne, et celle du piédestal le tiers.

313. *Manière d'élever un ordre, le module étant donné.* Donnez à chaque ordre, pour hauteur totale, le nombre de modules et de parties indiqué dans le tableau ci-dessus; puis donnez au piédestal, à la colonne et à l'entablement les proportions indiquées; le diamètre inférieur de la colonne est toujours de deux modules.

314. Plusieurs auteurs, parmi lesquels nous citerons, au premier rang, en Italie *Palladio* et *Scamozzi*, en France *Perrault* et *Durand*, ont traité des cinq ordres d'architecture et donné des manières différentes de les établir, de les proportionner et de diviser leurs modules. Nous renvoyons aux ouvrages spéciaux pour connaître leurs systèmes.

Tracé des cinq ordres.

315. CONSTRUCTION. *Pour tracer l'ordre toscan*, tirez une ligne d'axe, divisez-la en dix-neuf parties égales; donnez quatre parties au piédestal, douze à la colonne et trois à l'entablement; ceci est commun aux cinq ordres. Divisez la longueur de la colonne par sept pour avoir son diamètre inférieur, tracez la colonne en ayant soin de la faire diminuer à partir du tiers d'un sixième vers le haut; tracez la base et le chapiteau, les diverses parties du piédestal et de l'entablement; profilez les moulures à égale distance de l'axe.

316. OBSERVATIONS GÉNÉRALES. Toutes les lignes des moulures doivent être fines, bien parallèles; le piédestal être plus large que la colonne, l'architrave et la frise avoir la même largeur que le diamètre supérieur de la colonne; les deux profils doivent être parfaitement égaux.

317. *Observations sur l'ordre dorique.* Divisez la hauteur de la colonne par huit pour avoir le diamètre inférieur; ayez soin que le milieu du triglyphe *t* se trouve sur l'axe de la colonne, et que les six gouttes *g* soient bien égales, que les denticules *d* soient de la même grosseur : pour le détail des moulures, voir la planche 12.

318. *Observations sur l'ordre ionique.* Divisez la hauteur de la colonne par neuf pour avoir le diamètre inférieur; ayez soin que les deux volutes soient bien égales, leurs contours gracieux, et que les oves soient semblables.

319. *Observations sur l'ordre corinthien et sur le composite.* Divisez la hauteur de la colonne par dix pour avoir le diamètre inférieur; dessinez les feuilles d'acanthe du chapiteau et ses volutes, en ayant soin d'en faire quatre petites au chapiteau corinthien, et seulement deux grosses au composite comme à l'ionique; tracez les consoles ou modillons *m* et les denticules *d*.

LES CINQ ORDRES D'ARCHITECTURE

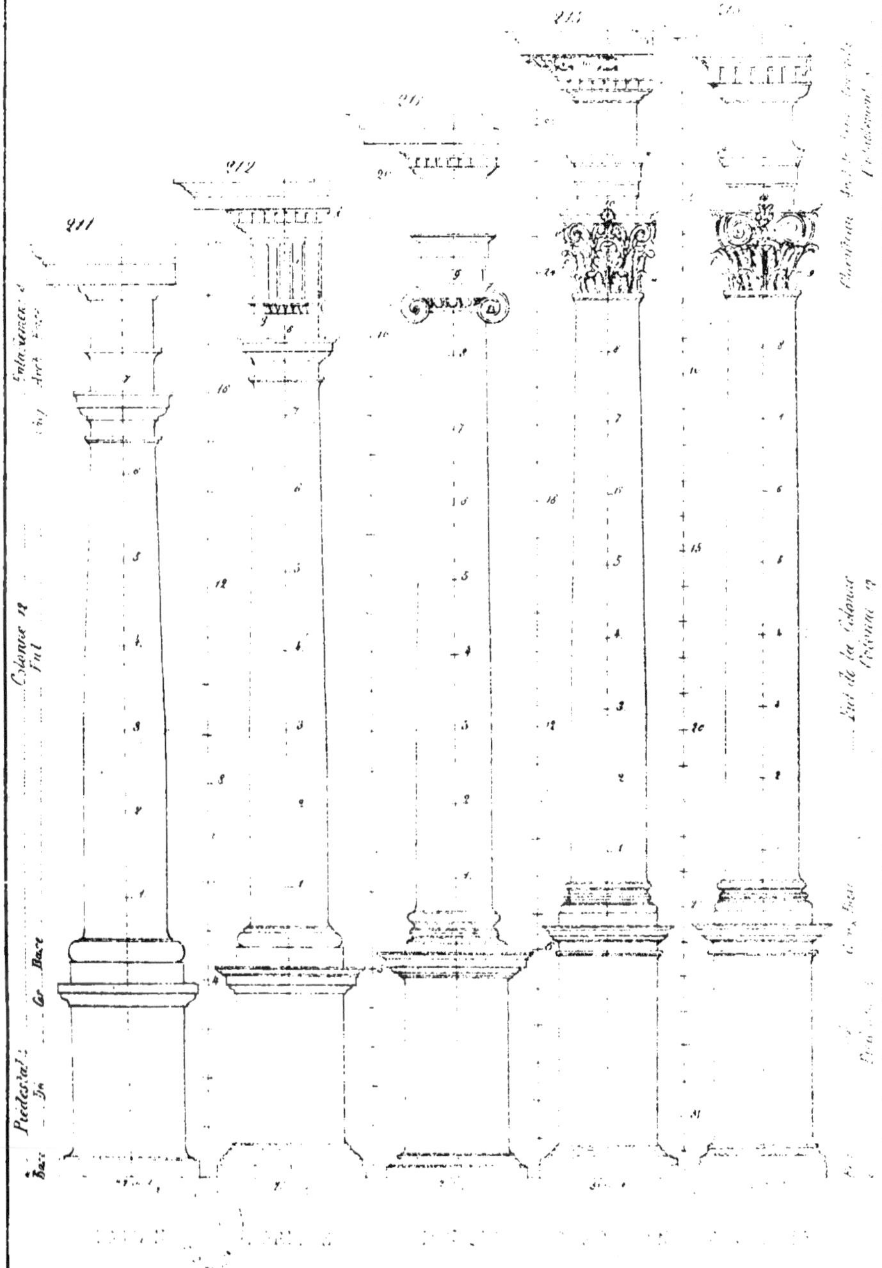

211 212 213 214 215

C A CHARDON

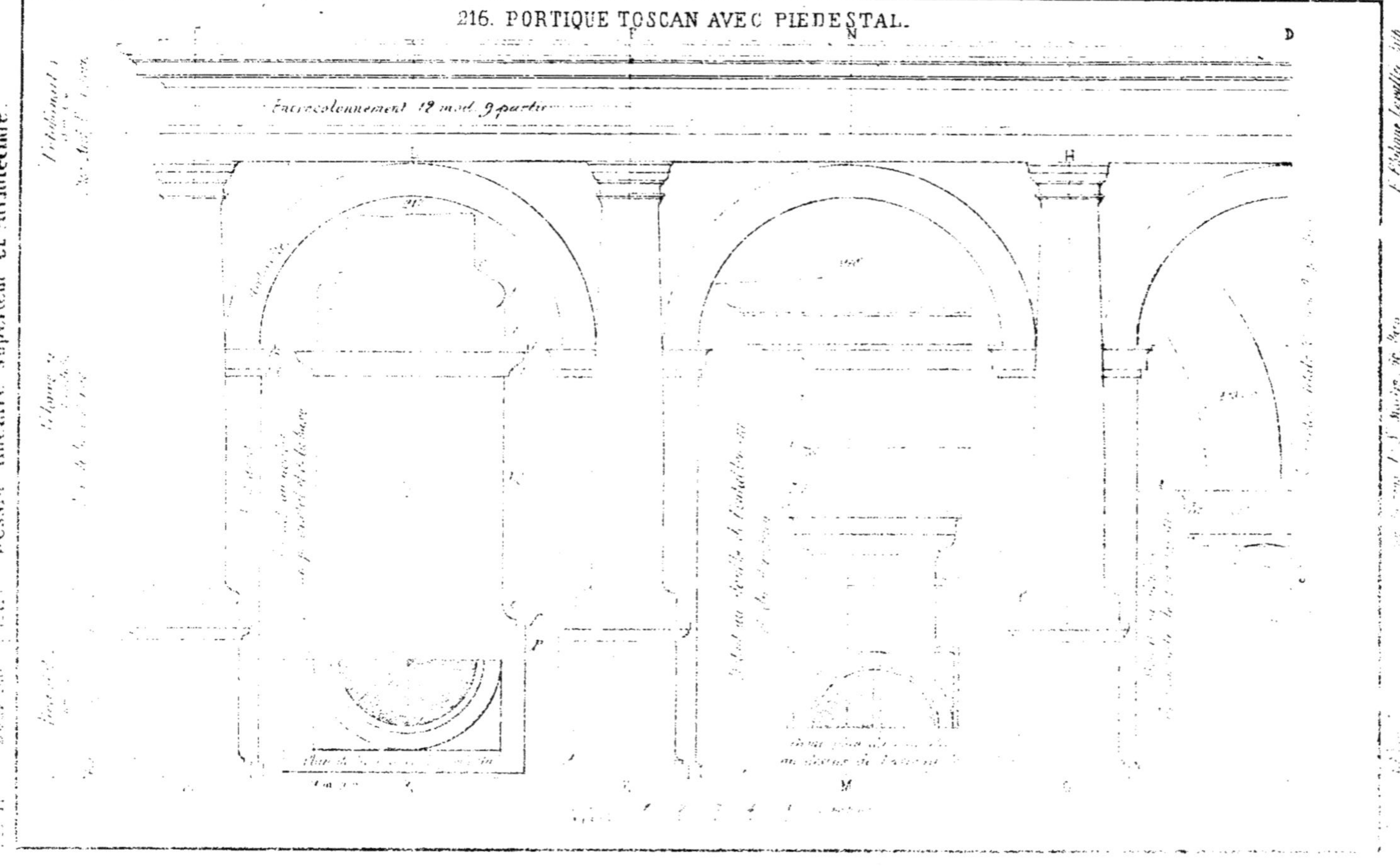
216. PORTIQUE TOSCAN AVEC PIEDESTAL.
Entrecolonnement 12 mod. 9 parties

216. Portique toscan avec piédestal.

320. *L'ordre toscan*, le plus simple et le plus solide des cinq ordres, n'admet aucun ornement; il tire son nom de la Toscane où il a pris naissance.

321. Rustique et matériel, l'ordre toscan se place partout où la solidité doit être préférée à la richesse et à la délicatesse.

322. Les édifices modernes les plus remarquables auxquels les architectes ont appliqué l'ordre toscan sont : le palais du Luxembourg, par Debrosse; le Palais Royal, par Lemercier; l'Orangerie de Versailles, par Mansard, etc.

323. On appelle *portique* des colonnes reliées entre elles par un cintre nommé *archivolte* : chaque colonne est appuyée contre deux montants nommés *pieds-droits*, séparés de l'archivolte par une corniche appelée *imposte*.

324. Une *colonnade* est une suite de colonnes qui ne sont reliées que par l'architrave; elle repose presque toujours sur un piédestal continu nommé *stylobate*. Le Louvre, la Bourse, l'église de la Madeleine à Paris, etc., sont de beaux exemples de colonnades.

325. On donne le nom d'*entre-colonnement* à la distance comprise entre deux axes de colonne.

326. Les colonnes d'un portique peuvent ou non avoir un piédestal; l'entre-colonnement varie selon le cas.

327. Une *arcade* est la partie d'un portique comprise entre deux pieds-droits et une demi-circonférence appelée archivolte; elle est ouverte ou fermée : dans ce dernier cas, elle est indiquée par la saillie des pieds-droits et de l'archivolte.

328. On appelle *archivolte* des plates-bandes circulaires avec des moulures en saillie sur le nu du mur.

329. Dans l'ordre toscan l'archivolte est sans moulures; elle a un module de largeur.

330. On nomme *pieds-droits* les jambages d'une arcade à l'aplomb des archivoltes et auxquels s'appuient les colonnes.

331. Les pieds-droits toscans dépassent de chaque côté de la colonne d'un module dans les portiques avec piédestaux, et d'un demi-module dans les portiques sans piédestaux; ce qui porte leur saillie à partir de l'axe de la colonne à deux modules, ou à un module et demi.

332. On désigne sous le nom d'*imposte* la corniche des pieds-droits de l'arcade; elle sépare l'archivolte du pied-droit; elle a un module de hauteur et un tiers de module de saillie sur le pied-droit.

333. PROPORTIONS DES PORTIQUES DES 5 ORDRES.

PORTIQUES avec piédestaux.	HAUTEUR de L'IMPOSTE.	HAUTEUR de L'ARCADE.	LARGEUR de L'ARCADE.	LARGEUR D'AXE EN AXE.
TOSCAN	13 m. 1 p. 1/2	17 m. 6 p.	8 m. 9 p.	12 m. 9 p.
DORIQUE ...	15 — » —	20 — » —	10 — » —	15 — » —
IONIQUE....	16 — 9 —	22 — » —	11 — » —	15 — » —
CORINTHIEN	19 — » —	25 — » —	12 — » —	16 — » —
COMPOSITE .	19 — » —	25 — » —	12 — » —	16 — » —
sans piédestaux.				
TOSCAN	9 9 —	13 — » —	6 — 6 —	9 — 6 —
DORIQUE ...	10 — 6 —	14 — » —	7 — » —	10 — » —
IONIQUE....	12 — 13 — 1/2	17 — » —	8 — 9 —	11 — 9 —
CORINTHIEN	13 — 9 —	18 — » —	9 — » —	12 — » —
COMPOSITE..	13 — 9 —	18 — » —	9 — » —	12 — » —

Construction de l'ordre toscan.

334. *Pour construire l'ordre toscan, la hauteur étant donnée*, partagez cette hauteur en 19 parties égales; prenez 4 de ces parties pour le piédestal, 12 pour la colonne, et 3 pour l'entablement. Le piédestal sera le tiers de la colonne et l'entablement le quart.

335. *Pour avoir le module*, divisez les 12 parties de la colonne en 14 parties égales; cette opération vous donnera le demi-diamètre inférieur de la colonne ou le *module* que vous diviserez en 12 parties égales; ainsi divisé, le module sera l'unité de l'échelle de proportion pour l'ordre toscan à établir.

336. *Pour dessiner un portique toscan sans piédestal*, divisez la hauteur donnée en 5 parties égales, dont une partie sera pour l'entablement et les 4 autres pour la colonne; puis divisez la longueur de la colonne en 14 parties égales pour trouver la longueur du module.

337. *Si le module était donné*, il faudrait le répéter 17 fois 1/2 pour avoir la hauteur du portique sans piédestal, et 22 fois 1/6 pour le portique avec piédestal.

Proportion et moulures de l'ordre toscan.

338. Les hauteurs des moulures sont mesurées sur l'axe de la colonne et les saillies à partir du même axe.

Hauteur totale de l'ordre toscan : 22 modules 2 parties.

DIVISIONS ET SUBDIVISIONS.

		HAUTEURS.	SAILLIES.
PIÉDESTAL, 4 mod. 8 part.			
Base, 0 m. 6 p.	Plinthe........	0 mod. 5 part.	1 mod. 8 1/2
	Filet..........	0 — 1 —	1 — 6 1/2
Dé, 3 m. 8 p.	Congé..........	0 — 2 —	1 — 4 1/2
	Socle..........	3 — 6 —	1 — 4 1/2
Corniche, 0 m. 6 p.	Talon..........	0 — 4 —	1 — 8
	Filet..........	0 — 2 —	1 — 8 1/2
COLONNE, 14 modules.			
Base, 1 m.	Plinthe........	0 — 6 —	1 — 4 1/2
	Tore..........	0 — 5 —	1 — 4 1/2
	Listel ou Filet ...	0 — 1 —	1 — 1 1/2
Fût, 12 m.	Congé inférieur ..	0 — 1 1/2	1 — 1 1/2
	Fût..........	11 — 8	1 — 0
	Congé supérieur..	0 — 1	0 — 10
	Filet..........	0 — 0 1/2	0 — 11
	Baguette........	0 — 1	0 — 11 1/2
Chapiteau, 1 m.	Gorgerin ou Frise.	0 — 4	0 — 9 1/2
	Congé..........	0 — 1	0 — 10
	Listel..........	0 — 1	0 — 10 1/2
	Quart de rond...	0 — 2	1 — 1
	Larmier........	0 — 2	1 — 1 1/2
	Congé..........	0 — 1	1 — 2
	Filet..........	0 — 1	1 — 3
ENTABLEMENT, 3 mod. 6 part.			
Architrave, 1 m.	Plate-bande.....	0 — 8	0 — 10
	Congé..........	0 — 2	0 — 11 1/2
	Filet..........	0 — 2	0 — 11 1/2
Frise, 1 m. 2 p.	....	1 — 2	0 — 10
Corniche, 1 m. 4 p.	Talon..........	0 — 4	1 — 2
	Filet..........	0 — 0 1/2	1 — 2 1/2
	Larmier........	0 — 5	1 — 10 1/2
	Congé..........	0 — 1	1 — 11 1/2
	Filet..........	0 — 0 1/2	1 — 11 1/2
	Baguette........	0 — 1	2 — 0
	Quart de rond....	0 — 4	2 — 3 1/2
ARCHIVOLTE ET IMPOSTE.		13 — 1 1/2	
Archivolte, 1 m.	Plate-bande......	1 — 0	2 — 0
Imposte, 1 m.	Réglet..........	0 — 2 1/2	2 — 1 1/3
	Larmier........	0 — 6 3/4	2 — 4
	Congé..........	0 — 1	2 — 5
	Filet..........	0 — 1 3/4	2 — 5

339. L'entre-colonnement simple est de 6 modules 8 parties; avec portiques sans piédestaux, il est de 9 mod. 6 part.; et avec piédestaux, de 12 mod. 9 part.

217. Piédestal; 218. Entablement; 219. Imposte.

340. Nous donnons entre les arcades et au double de l'ensemble, fig. 217, 218 et 219, le piédestal, la base et le chapiteau de la colonne, l'entablement, l'imposte et l'archivolte, afin de faire sentir les détails de chaque partie.

341. CONSTRUCTION. Tirez la ligne A B; marquez à 12 modules 9 parties les axes des colonnes A C, E F, G H; portez dessus la hauteur du piédestal, de la colonne, de l'entablement et de l'imposte; tracez-les, en donnant à leurs moulures la hauteur et les saillies convenues; tirez au milieu les axes des arcades K L, M N, B D, et décrivez les archivoltes.

342. OBSERVATIONS. Les chapiteaux, les colonnes, les impostes et les piédestaux doivent être égaux, leurs moulures fines, régulières, et tracées en même temps dans toutes les colonnes, les profils être semblables et à égale distance des axes.

343. OBSERVATIONS GÉNÉRALES SUR LES CINQ ORDRES. Tous les entre-colonnements doivent être égaux, les saillies égales de chaque côté de l'axe de la colonne; la plate-bande ou face de l'architrave, ainsi que la frise, tomber d'aplomb sur le vif de la colonne, au droit de sa diminution; 3° la plinthe de la base de la colonne être toujours égale en saillie au dé du piédestal.

220. Portique dorique avec piédestal.

344. *L'ordre dorique* est le plus mâle et le plus régulier de tous les ordres; il se reconnaît aux triglyphes *t* et aux métopes *m* qui ornent sa frise.

345. Cet ordre est originaire de la Grèce, son nom lui vient de Dorus, roi d'Achaïe, qui le premier fit construire à Argos et dédia à Junon un temple de cet ordre.

346. Le Palais de Justice, le portail de l'église Saint-Gervais, celui de Saint-Sulpice, les salles de l'Hôtel de Ville, etc., offrent à Paris de beaux exemples de l'ordre dorique.

Construction de l'ordre dorique.

347. *Pour tracer l'ordre dorique, la hauteur étant donnée*, divisez-la en 19 parties égales; donnez, comme pour l'ordre toscan, 4 parties au piédestal, 12 à la colonne, et 3 à l'entablement; partagez la hauteur de la colonne en 8 parties égales pour avoir le diamètre inférieur, dont la moitié est le *module* qui se subdivise en 12 parties égales.

348. *Pour avoir le module*, on peut aussi partager la hauteur donnée en 25 parties égales et un tiers de partie; l'une de ces parties sera le module de l'ordre dorique qui se subdivise, comme pour l'ordre toscan, en 12 parties égales; donnez au piédestal 5 modules et 1/3, à la colonne, compris la base et le chapiteau, 16 modules, et à l'entablement 4 modules. Le piédestal sera le tiers de la colonne et l'entablement le quart.

349. *Si le module était donné*, il faudrait le porter 25 fois 1/3 pour obtenir la hauteur totale de l'ordre dorique, puis donner au piédestal, à la colonne et à l'entablement, le nombre de modules et de parties indiqué dans le tableau ci-après.

350. *Piédestal.* La hauteur du piédestal étant de 5 modules 1/3 ou 4 parties, donnez à la base 10 parties, à la corniche 6 parties; il restera pour le dé 4 modules.

351. *Colonne.* La hauteur totale de la colonne étant de 16 modules, donnez à la base 1 module jusqu'au-dessus de la ceinture inférieure, au chapiteau 1 module jusqu'au-dessus de l'astragale; il restera pour le fût 14 modules.

352. *Entablement.* Pour l'entablement qui a 4 modules, donnez à l'architrave 1 module, à la frise 1 module 6 parties, à la corniche 1 module 6 parties.

353. *Entre-colonnement.* La distance entre les axes de deux colonnes doriques avec piédestaux est de 15 modules; sans piédestaux, elle est de 9 modules 6 parties; pour l'entre-colonnement simple, elle est de 6 modules 3 parties.

354. *Pieds-droits de l'arcade.* Les pieds-droits pour l'ordre dorique avec piédestaux ont 5 modules de largeur, c'est-à-dire 1 module 1/2 de chaque côté du fût inférieur de la colonne.

Proportions et moulures de l'ordre dorique.

355. Les hauteurs des moulures sont mesurées sur l'axe, et les saillies à partir de l'axe de la colonne.

Hauteur totale de l'ordre dorique : 25 modules 4 parties.

DIVISIONS ET SUBDIVISIONS.

PIÉDESTAL, 5 mod. 4 part.		HAUTEURS.	SAILLIES.
Base, 0 m. 10 p.	1re Plinthe	0 mod. 4 part.	1 mod. 9 p. 1/2
	2e Plinthe	0 — 2 1/2	1 — 9
	Talon	0 — 2	1 — 7
	Baguette	0 — 1	1 — 6 3/4
	Filet	0 — 0 1/2	1 — 6
Dé, 4 m.	Congé	0 — 1	1 — 5
	Socle	3 — 11	1 — 5
Corniche, 0 m. 6 p.	Talon	0 — 1 1/2	1 — 6 1/2
	Larmier	0 — 2 1/2	1 — 9
	Filet	0 — 0 1/2	1 — 9 3/4
	Quart de rond	0 — 1	1 — 10 3/4
	Filet	0 — 0 1/2	1 — 11
COLONNE, 16 modules.			
Base, 1 m.	Plinthe	0 — 6	1 — 5
	Tore	0 — 4	1 — 5
	Baguette	0 — 1	1 — 2 3/4
	Filet ou ceinture	0 — 1	1 — 2
Fût, 14 m.	Congé inférieur	0 — 2	1 — 2
	Fût	13 — 7	1 — 0
	Congé supérieur	0 — 1 1/2	0 — 10
	Filet	0 — 0 1/2	0 — 11
	Baguette	0 — 1	1 — 0

Suite de la COLONNE.		HAUTEURS.	SAILLIES.
Chapiteau, 1 m.	Frise ou Gorgerin	0 mod. 4 part.	0 mod. 10 part.
	1er Filet	0 — 0 1/2	0 — 10 1/2
	2e Filet	0 — 0 1/2	0 — 11
	3e Filet	0 — » 1/2	1 — 11 1/2
	Quart de rond	0 — 2 1/2	1 — 1 3/4
	Tailloir	0 — 2 1/2	1 — 2
	Talon	0 — 1	1 — 3 1/4
	Filet	0 — 0 1/2	1 — 3 1/2
ENTABLEMENT, 4 modules.			
Architrave, 1 m.	1re Plate-bande	0 — 4	0 — 10
	2e Plate-bande	0 — 6	0 — 10 1/2
	Gouttes	0 — 1 1/2	0 — 11 1/2
	Champ des gouttes	0 — 0 1/2	0 — 11 1/2
	Filet	0 — 2	1 — 0
Frise, 1 m. 6 p.	Métope	1 — 6	0 — 10
	Triglyphe		0 — 10 1/2
Corniche, 1 m. 6 p.	Chapiteau des Triglyphes	0 — 2	0 — 11
	Talon	0 — 2	0 11 1/2
	Filet	0 — 0 1/2	0 — 12
	Denticules	0 — 2 1/2	1 — 3
	1er Filet	0 — 0 1/2	2 — 1
	2e Filet	0 — 0 1/2	2 — 1 1/2
	Larmier	0 — 4	2 — 4 1/2
	Talon	0 — 1 1/2	2 — 6
	Filet	0 — 0 1/2	2 — 6 1/2
	Doucine	0 — 3	2 — 7
	Filet	0 — 1	2 — 10
ARCHIVOLTE ET IMPOSTE.		15 — 0	
Archivolte, 1 m.	1re Plate-bande	0 — 3	2 — 6
	2e Plate-bande	0 — 4	2 — 6 3/4
	Filet	0 — 0 1/2	2 — 7 1/4
	Baguette	0 — 1	2 — 8
	Quart de rond	0 — 2 1/2	2 — 9 1/2
	Listel	0 — 1	2 — 10
Imposte, 1 m.	1re Plate-bande	0 — 3	2 — 6
	2e Plate-bande	0 — 4	2 — 6 3/4
	Filet	0 — 0 1/2	2 — 7 1/4
	Baguette	0 — 1	2 — 8
	Quart de rond	0 — 2 1/2	2 — 9 1/2
	Listel	0 — 1	2 — 10

221. Piédestal, base et plan de la colonne dorique.

356. Cette figure représente au double de l'ensemble le piédestal, la base et le demi-plan de la colonne dorique qui est cylindrique jusqu'au tiers de sa hauteur, et diminue ensuite d'un sixième vers le sommet. Le fût de la colonne est orné de 20 cannelures *c* arquées à vives arêtes.

222. Entablement et chapiteau doriques.

357. L'entablement dorique se distingue par les triglyphes *t* et les métopes *m* qui ornent sa frise; il doit toujours se rencontrer un triglyphe sur l'axe de la colonne et sur l'axe de l'arcade, ce qui est une des difficultés de cet ordre.

358. On appelle *triglyphe* un ornement composé de 2 canaux ou espèces de cannelures triangulaires, de 2 demi-canaux, et de 6 gouttes *g* placées au-dessous.

359. On appelle *métope* l'espace carré compris entre deux triglyphes; les métopes sont susceptibles de divers ornements, tels que : trophées, têtes de bœuf, patères, casques, rosaces, etc.

360. CONSTRUCTION. Tirez la ligne horizontale A B, élevez perpendiculairement et à 15 modules de distance les axes des colonnes A C, E F, G H, et au milieu les axes des arcades K L, M N, B D; marquez la hauteur du piédestal, de la colonne, de l'entablement et de leurs parties; tracez les moulures dans les 3 colonnes en même temps; marquez les saillies et profilez les moulures en ayant bien soin de les faire semblables et à égale distance des axes; tracez les pieds-droits, les impostes, les archivoltes et les triangles mixtilignes; terminez par les triglyphes *t*, les métopes *m* et les denticules *d* de l'entablement.

361. OBSERVATIONS. Les arcades doivent être régulières et égales, les archivoltes être tracées avec le même rayon et avoir leur centre sur la même ligne; les piédestaux, les colonnes et les chapiteaux être égaux; les triglyphes être tous égaux, les métopes carrés et leurs ornements bien dessinés; les lignes des moulures être fines et parallèles, les traits d'ombre bien marqués.

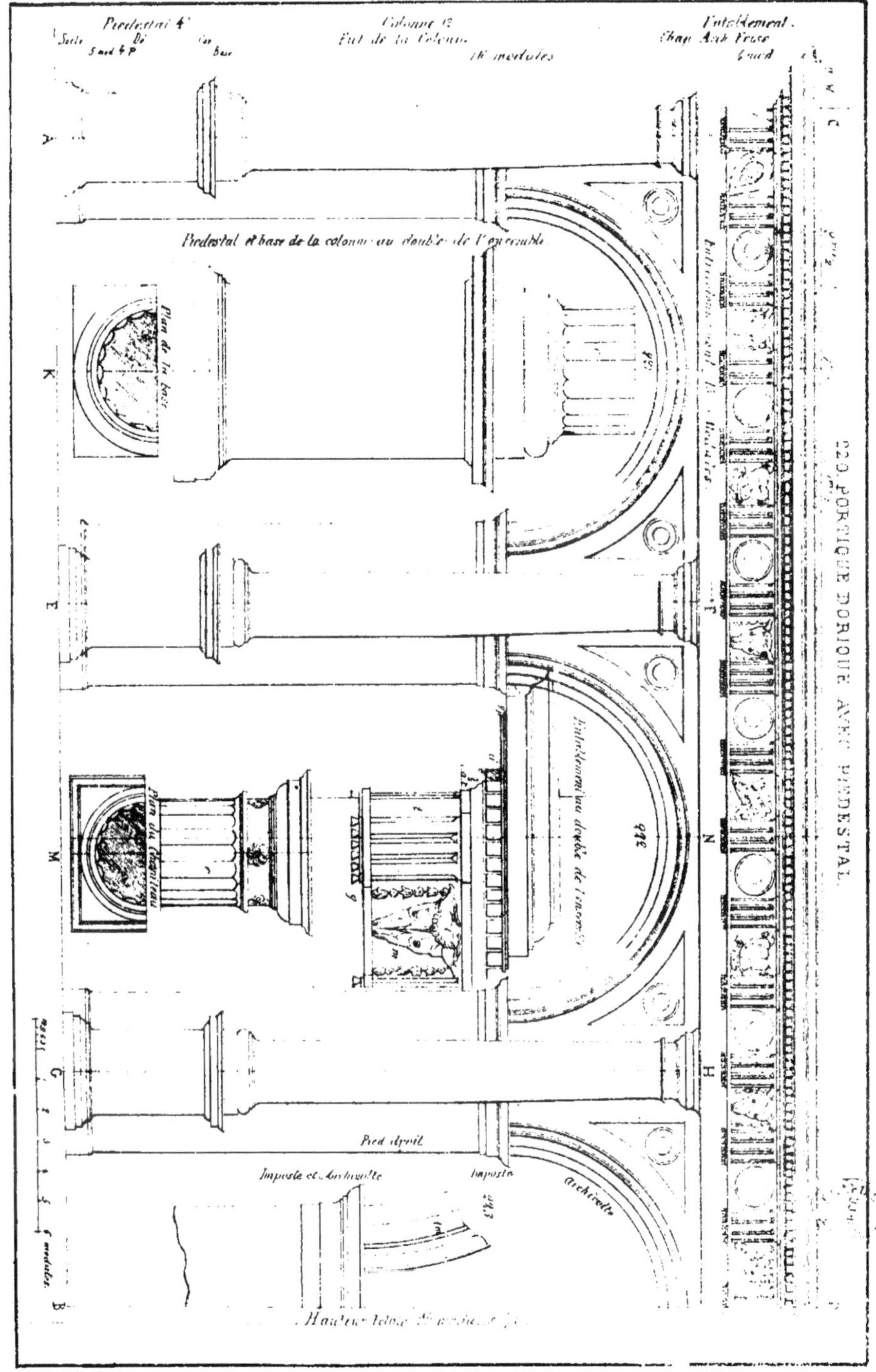
220. PORTIQUE DORIQUE AVEC PIEDESTAL
Piedestal 4'
Colonne 12
Entablement
Piedestal et base de la colonne au double de l'ensemble
Plan de la base
Plan du Chapiteau
Pied droit
Imposte et Archivolte
Imposte
Archivolte

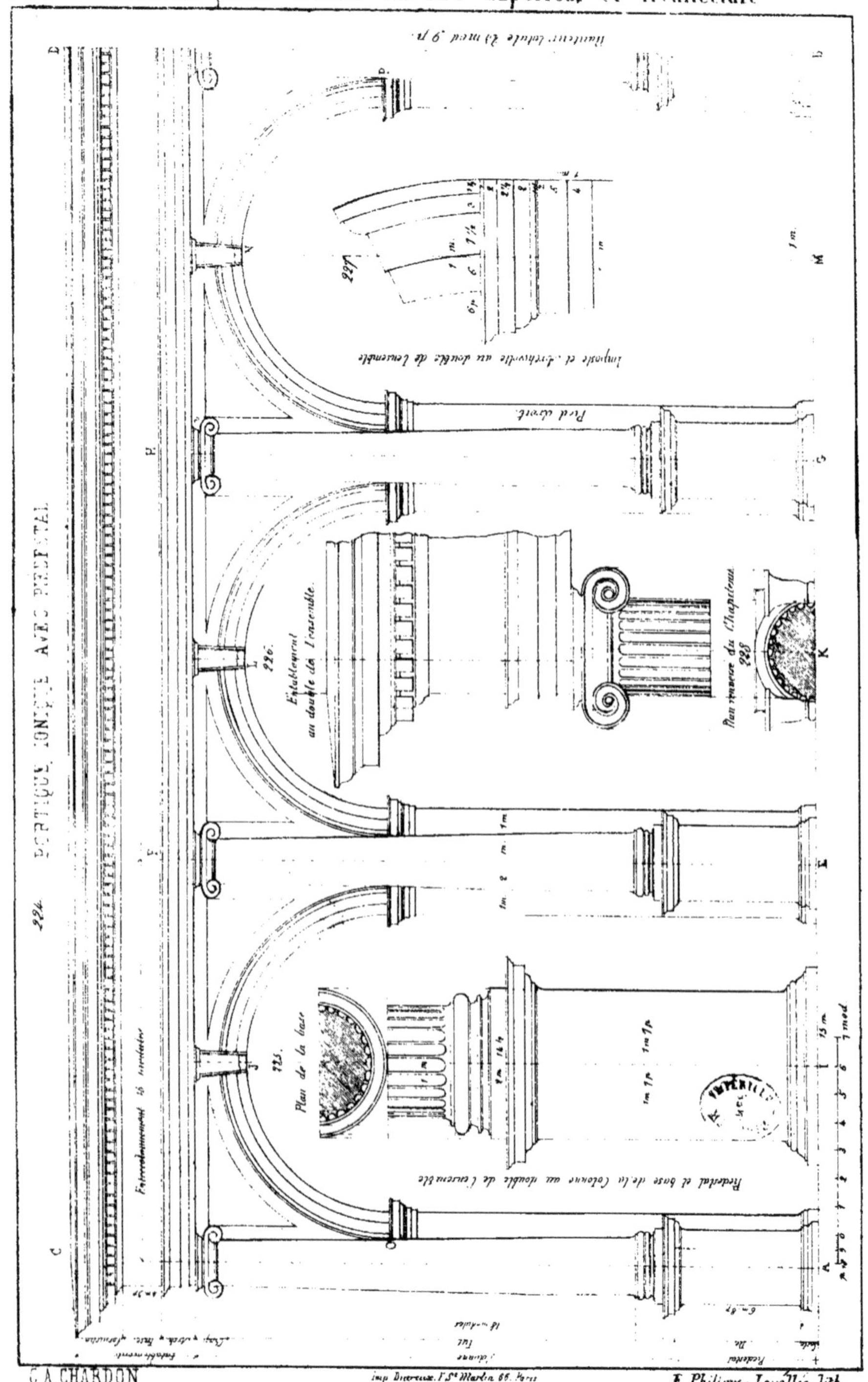

C. A. CHARDON

Imp. Becquet. F.S.t Martin 66. Paris

E. Philippe-Lavallée lith.

223. Portique ionique avec piédestal.

362. *L'ordre ionique* se distingue par les volutes *v* qui ornent son chapiteau; il est à la fois élégant, gracieux et simple.

363. L'ordre ionique tire son nom de *Ion*, chef d'une colonie d'Athéniens qui s'établirent en Asie, et y élevèrent un temple en l'honneur de Diane : ils donnèrent à la colonne la délicatesse du corps de la femme, dont la chevelure fut représentée par les volutes.

364. Applications. L'ordre ionique s'emploie de préférence dans les maisons de plaisance, les palais, les salons, les salles de spectacle ou de concert; les applications de cet ordre sont nombreuses à Paris; nous citerons la place des Victoires, la caserne de l'Hôtel de Ville, le portail de l'église St-Gervais, le péristyle de St-Sulpice, les salles du Louvre, etc.

Construction de l'ordre ionique.

365. *Pour tracer l'ordre ionique dans une hauteur donnée*, partagez cette hauteur en 19 parties égales, dont 4 seront pour le piédestal, 12 pour la colonne et 3 pour l'entablement; divisez les 12 parties de la colonne en 9 parties égales, pour avoir le diamètre inférieur dont la moitié est le *module* : le piédestal sera ainsi le tiers de la colonne et l'entablement le quart.

366. Le module pour l'ordre ionique, ainsi que pour l'ordre corinthien et le composite, se subdivise en 18 parties égales, pour plus de finesse.

367. *Pour tracer l'ordre ionique, le module étant donné*, portez 28 fois 1/2 la longueur du module pour avoir la hauteur totale de l'ordre ionique; donnez au piédestal 6 modules, à la colonne 18 modules, et à l'entablement 4 modules 9 parties.

368. *Pour le piédestal*, qui a 6 modules, donnez à la base un demi-module ou 9 parties, ainsi qu'à la corniche; il restera pour le dé 5 modules.

369. *Pour la colonne*, qui a 18 modules, donnez un module à la base jusqu'au-dessus du tore, le filet ou ceinture faisant partie du fût; prenez 12 parties ou deux tiers de module pour la hauteur du chapiteau, jusqu'au-dessus de l'astragale; il restera pour le fût 16 modules 6 parties.

370. *Pour l'entablement*, qui a 4 modules 9 parties de hauteur, donnez à l'architrave 1 module 4 parties 1/4; à la frise, 1 module 9 parties; à la corniche, 1 module 13 parties 3/4.

371. *L'entre-colonnement* avec piédestaux est de 15 modules, sans piédestaux de 11 modules; l'entre-colonnement sans arcades ni piédestaux est de 6 modules 9 parties.

372. *Pour décrire l'arcade*, portez sur la ligne d'axe à partir du dessous de l'architrave 2 modules et 6 parties; puis prenez pour rayon 5 modules 9 parties; la largeur de l'arcade sera de 11 modules, et sa hauteur de 22 modules ou 2 fois sa largeur.

373. *Clef de l'arcade*. On appelle *clef* un ornement en forme de console qui décore le sommet de l'archivolte sur laquelle il est en saillie.

374. La clef de l'archivolte pour l'ordre ionique a 2 modules de hauteur; sa largeur sous l'architrave est de 1 module; ses deux côtés prolongés doivent se rencontrer au centre de l'archivolte.

375. *Imposte et archivolte*. Tracez l'imposte à 16 modules 9 parties de hauteur, et donnez-lui, ainsi qu'à l'archivolte, 1 module de largeur.

376. Les *pieds-droits* ont 4 modules de largeur, c'est-à-dire un module de chaque côté de la colonne.

377. Construction. Tracez la ligne A B, marquez à 15 modules de distance les axes des colonnes A C, E F, G H, B D; tracez ces axes perpendiculaires, et au milieu les axes des arcades I J, K L, M N; sur ces axes, portez 6 modules pour le piédestal, 18 modules pour la colonne, et 4 modules 9 parties pour l'entablement; tracez ces lignes; marquez la largeur des piédestaux, des colonnes et des pieds-droits, et tracez-les, ainsi que la ligne O P des impostes; décrivez les archivoltes et la ligne courbe des triangles, et tracez les clefs; dessinez les bases, les corniches, les chapiteaux et leurs volutes, les moulures de l'entablement et les denticules.

378. Observations. Les trois arcades doivent être égales, les profils des piédestaux, des colonnes, des pieds-droits, des impostes, des chapiteaux, parfaitement semblables, et à égale distance des axes; les volutes être régulières, gracieuses et légères; les denticules de même largeur; les clefs doivent aussi être égales, et leurs côtés correspondre au centre de l'archivolte.

224. Piédestal et base de la colonne.

379. Cette figure représente au double de l'ensemble le piédestal, la base de la colonne et son plan; la colonne est enrichie de 24 cannelures demi-circulaires qui se terminent carrément à la naissance du congé; elles sont séparées par des côtes dont la largeur est le tiers de l'ouverture de la cannelure.

225. Entablement et chapiteau.

380. Cette figure représente au double de l'ensemble l'entablement et le chapiteau ioniques; il faut remarquer que, dans le dessin, les cannelures vont en diminuant à partir du milieu de la colonne, afin de la faire tourner.

226. Imposte et archivolte.

381. Cette figure donne la face et le profil de l'imposte et de l'archivolte.

227. Plan renversé du chapiteau ionique.

382. Cette figure fait voir le côté du chapiteau ionique, qui a la forme d'un balustre.

Proportions et moulures de l'ordre ionique.

383. La hauteur totale de l'ordre ionique est de 28 modules 9 parties.

DIVISIONS ET SUBDIVISIONS.

Piédestal, 6 modules.		Hauteurs.	Saillies.
Base, 0 m. 9 p.	Plinthe	0 mod. 4 part.	1 mod. 15 part.
	Filet	0 — 0 2/3	1 — 13 1/3
	Doucine	0 — 3	1 — 9 1/2
	Baguette	0 — 1 1/3	1 — 10
Dé, 5 mod.	Filet	0 — 1	1 — 9
	Congé	0 — 2	1 — 9
	Socle	4 — 12 1/3	1 — 7
	Congé	0 — 1 2/3	1 — 8 1/4
	Filet	0 — 1	1 — 8 1/4
Corniche, 9 part.	Baguette	0 — 1	1 — 9
	Quart de rond	0 — 3	1 — 11 1/2
	Larmier	0 — 3	1 — 14 1/2
	Talon	0 — 1 1/3	1 — 16
	Filet	0 — 0 2/3	1 — 16 1/2
Colonne, 18 modules.			
Base, 1 mod.	Plinthe	0 — 6	1 — 7
	Tore	0 — 4 1/2	1 — 7
	Filet	0 — 0 1/2	1 — 4 1/2
	Scotie	0 — 3	1 — 2
	Filet	0 — 0 1/2	1 — 3
	Tore	0 — 2 1/2	1 — 5 1/2
Fût, 16 m. 6 p.	Listel ou ceinture	0 — 1	1 — 2
	Congé	0 — 2	1 — 2
	Fût	15 — 17	1 — 0
	Congé	0 — 2	0 — 17
	Filet	0 — 1	0 — 15
	Baguette	0 — 2	1 — 0
Chapiteau, 12 p.	Quart de rond	0 — 5	1 — 4
	Canal de la volute	0 — 3	0 — 17
	Listel de la volute	0 — 1	1 — 17 1/2
	Talon	0 — 2	1 — 1 1/2
	Filet	0 — 1	1 — 2
Entablement, 4 mod. 9 part.			
Architrave, 1 m. 4 p. 1/2.	1re Face	0 — 4 1/2	0 — 15
	2e Face	0 — 6	0 — 16
	3e Face	0 — 7 1/2	0 — 17
	Talon	0 — 3	1 — 1 1/4
	Listel	0 — 1 1/2	1 — 2
Frise, 1 mod. 9 part.		1 — 9	0 — 15
Corniche, 1 m. 13 p. 1/2.	Talon	0 — 4	1 — 1 1/2
	Filet	0 — 1	1 — 2
	Denticules	0 — 6	1 — 6
	Filet	0 — 0 1/2	1 — 6 1/2
	Cordon	0 — 1	1 — 7
	Quart de rond	0 — 4	1 — 10 1/2
	Larmier	0 — 6	2 — 2 1/2
	Talon	0 — 2	2 — 4 1/4
	Filet	0 — 0 1/2	2 — 5
	Doucine	0 — 5	2 — 10
	Filet	0 — 1 1/2	2 — 10

228. Archivolte et imposte ioniques.

		HAUTEURS.		SAILLIES.	
Archivolte, 1 m.	1re Plate-bande...	16 mod.	9 part.	0 mod.	6 part.
	2e Plate-bande....	» —	» —	2 —	7 1/2
	Quart de rond....	» —	» —	0 —	3
	Filet	» —	» —	0 —	1 1/2
	Pied-droit........	15 —	9 —	2 —	0
Imposte, 1 m.	1re Plate-bande....	0 —	4 —	2 —	0 1/2
	2e Plate-bande....	0 —	5 —	2 —	1
	Filet	0 —	0 1/2	2 —	1 1/2
	Baguette.........	0 —	1	2 —	2
	Quart de rond....	0 —	2	3 —	2 1/2
	Larmier	0 —	2 1/2	2 —	3
	Talon............	0 —	2	2 —	4 1/2
	Filet	0 —	1	2 —	6

229. Entablement ionique.

384. Cette figure représente l'élévation et la coupe de l'entablement ionique, ainsi que l'élévation du chapiteau vu de face.

385. L'entablement a 4 modules 9 parties de hauteur, ou le quart de la colonne entière. Ses subdivisions ont : l'architrave, 1 module 1/4; la frise, 1 module 9 parties; et la corniche 1 module 3/4 de hauteur. La saillie totale de l'entablement au droit du nu de la colonne est de 1 module 13 parties.

386. Les différentes parties de l'entablement reçoivent divers ornements : le talon au-dessus du larmier de la corniche est orné de rais de cœur; le quart de rond au-dessous du larmier est décoré d'oves, de dards; la baguette au-dessous est ornée de perles allongées; et le talon au-dessus de la frise, de feuilles de persil.

387. La frise de l'entablement est ornée de griffons séparés entre eux par des espèces de vases dont les anciens se servaient dans leurs sacrifices; le talon de l'architrave est orné de rais de cœur.

388. Les denticules doivent être tous égaux; chacun d'eux a 4 parties de largeur, et les vides intermédiaires ont la moitié de la largeur d'un denticule, c'est-à-dire 2 parties. Le denticule d'angle est orné ici de feuilles d'acanthe renversées; quelquefois il l'est d'une pomme de pin.

230. Détails en grand de la corniche.

389. Dans les détails en grand de la corniche, on a figuré les lignes d'axes des divers ornements, afin de montrer la corrélation qui existe entre les oves, les denticules et les feuilles; les dards, les perles et les intervalles.

231. Plan renversé du chapiteau.

390. Cette figure, placée au-dessous du fût de la colonne, représente le plan renversé du chapiteau, ainsi que celui du fût avec les divisions des cannelures; les oves qui ornent le quart de rond du chapiteau tombent à plomb sur chaque cannelure de la colonne.

391. Les volutes du chapiteau prennent naissance sur le quart de rond; on les accompagne de branches ou gousses de fèves d'où quelquefois on laisse tomber des festons.

232. Élévation latérale du chapiteau.

392. Nous donnons à droite du chapiteau de la colonne, la moitié de l'élévation latérale de ce chapiteau pour faire voir le *coussinet* ou membre qui relie ensemble les deux volutes, l'une antérieure, l'autre postérieure.

233. Archivolte et imposte.

393. L'archivolte a le quart de rond orné de trèfles; l'imposte a le talon orné de rais de cœur, le quart de rond d'oves et de dards, la baguette de perles et d'olives.

234. Détails du chapiteau ionique et de la volute.

394. Le chapiteau ionique se compose de deux volutes ou spirales tournant autour d'un cercle orné d'une rosace qu'on appelle *œil* de la volute.

Le diamètre de l'œil de la volute est égal à la hauteur de l'astragale du chapiteau, et son centre est à un module de l'axe de la colonne.

395. *Manière de tracer le chapiteau ionique.* A partir de l'axe de la colonne, et à une distance de 1 module, menez deux lignes parallèles à l'axe. Ces deux lignes parallèles sont appelées *cathètes*, et doivent passer par le centre de l'œil de chaque volute. La hauteur de chaque volute étant de 16 parties, portez à partir du dessous du talon du chapiteau 8 parties, et comme l'œil de la volute est égal à l'astragale, c'est-à-dire à 2 parties, il restera pour le dessous de la volute 6 parties.

396. *Manière de tracer la volute ionique.* Prenez une distance égale à 1 module, à partir de la ligne X Z, axe de la colonne, tirez une ligne A B, ou *cathète*, parallèle à X Z; du point A, dessous du talon du chapiteau, portez une distance A C égale à huit parties; ce point C sera un de ceux par lesquels devra passer le cercle qui forme l'œil de la volute; portez à partir du point C sur la même perpendiculaire A B, une distance C D égale à 2 parties; puis décrivez un cercle ayant C D pour diamètre, vous aurez l'œil de la volute.

Dans ce cercle inscrivez un carré; tirez une autre diagonale, comme on le voit dans la *fig.* 235, qui donne l'œil sur une plus grande échelle; divisez chacune de ces diagonales en 6 parties égales, que vous marquerez suivant l'ordre des chiffres naturels 1, 2, 3, 4, 5, etc.; vous obtiendrez de cette manière 12 points, qui seront 12 centres servant à décrire les 12 portions de cercles formant l'ensemble des trois révolutions de la première spirale de la volute. Chacune de ces portions de cercles se trouve limitée par deux lignes perpendiculaires entre elles, élevées de chaque point de division ou centre.

Ainsi du centre 1, avec une ouverture de compas égale à 1 A, décrivez l'arc de cercle A *b*; du point 2, avec 2 *b* pour rayon, décrivez l'arc de cercle *b* G; du point 3, avec un rayon égal à 3 G, décrivez l'arc de cercle G *d*, et ainsi de suite, en suivant les points de centre 4, 5, 6, 7, 8, 9, 10, 11, 12; vous arrivez à une dernière courbe qui se confond avec l'œil de la volute. Cette opération faite, on aura obtenu l'arête extérieure de la volute.

397. *Manière de tracer la seconde arête de la volute.* La seconde arête peut se décrire à la main, en observant qu'à leur naissance ces deux arêtes, qui forment le filet appelé listel de la volute, ont une partie de large, et vont en se rapprochant proportionnellement l'une de l'autre jusqu'à l'œil de la volute.

Pour plus de précision, nous allons indiquer la manière de décrire au compas l'arête intérieure du listel de la volute.

Subdivisez chacune des 12 divisions précédentes en 4 parties égales, et de chaque point de division le plus rapproché du point qui a déjà servi à décrire le filet extérieur, décrivez des arcs de cercle qui, comme précédemment, se trouveront limités par deux lignes menées des mêmes points comme centres; du point 13, avec un rayon égal à 7 parties de module, décrivez l'arc de cercle *l m*; du point 14, l'arc de cercle *m n*; et ainsi de suite, *n o*, etc.

398. Pour plus de facilité, l'élève fera bien de s'exercer sur une volute dont l'œil soit égal à celui que nous donnons dans la *fig.* 235, et auquel nous le renvoyons pour les divisions indiquées plus haut, celui de notre volute étant trop petit pour les indiquer toutes d'une manière claire et précise.

399. Observations. Pour décrire d'une manière correcte une volute avec les données que nous venons d'exposer, il est nécessaire : 1° que l'élève marque avec le plus d'exactitude possible ses divisions; 2° qu'en décrivant ses différentes courbes, il appuie légèrement sur la branche fixe de son compas, pour éviter dans le mouvement de la branche mobile, des déviations qui occasionneraient dans le raccordement des courbes des jarrets ou cassures.

400. Observations générales. L'élève doit apporter un grand soin dans le tracé de ses lignes d'axe : de leur exactitude dépend l'aplomb des divers membres de moulures, et par suite l'exactitude de leur copie. Les détails des ornements doivent être dessinés avec beaucoup de finesse et une grande régularité.

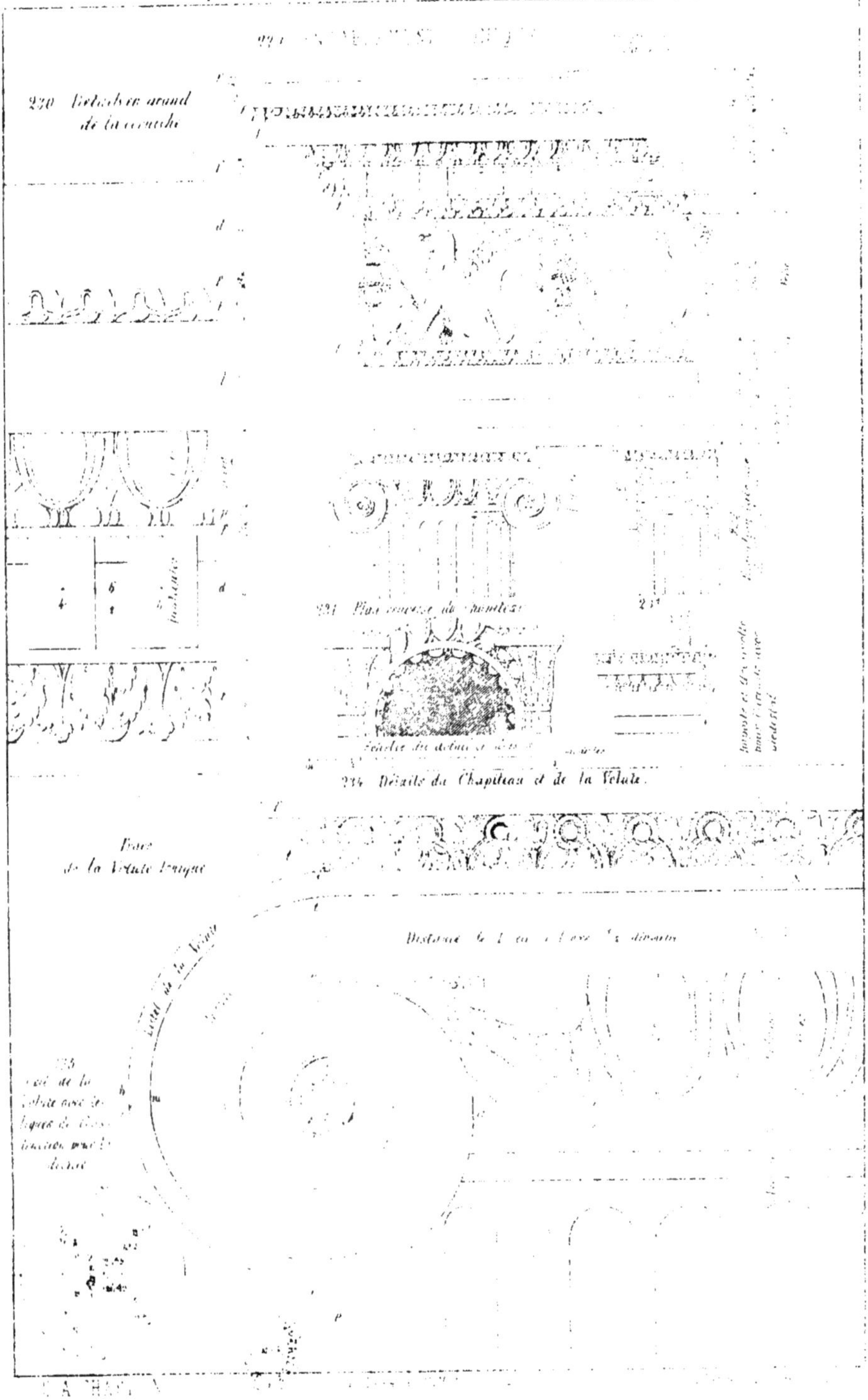

230 Entablement grand de la corniche

231 Plan renversé du chapiteau

234 Détails du Chapiteau et de la Volute.

Face de la Volute Ionique

235 Côté de la Volute avec les lignes de construction.

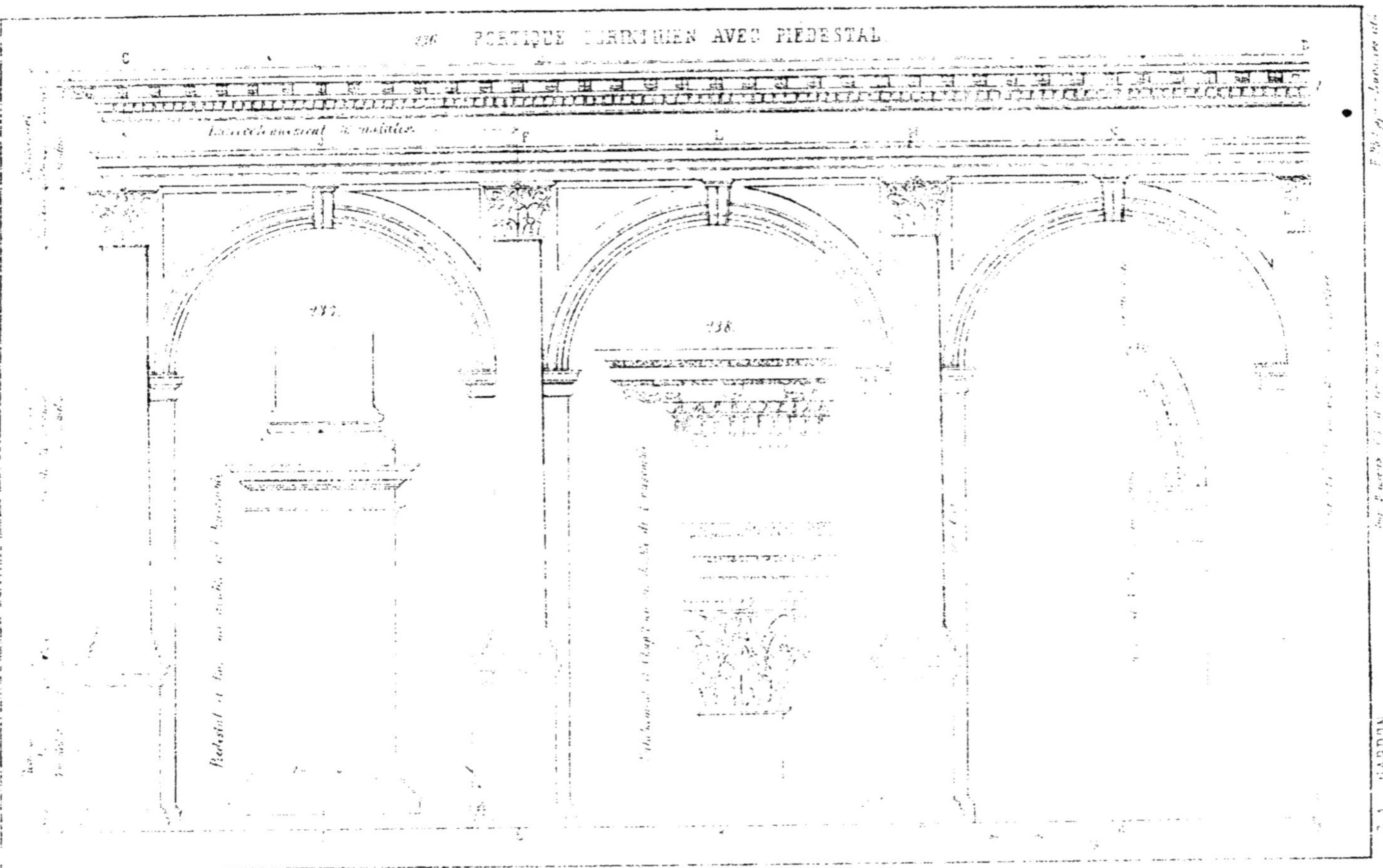
236. PORTIQUE CORINTHIEN AVEC PIEDESTAL.
237.
238.

236. Portique corinthien avec piédestal.

401. L'*ordre corinthien*, le plus riche, le plus élégant des cinq ordres, a son chapiteau orné de feuilles d'acanthe, et sur chaque face de quatre volutes plus petites que celles de l'ordre ionique.

402. L'ordre corinthien tire son nom de Corinthe, ville de la Grèce. On raconte ainsi l'origine de cet ordre. Callimachus, architecte, passant près du tombeau d'une jeune fille de Corinthe, y aperçut une corbeille recouverte d'une grande tuile plate et environnée de feuilles d'acanthe que la saison avait fait croître; les feuilles, arrivées à la hauteur de la tuile, avaient été forcées de se recourber en forme de volutes : cet ensemble parut si harmonieux à l'artiste, qu'il en fit sur-le-champ un dessin auquel il ajouta la régularité que ne donne point la nature.

403. On emploie l'ordre corinthien pour décorer les palais, les églises, les temples, les monuments publics et les maisons riches; à Paris, les belles applications de cet ordre sont : la colonnade du Louvre, la Bourse, le Panthéon, l'église de Saint-Sulpice, celle de Saint-Gervais, etc.

CONSTRUCTION GÉNÉRALE.

404. *Pour tracer l'ordre corinthien dans une hauteur donnée*, divisez la hauteur donnée en 19 parties égales, dont 12 pour la colonne, 4 pour le piédestal, et 3 pour l'entablement; partagez la hauteur de la colonne en 10 parties égales pour avoir son diamètre inférieur, dont la moitié est le module qui se subdivise en 18 parties égales.

405. On peut aussi, afin de rendre le piédestal plus svelte, diviser la hauteur donnée en 32 parties égales, l'une de ces parties sera le module, et donner 20 modules à la colonne, 5 à l'entablement et 7 au piédestal. L'entablement sera le quart de la colonne, mais le piédestal aura un peu plus du tiers de la colonne, et le dé sera formé de 2 carrés de chacun 2 modules 14 parties.

406. *Si la longueur du module était donnée*, il faudrait la porter 31 fois 2/3 ou 32 fois, pour avoir la hauteur totale de l'ordre; puis donner au piédestal 7 modules, à la colonne 20, et à l'entablement 5.

407. CONSTRUCTION. Tirez la ligne A B; marquez à 16 modules de distance les axes des colonnes A C, E F, G H, D B, et au milieu les axes des arcades I J, K L, M N, et tracez-les perpendiculairement; marquez sur A C et B C la hauteur du piédestal, de la colonne, de l'entablement et des impostes, et tracez-les, ainsi que leurs moulures; décrivez les archivoltes; dessinez les chapiteaux et les ornements de l'entablement.

408. OBSERVATIONS. Les 3 arcades doivent être égales; les moulures dans les piédestaux, les colonnes et les impostes tracées en même temps; les profils être à égale distance des axes; les chapiteaux semblables et dessinés avec soin; les denticules et les modillons de l'entablement être égaux et également espacés.

SUBDIVISIONS GÉNÉRALES.

409. Le *piédestal* étant de 7 modules, donnez 12 parties à la base et 14 parties à la corniche; il restera pour le dé 5 modules et 10 parties.

410. Pour la *colonne* dont la hauteur est de 20 modules, donnez 1 module à la base jusqu'au-dessus du tore supérieur (le filet ou ceinture inférieure faisant partie du fût); et au chapiteau 2 modules et 6 parties jusqu'au-dessus de l'astragale; il restera par conséquent pour le fût 16 modules et 12 parties.

411. L'*entablement* ayant pour hauteur 5 modules, donnez à l'architrave et à la frise 1 module 9 parties, et à la corniche 2 modules.

412. L'*entre-colonnement* pour l'ordre corinthien, avec arcades et piédestaux, est de 16 modules; sans piédestaux, il est de 11 modules 6 parties; et sans piédestaux ni arcades, de 7 modules.

413. Pour décrire l'*arcade*, portez sur sa ligne d'axe, à partir du dessous de l'architrave, 2 modules; prenez pour rayon 6 modules : la largeur de l'arcade sera de 12 modules, et sa hauteur de 25 modules, ou un peu plus du double de sa largeur.

414. La *clef de l'arcade* pour l'ordre corinthien a 2 modules de hauteur. Comme dans l'ordre ionique, ses deux côtés prolongés doivent se rencontrer au centre de l'arcade; sa largeur sous l'architrave est de 1 module.

415. L'*archivolte* et l'*imposte* ont chacun 1 module de hauteur.

416. Les *pieds-droits* de l'arcade ont 4 modules de largeur totale, c'est-à-dire 1 module de chaque côté du bas du fût de la colonne.

417. La colonne corinthienne est cylindrique jusqu'au tiers de sa hauteur. Elle va ensuite en diminuant jusque sous le congé supérieur du fût, où elle n'a plus que 1 module et 12 parties, de manière qu'elle diminue de chaque côté de l'axe de 3 parties.

Proportions et moulures de l'ordre corinthien.

418. La hauteur totale de l'ordre corinthien est de 31 modules 12 parties.

PIÉDESTAL, 6 mod. 12 part.		HAUTEURS.	SAILLIES.
Base, 0 m. 12 p.	Plinthe	0 mod. 4 part.	1 mod. 15 part.
	Tore	0 — 3 —	1 — 15 —
	Filet	0 — 1 —	1 — 13 —
	Doucine	0 — 3 —	1 — 8 1/2
	Baguette	0 — 1 —	1 — 9 1/2
Dé, 5 m. 4 p.	Filet	0 — 1 —	1 — 8 1/2
	Congé	0 — 1 1/2	1 — 8 1/2
	Socle	4 — 17	1 — 7
	Congé	0 — 1 1/2	1 — 8 1/3
	Filet	0 — 1	1 — 8 1/3
Corniche, 0 m. 14 p.	Baguette	0 — 1	1 — 9
	Frise	0 — 5	1 — 7
	Filet	0 — 1	1 — 8
	Baguette	0 — 1	1 — 8 3/4
	Doucine	0 — 1	1 — 12 1/2
	Larmier	0 — 3	1 — 13 1/2
	Talon	0 — 1 1/3	1 — 14 3/4
	Filet	0 — 0 2/3	1 — 15
COLONNE, 20 modules.			
Base, 1 m.	Plinthe	0 — 6	1 — 7
	Tore	0 — 4	1 — 7
	Filet	0 — 0 1/4	1 — 5
	Scotie inférieure	0 — 1 1/2	1 — 2 1/2
	Filet	0 — 0 1/4	1 — 3 1/2
	Baguette ou astragale	0 — 1/2	1 — 4
	Filet	0 — 1/2	1 — 3 1/2
	Scotie supérieure	0 — 1 1/2	1 — 2 1/2
	Filet	0 — 0 1/2	1 — 2 1/2
	Tore	0 — 3	1 — 4
Fût, 16 m. 12 p	Filet	0 — 1 1/2	1 — 2
	Congé	0 — 2	1 — 2
	Fût	16 — 4 1/2	1 — 0
	Congé	0 — 1	0 — 16 1/2
	Filet	0 — 1	0 — 16 1/2
	Baguette	0 — 2	0 — 18
Chapiteau, 2 m. 6 p.	1er Rang de feuilles	0 — 12	1 — 4 3/4
	2e Rang de feuilles	0 — 12	1 — 9 3/4
	3e Rang de feuilles	0 — 4	1 — 9 3/4
	Volute	0 — 8	1 — 13 1/4
	Larmier	0 — 3	1 — 14
	Filet	0 — 1	1 — 15 1/2
	Quart de rond	0 — 2	2 — 0
ENTABLEMENT, 5 modules.			
Architrave, 1 m. 9 p.	1re Face	0 — 5	0 — 15
	Baguette	0 — 1	0 — 15 1/2
	2e Face	0 — 6	0 — 16
	Talon	0 — 2	0 — 16 1/4
	3e Face	0 — 7	0 — 16 1/2
	Baguette	0 — 1	0 — 17
	Talon	0 — 4	1 — 1 2/3
	Filet	0 — 1	1 — 2
Frise, 1 m. 9 p.	Plate-bande	1 — 6	0 — 15
	Congé	0 — 1 1/2	0 — 16 1/4
	Filet	0 — 0 1/2	0 — 16 1/4
	Baguette	0 — 1	0 — 17
Corniche, 2 m.	Talon	0 — 3	1 — 0 1/2
	Filet	0 — 0 1/2	1 — 2
	Denticules	0 — 6	1 — 6
	Filet	0 — 0 1/2	1 — 6 1/4
	Baguette	0 — 1	1 — 7
	Quart de rond	0 — 4	1 — 10
	Filet	0 — 0 1/2	1 — 10 1/2
	Modillons	0 — 6	2 — 8 1/2
	Talon	0 — 1 1/2	2 — 9 1/2
	Larmier	0 — 5	2 — 10
	Talon	0 — 1 1/2	2 — 11 1/2
	Filet	0 — 0 1/2	2 — 12
	Doucine	0 — 5	2 — 17
	Filet	0 — 1	2 — 17

237. Piédestal; 238. Entablement; 239. Imposte.

419. Ces trois figures représentent au double de l'ensemble du portique le piédestal, l'entablement, le chapiteau et l'imposte avec l'archivolte; elles font voir les détails de chaque partie.

420. L'*ordre composite*, ayant les mêmes proportions que l'ordre corinthien, n'en diffère que par ses volutes; nous n'en parlerons pas, pour éviter de nous répéter.

DÉTAILS DE L'ORDRE CORINTHIEN.

240. Entablement et chapiteau corinthien.

421. Cette planche présente en grand les détails de l'ordre corinthien, de l'entablement, du chapiteau, de la colonne, du piédestal, de l'imposte, de l'archivolte et de la clef, et fait voir leurs moulures et les divers ornements dont on peut les décorer.

422. L'entablement corinthien a 5 modules de hauteur, ou le quart de la colonne; l'architrave et la frise ont chacune 1 mod. 9 parties, et la corniche a 2 mod.

423. Les *ornements de l'entablement corinthien* diffèrent peu de ceux de l'entablement ionique, mais ils sont plus multipliés.

424. Les *moulures et les ornements de la corniche corinthienne* sont : un filet, une doucine ornée de têtes de lion qui peuvent servir de gargouilles pour rejeter les eaux pluviales, un filet, un talon orné de rais de cœur, un larmier, un talon orné de rais de cœur; des modillons ou consoles ornées et renversées; un filet, un quart de rond orné d'oves et de dards, une baguette ornée de perles et d'olives, un filet; des denticules dont celui d'angle est orné d'une pomme de pin, un filet, un talon orné de trèfles avec fleurons et culots dans les intervalles; une baguette ornée de perles et d'olives, et un filet.

425. Les *ornements de la frise* sont : un congé, une plate-bande unie ou ornée de candélabres avec des personnages représentant un sujet mythologique ou autre.

426. Les *ornements de l'architrave* sont : un filet, un talon orné de feuilles de persil, une baguette ornée de chapelets; une troisième face, un talon orné de rais de cœur; une deuxième face, une baguette ornée de perles; une troisième face portant sur le tailloir du chapiteau.

427. Les *ornements du chapiteau corinthien* sont : un quart de rond formant le tailloir ou abaque, un filet, un larmier, un filet, les huit volutes, les trois rangs de feuilles d'acanthe, de chacun huit feuilles dont quatre seulement sont visibles; de quatre caulicoles *c*, qui se montrent au-dessus du premier rang de feuilles, et d'où sortent les volutes; d'un fleuron ou rosace au-dessus des volutes du milieu; le tout entourant le vase ou tambour du chapiteau.

428. Le chapiteau corinthien a 2 modules 6 parties de hauteur; les 6 parties sont pour le tailloir ou abaque, et les 2 modules pour le vase ou tambour.

242. Plan de la base de la colonne corinthienne et du piédestal.

429. Les *ornements de la colonne* sont pour le *fût* : une baguette, un filet, le congé supérieur, le fût orné de 24 cannelures demi-circulaires séparées par des côtes ayant un tiers de l'ouverture des cannelures, le congé inférieur, un filet; pour la *base*, un tore, un filet, une scotie, un filet, une baguette, un filet, une scotie, un filet, un tore orné de feuilles d'olivier ou de chêne, et une plinthe.

430. Les *ornements du piédestal* sont : pour la *corniche*, un filet, un talon orné de rais de cœur, un larmier, un quart de rond orné de canaux, une baguette ornée de perles et d'olives, un filet; pour le *dé*, une frise, une astragale formée d'une baguette, d'un filet et d'un congé, un socle, un congé, un filet; pour la *base*, une baguette, une doucine renversée ornée de rais de cœur ou de feuilles d'acanthe, un filet, un tore orné d'entrelacs avec rosaces entre et une plinthe.

243. Archivolte et imposte.

431. Les *ornements de l'archivolte* sont : un filet, un talon orné de rais de cœur, une plate-bande, un quart de rond orné d'oves et de dards, un filet, une plate bande, une baguette ornée de chapelets, une plate-bande.

432. Les *ornements de l'imposte* sont : un filet, un talon orné de rais de cœur, une plate-bande, un quart de rond orné d'oves et de dards, une baguette ornée de perles, un congé, une frise décorée de canaux, avec feuille à l'extrémité; au-dessous l'astragale, formée d'une baguette, d'un filet et d'un congé; enfin le pied-droit.

244. Clef de l'arcade.

433. *Ornements de la clef.* Le chapiteau de la clef est formé d'un quart de rond, d'un filet, et d'une plate-bande avec congé; le reste a la forme d'une console dont la volute inférieure est ornée de feuilles simples, avec côtes dans le milieu.

245. Plan renversé de la moitié du chapiteau.

434. *Manière de tracer le plan du chapiteau corinthien.* Le plan du chapiteau corinthien est renfermé dans un carré dont chaque côté a, comme A B, 3 modules de longueur. Tirez les diagonales de ce carré, et décrivez du centre C le plan de la colonne au droit de sa diminution, lequel est représenté par le demi-cercle *a b c*, dont le diamètre a 1 module 2/3 ou 12 parties; portez du centre C, sur les diagonales, 2 modules de longueur aux points *d g*, par lesquels vous menez *h i* et *k l* perpendiculaires aux diagonales, jusqu'à ce qu'elles rencontrent les côtés du carré; ces lignes marquent les aplombs des cornes du tailloir; faites sur A B un triangle équilatéral A B *m*; du point *m*, décrivez l'arc *l n h*, qui sera le plan cintré du tailloir, sous les cornes duquel sont les volutes qui ont la même largeur, et qui rentrent en dedans de 3 parties 1/3.

435. *Pour disposer convenablement toutes les parties du chapiteau corinthien*, tracez le plan et le profil du chapiteau; donnez au tambour 2 modules de hauteur, et à l'abaque ou tailloir 6 parties; portez à partir de l'astragale 12 parties, pour avoir la hauteur des feuilles du premier rang; portez les mêmes parties au-dessus pour avoir celles du deuxième rang; tracez les parallèles *o p* et *q r*, et 4 parties au-dessus *r s*, qui détermine la hauteur des feuilles du troisième rang, et celle des caulicoles; marquez à 6 parties au-dessus la hauteur des petites volutes sous le fleuron qui a 8 parties de hauteur et de largeur.

436. On fait les feuilles du chapiteau corinthien d'acanthe, d'olivier ou de laurier; les plus belles sont celles d'olivier, comme aux chapiteaux de l'église du Val-de-Grâce; ceux de la Sorbonne, de Saint-Gervais, de Saint-Sulpice, etc., sont en feuilles d'acanthe.

437. On appelle *tronquer un ordre*, quand pour le représenter dans une proportion plus grande que ne le permet le cadre donné, on supprime une portion d'une ou de plusieurs parties; c'est ordinairement le fût de la colonne et le dé du piédestal.

438. Construction générale. Pour tracer régulièrement les détails de l'ordre corinthien, tracez une échelle dont le module soit divisé en 18 parties égales; puis tirez la ligne d'axe C D sur laquelle vous portez les diverses parties de l'entablement, de la colonne et du piédestal, en leur donnant les hauteurs et les saillies indiquées dans le tableau de la planche 15; donnez à chaque moulure les ornements dont elle doit être décorée; dessinez les détails des ornements, oves, rais de cœur, trèfles, feuilles, culots, entrelacs, perles, avec beaucoup de soin et de régularité; tirez à des distances égales des lignes sur lesquelles se trouveront les axes des têtes de lion, des modillons, des oves, des denticules, des rais de cœur, des feuilles, de manière à ce qu'ils se trouvent à plomb les uns des autres.

439. Les denticules ont 4 parties de largeur, et les canaux qui les séparent 2 parties; les modillons ont 8 parties de largeur, et les intervalles 16 parties; l'entre-colonnement corinthien étant de 16 modules ou de 288 parties, on trouve, en divisant ce nombre par 24, largeur du modillon et de son intervalle, qu'il doit y avoir 12 modillons entre chaque entre-colonnement.

440. Observations. Il doit toujours exister une tête de lion, un modillon, un denticule, une ove, un trèfle, un rais de cœur à plomb de l'axe de chaque colonne.

DÉTAILS DE L'ORDRE CORINTHIEN

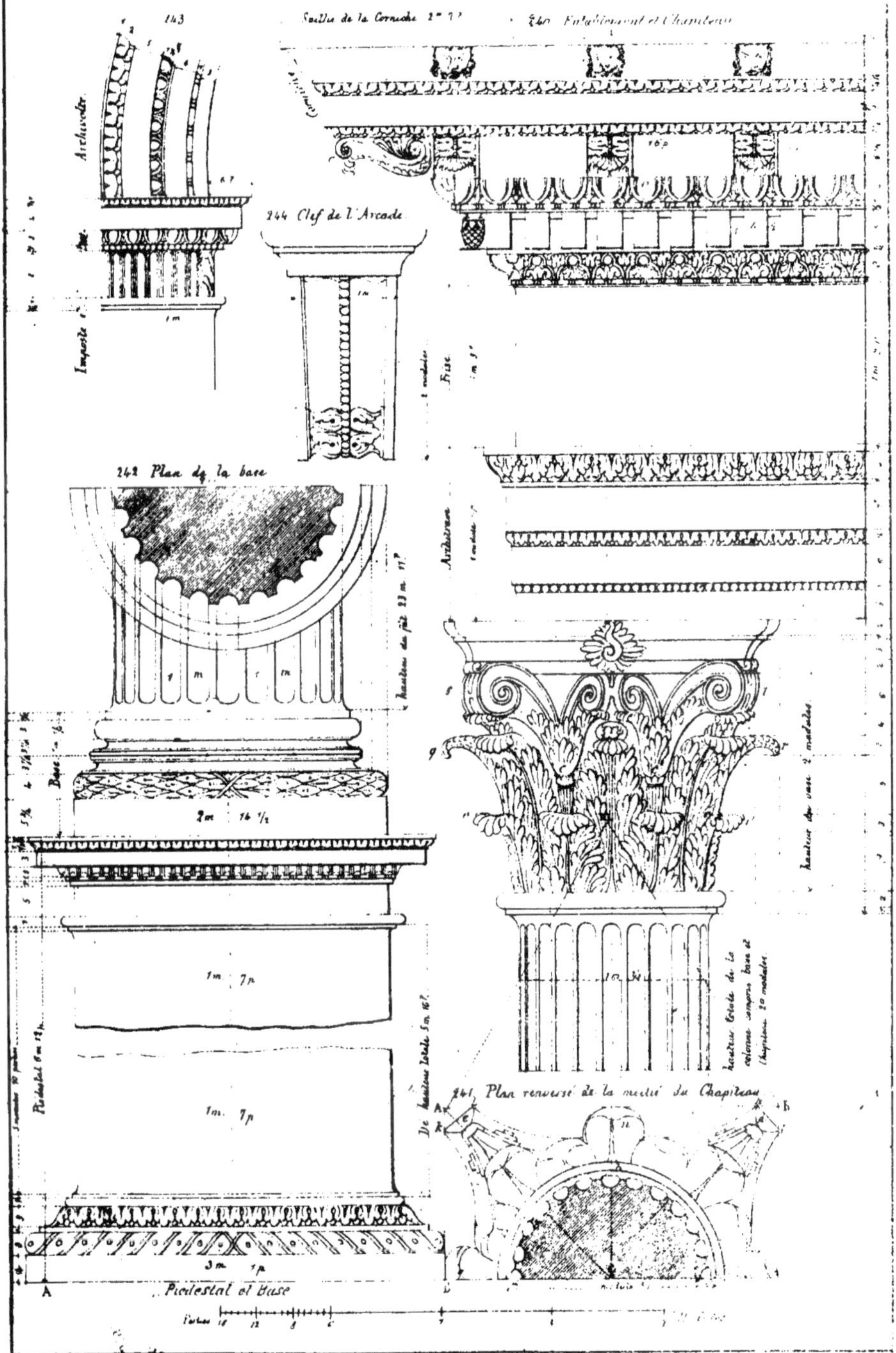

243 Archivolte. Imposte

244 Clef de l'Arcade

240 Entablement et Chapiteau

Saillie de la Corniche

Frise

Architrave

242 Plan de la base

Base

hauteur du fût

241 Plan renversé de la moitié du Chapiteau

Piedestal et Base

248 PLAN DE LA CORNICHE ET DU PLAFOND ...

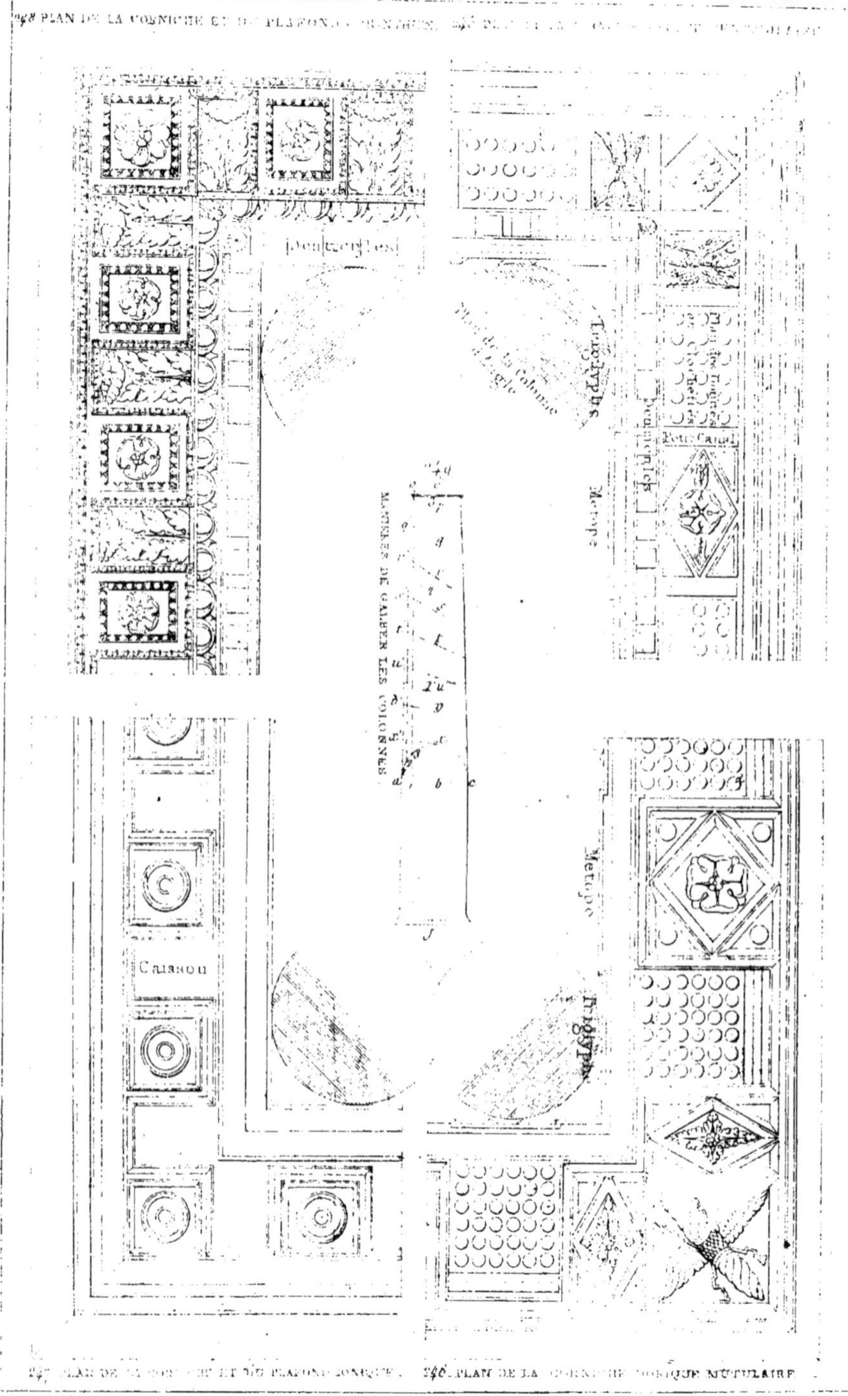

247 PLAN DE LA CORNICHE ET DU PLAFOND IONIQUE . 246 PLAN DE LA CORNICHE DORIQUE MUTULAIRE

Gravé par A. Blanlin.

245. Plan de la corniche du plafond dorique denticulaire.

441. Cette planche présente le plan et les ornements des corniches et plafonds ou soffites de l'ordre dorique, de l'ionique et du corinthien.

442. On appelle soffites des sculptures de diverses formes, figurant habituellement des compartiments et qui ornent les plafonds des entablements, des dômes, ou même ceux des salles ordinaires.

443. Le plafond de l'ordre dorique denticulaire, est celui de l'ordre dont nous donnons l'entre-colonnement planche 12.

444. Le plan des triglyphes indique que les canaux et les demi-canaux sont à faces planes; les denticules ont chacun 2 parties, et les intervalles qui les séparent chacun une partie.

445. Au-dessus de chaque triglyphe règnent les gouttes ou clochettes, avec le même espacement que celles qui sont placées sous les triglyphes. Il y a dans chaque compartiment 18 gouttes : la longueur de chacun est de 13 parties et sa largeur de 8 parties.

446. Au-dessus de chaque métope règne un encadrement égal en longueur et en largeur à celui qui est placé au-dessus de chaque triglyphe. Il est décoré d'une losange avec moulures, et de quatre petits triangles également à moulures. La losange est ornée d'une rosace et de deux culots. Chaque intervalle ou petit canal compris entre deux encadrements a 1 partie de largeur, et 8 de longueur, comme les encadrements.

447. L'encadrement orné de foudres a 8 parties de longueur sur 5 parties 1/2 de largeur, et le petit canal à côté a aussi une partie de largeur sur 8 parties de longueur.

448. L'encadrement d'angle, formé par la jonction des différentes lignes de moulures, se compose d'un carré orné de moulures et décoré d'une rosace au milieu, et de quatre petits triangles.

246. Plan de la corniche du plafond dorique mutulaire.

449. Ce qui distingue l'entablement mutulaire du denticulaire, ce sont : les *mutules* ou *modillons* placés au-dessous du larmier, ainsi que l'architrave qui a deux faces au lieu d'une.

450. Les moulures du chapiteau de la colonne peuvent être décorées savoir : le talon de rais de cœur, et le quart de rond d'oves. On remplace les trois filets ou annelets qui existent au-dessous du quart de rond dans le chapiteau de l'ordre dorique denticulaire, par une astragale dont la baguette ou fusarolle est ornée d'olives. La colonne peut être enrichie de cannelures au nombre de vingt.

451. Moulures de l'ordre dorique mutulaire, avec leurs hauteurs et leurs saillies.

Entablement, 4 modules.		Hauteurs.	Saillies.
Architrave, 1 m.	1re Face	0 mod. 4 part.	0 mod. 10 part.
	2e Face	0 — 4	0 — 10 1/2
	Gouttes	0 — 1 1/2	0 — 11 1/2
	Champ des gouttes	0 — 0 1/2	0 — 11 1/2
	Listel	0 — 2	1 — 0
Frise (*comme à l'ordre dorique denticulaire*)		1 — 6	
Corniche, 1 m. 6 p.	Chapiteau des triglyphes	0 — 2	0 — 11
	Filet	0 — 0 1/2	0 — 11 1/2
	Quart de rond	0 — 2	1 — 0
	Filet	0 — 0 1/2	1 — 0 1/2
	Face des mutules	0 — 3	2 — 5
	Talon	0 — 1	2 — 5 1/2
	Larmier	0 — 3 1/2	2 — 6
	Talon	0 — 1	2 — 6 1/2
	Filet	0 — 0 1/2	2 — 7
	Doucine	0 — 3	2 — 7
	Listel	0 — 1	2 — 10
Chapiteau, 1 m.	Filet	0 — 0 1/2	1 — 3
	Talon	0 — 1	1 — 2 1/2
	Larmier	0 — 2 1/2	1 — 2
	Quart de rond	0 — 2 1/2	0 — 11 1/2
	Baguette ou fusarolle	0 — 1	0 — 11 1/2
	Filet	0 — 0 1/2	0 — 1
	Gorgerin	0 — 4	0 — 1

452. A plomb de chaque triglyphe du plafond de la corniche mutulaire, à la différence du précédent, règne un mutule dont le dessous est orné de 36 gouttes qui répètent celles des triglyphes; ces mutules sont carrés.

453. L'encadrement entre deux mutules a 1 module 1/2 de largeur, il est décoré de divers ornements : d'une losange ornée d'une rosace, plus de quatre triangles portant moulures avec gouttes au milieu. L'encadrement d'angle, dans l'ordre dorique mutulaire, est carré et orné de foudres.

247. Plan de la corniche du plafond de l'ordre ionique.

454. Le plan de la corniche est orné de modillons qui sont carrés par devant et sculptés en dessous, à la différence des modillons de l'ordre corinthien qui ont la forme de balustres. Entre chaque modillon règne un caisson à moulures décoré de divers ornements à l'intérieur.

248. Plan de la corniche du plafond de l'ordre corinthien.

455. Ce plafond est à caissons séparés entre eux par des modillons répétant ceux qui décorent le larmier de la corniche. Les modillons ont 8 parties de largeur, et les caissons 16 parties. Les caissons sont ornés de moulures et enrichis d'ornements, de rosaces de différentes espèces, de feuilles, etc.

249. Manières de galber les colonnes.

456. Nous donnons dans cette figure les deux manières le plus communément employées pour la diminution des colonnes.

457. On appelle *galber une colonne*, tracer la courbe que décrit le fût, à cause de sa diminution d'un sixième à partir du tiers.

458. (*Première manière.*) La hauteur de la colonne étant donnée, le diamètre inférieur et le supérieur connus, à partir du tiers de la hauteur de la colonne, menez une horizontale égale au diamètre inférieur; sur cette horizontale décrivez une demi-circonférence; portez la diminution de a en i, élevez ensuite la ligne $i\,o$ parallèle à l'axe de la colonne $e\,f$; partagez la moitié de l'arc a 3 en autant de parties égales que vous voudrez; divisez ensuite les deux tiers de la colonne en autant de parties égales que vous aurez divisé l'arc, et par chacune de ces divisions menez des parallèles au diamètre. La rencontre de ces lignes avec les perpendiculaires ou parallèles à l'axe, menées par chaque point de division de l'arc, déterminera les points par lesquels devra passer la courbe formant le galbe de la colonne. Cette manière s'applique à l'ordre toscan et au dorique.

459. *Seconde manière de galber une colonne.* La hauteur de la colonne, le diamètre inférieur et le supérieur étant connus, menez la perpendiculaire $e\,f$, axe de la colonne; puis, du tiers de la colonne, tirez une ligne indéfinie $a\,b\,c\,d$, qui sera perpendiculaire à cette ligne $f\,e$; faites $a\,b$ et $b\,c$ égales chacune à un demi-diamètre, et portez l'une de ces parties à partir du point o, jusqu'à ce que vous rencontriez la ligne $e\,f$ en un point p; menez la ligne indéfinie $o\,p$ qui rencontrera $a\,d$ au point d; divisez ensuite la ligne $p\,b$ en autant de parties égales que vous voudrez, en 8 par exemple, aux points q, r, s, t, u, v, x, et joignez chacun de ces points au point d par des lignes indéfinies; faites $q\,q'$, $r\,r'$, $s\,s'$, etc., etc., égales chacune à $p\,o$; et par les points o, q', r', s', t', u', v', x', a, faites passer une ligne; cette ligne vous donnera le galbe de la colonne. Le galbe sera tracé avec d'autant plus d'exactitude, qu'on aura divisé la perpendiculaire ou l'arc en un plus grand nombre de parties égales. Cette manière peut être appliquée aux colonnes ioniques, aux corinthiennes et aux composites.

460. Observations. Les encadrements, les moulures et les divers ornements des plafonds doivent être dessinés avec beaucoup de soin et une grande régularité.

250. Portail d'église.

461. On appelle *portail* la façade principale d'une église ou d'un temple, ou sa porte principale; ce portail est celui d'une église qui aurait une grande nef au milieu et une plus petite de chaque côté.

462. Le portique forme avant-corps sur le restant de l'édifice; il est décoré de quatre colonnes d'ordre dorique; le fût de ces colonnes est cannelé pour en augmenter la richesse; ces cannelures peuvent être creuses sur toute la hauteur du fût, ou bien, comme l'indique le dessin, remplies d'une petite baguette qui part du bas de la cannelure et s'arrête au tiers du fût, au point où commence la diminution de la colonne.

463. Un perron composé de sept marches donne accès sous le portique; il règne tout le long de la façade à chacune des extrémités de laquelle il retourne d'équerre.

464. Sur le mur du fond ou de la façade de l'édifice, derrière les colonnes du péristyle, se trouvent deux niches circulaires de plan et d'élévation, surmontées de deux petites tables saillantes qui partent du dessous de l'astragale des colonnes. Les deux montants ou chambranles de ces niches, ainsi que l'archivolte, sont de simples bandeaux sans moulures, en saillie sur le nu du mur; l'appui au-dessous se compose d'un larmier, d'un quart de rond et d'un filet.

465. Trois portes carrées donnent accès dans la nef du milieu et dans les deux latérales; chaque porte est ornée de son chambranle décoré de moulures; au-dessus se trouve une frise ayant pour couronnement une corniche supportée par deux consoles tombant à plomb des pieds-droits du chambranle; les deux portes à droite et à gauche du péristyle sont surmontées d'un panneau avec table renfoncée et chambranle décoré; ces panneaux sont destinés à recevoir les inscriptions relatives à la destination du bâtiment.

466. Un entablement dorique couronne le portique et règne sur tout le pourtour; il est orné de triglyphes *t*, de métopes *m* et de denticules *d*, et surmonté d'un fronton triangulaire ayant les mêmes moulures que la corniche.

467. Un acrotère plein règne au-dessus du mur de la façade pour dissimuler le rampant du comble des bas-côtés; il est orné d'une petite corniche.

468. Enfin, derrière le fronton se montre le mur de face de la nef principale surmonté d'une corniche; un comble circulaire couvre cette partie importante de l'édifice.

469. CONSTRUCTION. Tracez une ligne horizontale A B, et au milieu élevez une perpendiculaire E F, qui sera la ligne d'axe de l'édifice; à des distances égales, marquez et élevez perpendiculairement les lignes A C, B D, pour la largeur du bâtiment; G H, I J, pour la largeur du portique; K L, M N, pour les axes des colonnes; portez sur A C et B D la hauteur des lignes horizontales du perron, de l'entablement et de l'acrotère, et tracez-les, ainsi que les axes des portes et des niches; dessinez les détails, en ayant bien soin qu'il se trouve un triglyphe sur l'axe de chaque colonne.

470. OBSERVATIONS. Les colonnes, les portes, les panneaux et les niches, doivent être respectivement semblables et symétriques; les archivoltes se raccorder exactement; enfin, les denticules, les métopes et les triglyphes doivent être réguliers et également espacés.

251. Halle aux grains.

471. On appelle *halle* un bâtiment fermé, ou une espèce de portique destiné à la vente des marchandises.

472. La façade de la *Halle aux Grains* ou grenier d'abondance, est d'ordre dorique; elle a le caractère de solidité et d'élégance convenable à un bâtiment ayant cette destination.

473. Trois arcades à plein cintre supportées par quatre pieds-droits en pierres de taille, forment les trois entrées de la halle. Celle du milieu, en supprimant les marches, donnerait passage aux voitures. Ces arcades sont ornées d'archivoltes portant sur les impostes, et décorées des mêmes moulures. Au sommet de chaque archivolte existe une clef taillée à facettes, comme les pointes de diamant. Les tympans ou parties de mur comprises entre les archivoltes sont enrichis de triangles en creux remplis par une rosace en saillie. Les portes dans les trois baies sont remplacées par des grilles s'ouvrant à la hauteur des impostes, et destinées à aérer et à ventiler l'intérieur. La partie circulaire des baies est remplie par un panneau orné en fonte.

474. Deux pilastres doriques arrêtent à gauche et à droite les extrémités de la façade; la base de ces pilastres repose sur un socle de même hauteur que les marches du perron.

475. On appelle *pilastre* un *pilier* carré auquel on donne les mêmes proportions et les mêmes ornements qu'à la colonne de l'ordre auquel il appartient, sauf qu'il monte carrément de bas en haut sans diminution.

476. Un acrotère C D surmonte l'entablement; il est formé de trois compartiments séparés par des piédestaux à l'aplomb des piliers et des pilastres. Le compartiment du milieu est plein et orné d'une table renfoncée avec moulures, sur laquelle se place l'inscription indiquant la destination de l'édifice; les deux autres sont à jour.

477. Un comble couvert en zinc termine le bâtiment. Au sommet de ce comble, et sur une plate-forme repose un petit pavillon carré que l'on peut considérer comme le beffroi. Les quatre faces sont ornées à leurs extrémités d'un pilastre, et au milieu d'une archivolte, avec imposte et pieds-droits simulant une niche destinée à recevoir le cadran de l'horloge. Le beffroi est surmonté d'une petite corniche légère et recouvert par un comble cintré.

252. Panneau des arcades.

478. Nous donnons au double de l'ensemble, dans cette figure, la moitié du panneau afin de bien montrer les détails des ornements qui sont formés de tiges contournées en volutes et reliées par de petits cercles; près du centre sont des courbes allongées remplies par des flammes ou petites tiges torses.

253. Entablement au double de l'ensemble.

479. Cette figure fait voir au double les détails de l'entablement dorique, qui sont à peu près les mêmes que ceux donnés planche 12. La doucine est remplacée par un cavet.

480. CONSTRUCTION. Tracez une horizontale A B, qui sera la ligne de sol de l'édifice, et sur cette ligne élevez les perpendiculaires A C, B D et E F, qui déterminent la longueur du bâtiment et son axe; puis tracez à des distances égales les axes G H et I J des pilastres, et ceux K L, M N, des arcades et des clefs. Arrêtez par deux horizontales la hauteur de l'acrotère et de l'entablement; portez sur A C et B D la hauteur des impostes, des colonnes, des chapiteaux, de la frise et de la corniche, de l'entablement et de l'acrotère, et tracez-les; décrivez les archivoltes; tracez les impostes, les pieds-droits et les pilastres; profilez les moulures; donnez à la colonne pour diamètre inférieur la huitième partie de sa hauteur ou deux modules; revenez sur les détails des chapiteaux, de la frise et de la corniche; divisez les triglyphes de manière à en avoir un dans l'axe des colonnes, des pilastres et des arcades; tracez la ligne d'axe des circonférences qui ornent les métopes et décrivez-les; tracez les piédestaux et les jours de l'acrotère, ainsi que les divisions du comble; dessinez le beffroi avec ses ornements; terminez par les grilles et par les panneaux des archivoltes.

481. OBSERVATIONS. Les arcades doivent être bien égales, les piliers égaux, et les pierres ou bossages très-réguliers; les triglyphes et les métopes avoir des dimensions égales; les barreaux des grilles être également espacés, les ornements des panneaux circulaires, nets et gracieux.

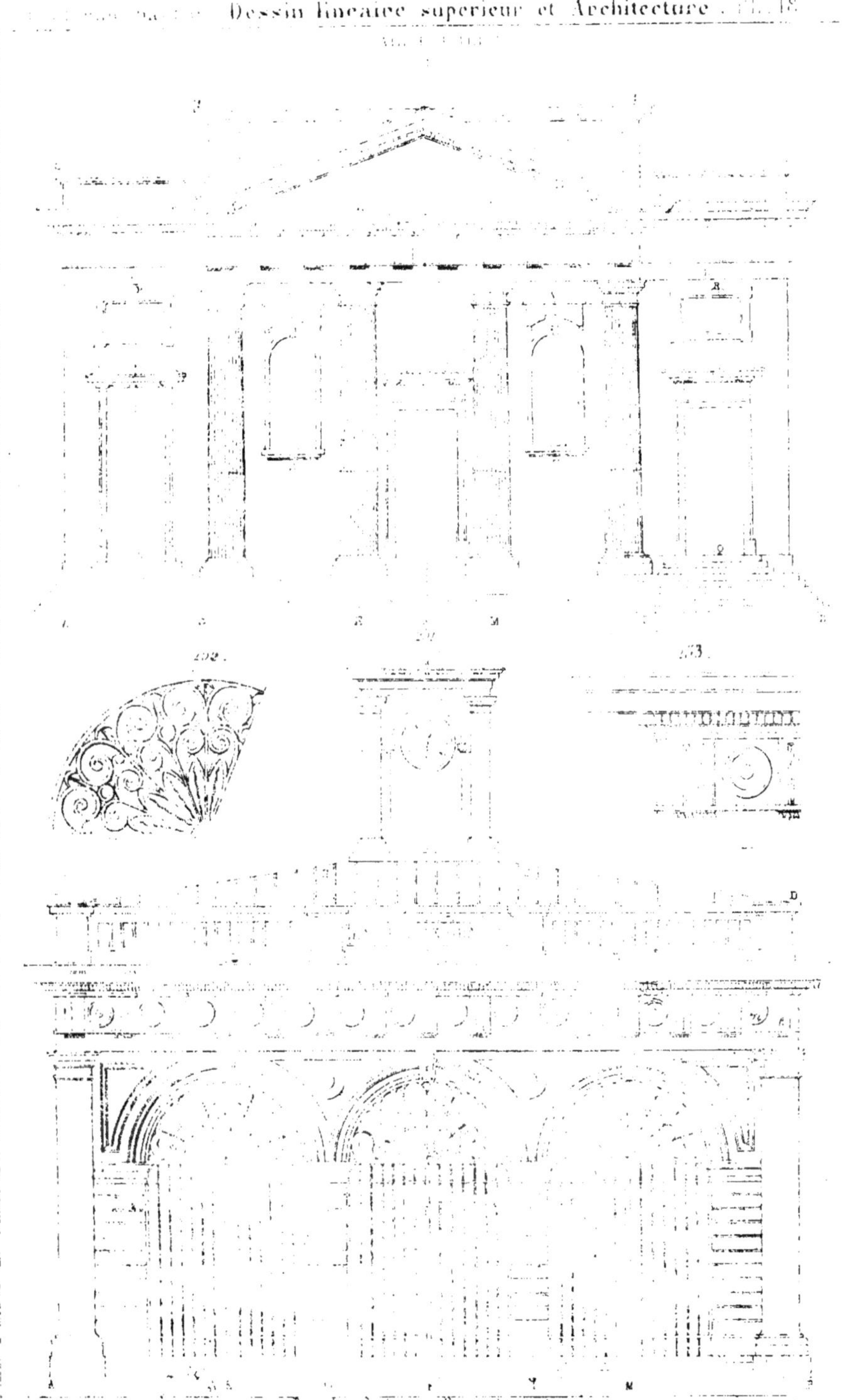

Paris, Lith. Ve Thomme, Rue des Noyers, 69.

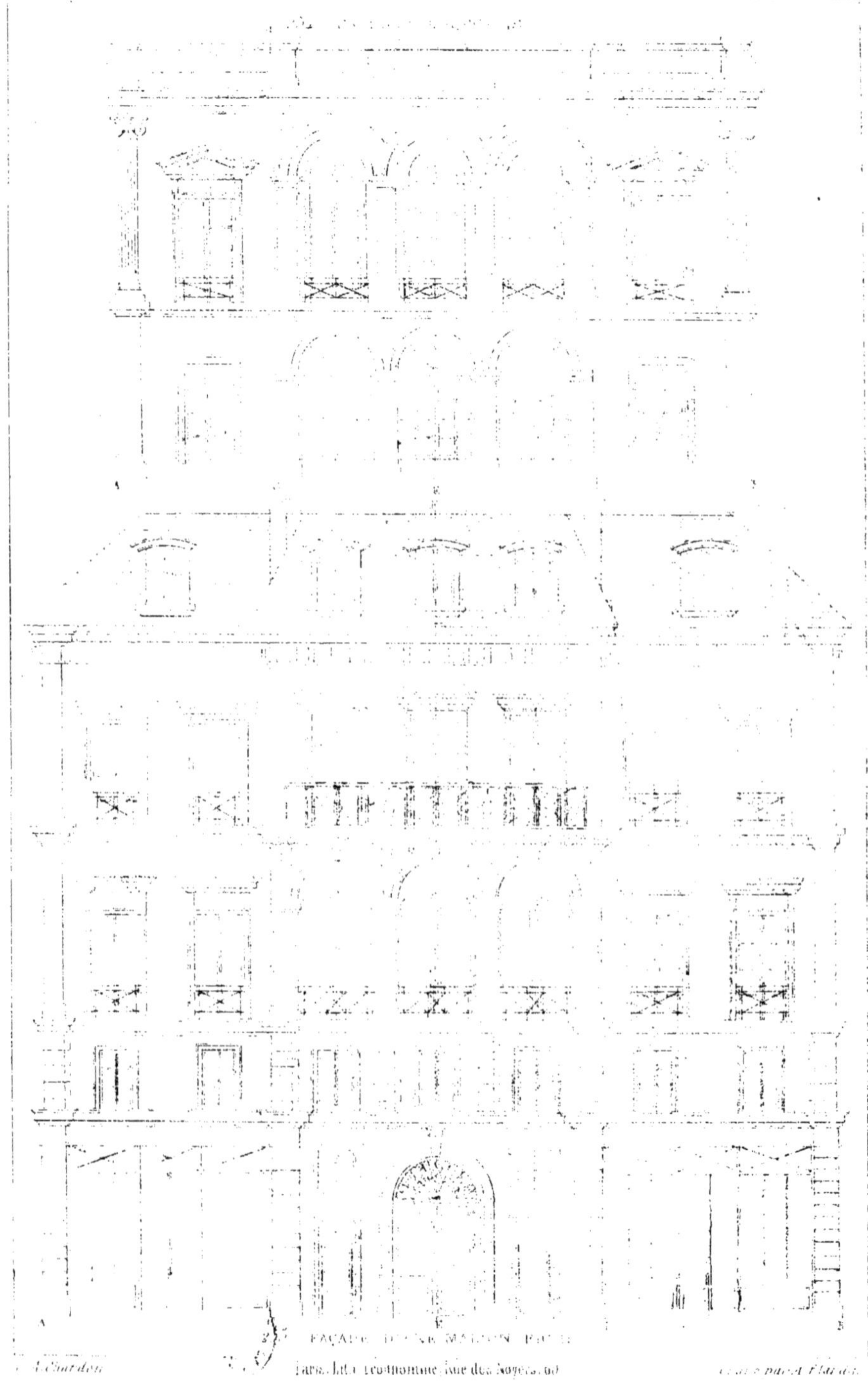

FAÇADE [illegible]

[illegible]

254. Pavillon bourgeois.

482. Le *pavillon bourgeois* représente une maison de campagne ou de plaisance; il se compose d'un rez-de-chaussée et d'un premier surmonté d'une terrasse.

483. Le *rez-de-chaussée* est percé, dans la partie du milieu qui forme un peu saillie sur le restant de la maison, de 3 baies circulaires et à plein cintre; celle du milieu sert de porte d'entrée, et se trouve élevée de 3 marches au-dessus du niveau du sol; les deux autres tiennent lieu de fenêtres. Des pieds-droits en pierres de taille, à socle uni, et sur lesquels viennent reposer les archivoltes, forment la séparation des 3 ouvertures. Ces pieds-droits sont ornés d'impostes composés : d'une plate-bande, d'un quart de rond et d'un filet; un socle uni forme leur base. A droite et à gauche sont deux fenêtres destinées à éclairer deux pièces ou salons, selon la destination du bâtiment. Deux pilastres droits, à double socle et sans ornements, terminent le bâtiment. Leur chapiteau est pris dans le bandeau du premier étage qui se compose d'une plate-bande ou larmier, d'un quart de rond et d'un filet au-dessous.

484. Le *premier étage* est décoré de deux pilastres d'ordre ionique ornés de cannelures; il est percé au milieu de trois fenêtres circulaires et à plein cintre. Les pieds-droits des archivoltes sont décorés de tables saillantes ou renfoncées, et de chapiteaux avec moulures qui sont : un filet, une plate-bande, un quart de rond. Les tympans des archivoltes sont ornés de triangles en creux ou en relief. Deux fenêtres à chambranle éclairent les parties latérales; deux consoles à plomb des montants des chambranles décorent la frise qui est surmontée d'un fronton triangulaire. A toutes les fenêtres de ces étages sont appliqués des balcons d'appui en fer formés par des barres ou diagonales.

485. La *terrasse* qui surmonte le bâtiment est formée d'un acrotère plein, orné de son socle et de son chapiteau; six dés correspondants aux pieds-droits et aux pilastres la décorent; les parties comprises entre ces dés forment des panneaux avec tables saillantes.

486. CONSTRUCTION. Tracez la ligne de sol A B, et élevez au milieu la perpendiculaire E F, qui est l'axe du bâtiment, et tirez les parallèles A C et B D qui déterminent sa largeur; portez sur A C et B D la hauteur de toutes les lignes horizontales du rez-de-chaussée, du premier étage et de la terrasse; menez ces lignes; tracez les pilastres et les colonnes ioniques, en ayant soin que le diamètre inférieur soit le neuvième de la hauteur; tirez les axes des fenêtres et des pilastres, et tracez-les en même temps au rez-de-chaussée, au premier et à l'acrotère; décrivez les archivoltes et la partie circulaire des triangles; dessinez les baies, les bois, les frontons et les balcons des fenêtres; profilez les moulures, et tracez les panneaux de l'acrotère.

487. OBSERVATIONS. Les pilastres du rez-de-chaussée et ceux du premier doivent être bien semblables, les fenêtres régulières, égales et avoir le même axe; les deux frontons doivent être semblables, les piédestaux avoir les mêmes dimensions et les mêmes moulures; les bases et les chapiteaux être légers, les volutes gracieuses et les triangles réguliers.

255. Façade d'une maison riche.

488. La *façade de la maison riche* se compose d'un rez-de-chaussée, d'un entresol, d'un premier étage, d'un second, et d'un étage de combles ou mansardes.

489. Le *rez-de-chaussée* est percé dans son milieu d'une grande porte cochère à plein cintre, avec chambranle et archivolte ornée de sa clef. Cette porte, pleine par le bas, a l'archivolte remplie par un panneau à jour en fonte; elle est accompagnée de deux autres petites portes latérales, avec chambranles surmontés de deux ouvertures carrées formant fenêtres mezzanines. Les parties à droite et à gauche sont disposées en devanture de magasin. Des pilastres en pierres de taille à bossages ornent le rez-de-chaussée; ils sont décorés d'un chapiteau faisant ressaut sur le bandeau qui sépare le rez-de-chaussée de l'entresol.

490. L'*entresol* est percé de 7 petites croisées dont le chambranle est orné de moulures. Il est décoré de 6 piliers en pierres de taille dont les assises sont égales en hauteur, mais d'inégales longueurs, en saillie sur le nu du mur, comme les pilastres du rez-de-chaussée.

491. Le *premier étage* est éclairé par 7 fenêtres, dont les 3 du milieu sont circulaires, à plein cintre, ornées d'archivoltes avec clef au sommet; 4 pieds-droits qui peuvent être à panneaux, séparent ces fenêtres; les 4 autres sont carrées, enrichies d'un chambranle, d'une frise et d'un couronnement. Les deux pilastres des extrémités du bâtiment sont ornés de chapiteaux formant ressaut, pris dans la corniche qui sépare le premier étage du second. La partie du milieu de cette corniche, en saillie sur le restant, forme le balcon du deuxième étage. Les moulures sont : un filet, une doucine, un filet, une plate-bande, un filet, un quart de rond.

492. Le *deuxième étage* est percé de 7 fenêtres carrées, dont les 3 du milieu sont un peu plus élevées. Un grand balcon en fonte règne devant ces 3 fenêtres; la pierre sur laquelle repose le balcon est soutenue par 4 consoles en pierre ornées; les moulures des fenêtres sont : un glacis, un filet, une doucine, un filet, une plate-bande, un quart de rond. Le bâtiment est couronné d'un entablement dont l'architrave n'est formée que d'une astragale; dans son milieu, la frise est enrichie de consoles plus ou moins ornées; la corniche est formée des moulures suivantes : un filet, une doucine, un filet, un larmier, un talon.

493. L'*étage des combles* est éclairé par 5 fenêtres, dont les 3 du milieu tombent à l'aplomb de celles des autres étages, et celles des côtés tombent dans l'axe des trumeaux des étages inférieurs. Ces croisées sont ornées de chambranles à linteau circulaire; les appuis sont composés : d'une plate-bande, d'un quart de rond et d'un filet.

494. Des balcons en fer formés de simples croisillons ornent chaque croisée des deux étages; la grille du grand balcon est ornée d'un panneau en fonte avec ornements, formant des enroulements reliés par de petits cercles surmontés de pointes.

495. CONSTRUCTION. Tracez la ligne de sol A B, et au milieu élevez la perpendiculaire E F, qui est l'axe; puis, à des distances égales, tirez les parallèles A C et B D, G H et I J, qui limitent le bâtiment et la partie en avant-corps; portez sur A C et B D la hauteur des étages, et tirez les lignes des bandeaux et de la toiture; tracez les pilastres et les piliers; tirez les axes des portes et des fenêtres; marquez leurs hauteurs et leurs largeurs; tracez-les avec leurs ornements et leurs carreaux; décrivez les archivoltes de la porte cochère et des 3 fenêtres; dessinez les panneaux des portes, les balcons, et les ornements du grand balcon.

496. OBSERVATIONS. La maison doit être symétrique, les deux côtés du rez-de-chaussée bien semblables; les fenêtres se trouver sur le même axe; celles de l'entresol être carrées et égales; au premier, les fenêtres du milieu être demi-circulaires, et celles des côtés carrées et égales; au second, les fenêtres du milieu être un peu plus hautes que celles des côtés; les ouvertures des mansardes doivent toutes avoir la même hauteur, la même largeur, le même couronnement, et le même soubassement; les piliers du rez-de-chaussée être égaux, ainsi que ceux de l'entresol; les impostes être à la même hauteur et avoir les mêmes moulures.

497. Pour doubler ou quadrupler les dimensions de ces deux figures, il faut donner aux lignes horizontales et aux lignes verticales deux ou quatre fois la longueur des lignes du modèle; pour les fenêtres, il suffit de porter à droite et à gauche de leur axe une ou deux fois leur largeur; il ne faut pas doubler ou quadrupler la hauteur et la saillie des moulures, car elles sont toujours trop fortes proportionnellement.

SUPERPOSITION DES ORDRES.

498. On appelle *superposer des ordres* d'architecture, les placer les uns au-dessus des autres dans une même façade.

499. Dans la superposition des ordres, il faut : 1° donner le même axe aux colonnes superposées; 2° prendre pour le diamètre inférieur de la colonne supérieure, le petit diamètre de la colonne inférieure; 3° employer immédiatement au-dessus d'une colonnade ou d'un portique *toscan* l'ordre dorique; au-dessus du *dorique* l'ordre ionique; au-dessus de l'*ionique* l'ordre corinthien; et au-dessus du *corinthien* l'ordre composite. L'ordre inférieur peut être dorique, ionique ou même corinthien; mais, dans ce dernier cas, il ne peut y avoir que deux ordres superposés, le corinthien ou le composite.

500. Si dans un édifice on veut qu'un des ordres soit plus somptueux que les autres, on lui donne des piédestaux et on en prive les autres; ou bien on le dispose en colonnade et les autres en portique.

501. L'ordre le plus sévère, le plus mâle doit toujours être mis au bas de l'édifice, que l'on termine par le plus léger et le plus gracieux; il serait ridicule de placer l'ordre toscan, ou même le dorique, au-dessus de l'ionique ou du corinthien.

502. Lorsqu'on superpose des ordres qui ont des pilastres, leur fût ne diminuant pas, il faut que le pilastre supérieur ait un sixième de moins de largeur que celui qui le supporte.

503. Si l'ordre superposé avait une base, il ne faudrait pas qu'elle dépassât le diamètre supérieur de la colonne inférieure; autrement cette base se trouverait porter à faux.

256. Portail de l'église Saint-Gervais.

504. Le *portail de l'église Saint-Gervais*, à Paris, présente superposés les trois ordres grecs : le dorique, l'ionique et le corinthien; le dorique est au rez-de-chaussée, l'ionique au premier étage, et le corinthien au second, à tous les étages les colonnes sont accouplées afin de joindre la magnificence à la solidité.

505. Le *rez-de-chaussée* décoré de huit colonnes doriques accouplées, est percé dans le milieu d'une grande porte circulaire surmontée d'une archivolte; l'imposte règne tout le long de l'édifice; à droite et à gauche sont deux portes carrées donnant entrée dans les parties latérales de l'église; ces deux portes sont surmontées d'un fronton circulaire, au-dessus desquels se trouvent, en saillie, deux tableaux ornés d'une corniche.

506. La partie du milieu, composée de la grande porte cintrée et des deux accouplements de colonnes formant avant-corps sur les parties latérales, est surmontée d'un fronton triangulaire orné des mêmes moulures que la corniche. Jamais la doucine n'existe au droit des frontons.

507. Les huit colonnes accouplées du rez-de-chaussée sont surmontées d'un entablement dorique orné de triglyphes et de métopes. Il doit toujours y avoir un triglyphe dans l'axe de chaque colonne.

508. Au-dessus de l'entablement règne un acrotère qui forme le piédestal de l'ordre ionique. Les parties comprises entre les piédestaux à plomb des colonnes accouplées, sont décorées de tablettes courantes en saillie sur le nu du mur.

509. Le *premier étage* est décoré de huit colonnes accouplées d'ordre ionique, tombant à l'aplomb des huit colonnes de l'ordre dorique du rez-de-chaussée. Il est percé dans le milieu d'une grande fenêtre circulaire, divisée en deux petites également circulaires par un pilastre formant trumeau. A droite et à gauche de cette fenêtre, deux niches circulaires avec archivoltes et impostes cachent la nudité du mur et semblent répéter les deux portes latérales du rez-de-chaussée.

510. On appelle *niche* un renfoncement pris dans l'épaisseur d'un mur, et destiné à recevoir une statue, un vase, etc.

511. Les niches, doivent être à plein cintre, aussi bien dans leur plan que dans leur élévation; celles de petites dimensions peuvent être surbaissées dans leur plan, mais toujours à plein cintre sur le devant; leur hauteur ne peut être moindre de deux fois et demie leur largeur.

512. L'imposte des pieds-droits de la fenêtre du milieu est la même que celle des niches; elle règne dans le contour des niches et tout le long de la façade.

513. Au-dessus de l'entablement ionique se trouve un acrotère qui forme le piédestal de l'ordre corinthien. Les dés des piédestaux, ainsi que les compartiments compris entre eux, sont décorés de tables saillantes renfoncées portant moulures.

514. Le *second étage* est percé dans le milieu d'une grande fenêtre circulaire à plein cintre, avec archivolte et imposte. A droite et à gauche, deux colonnes d'ordre corinthien tombent à l'aplomb des colonnes ioniques et des doriques des deux étages inférieurs. Au-dessus de ces colonnes se trouve un entablement corinthien surmonté d'un fronton circulaire, au sommet duquel est posée une boule portant sur un piédouche et surmontée d'une croix.

515. Nous n'avons pas donné dans cette planche les noms des moulures de chaque ordre, afin de ne pas nous répéter, et aussi faute de place. (Voir pour les détails des ordres, les planches 12, 13 et 15.) Pour ne pas surcharger le dessin, et afin de faire mieux distinguer les moulures principales, nous en avons supprimé quelques-unes.

516. Construction. Tracez une ligne horizontale A B, qui sera la ligne de base du monument; élevez au milieu la perpendiculaire E F qui sera l'axe, et à d'égales distances les lignes A C et B D qui limitent l'édifice; marquez sur A C et B D la hauteur des différents ordres, et menez par ces points des parallèles à la ligne de base; prenez ensuite les divisions générales de chaque ordre, l'entablement, la colonne et le piédestal; puis leurs subdivisions, la corniche, la frise et l'architrave, le chapiteau, le fût et la base, la corniche, le dé et la base; et, par chaque point de division, menez des parallèles aux premières; tirez les axes G H et I J des portes et des niches; puis les perpendiculaires ou axes des colonnes accouplées; marquez les moulures, tracez-les, et arrêtez les profils à égale distance des axes; dessinez les triglyphes, les chapiteaux, les colonnes, les frontons, et terminez par les archivoltes qui donnent la largeur et la hauteur des niches, des portes et des croisées; les centres des courbes des frontons se trouvent sur les axes.

517. Observations. Le bâtiment doit être parfaitement symétrique, les colonnes superposées se trouver sur le même axe; toutes les colonnes du même ordre égales et bien proportionnées; les profils être à égale distance des axes; les volutes et les détails des chapiteaux ioniques et des corinthiens dessinés avec beaucoup de soin et de régularité; enfin les moulures ne pas avoir plus de saillie que de hauteur.

518. *Pour doubler les dimensions de cette figure ainsi que celles des précédentes*, portez deux fois chaque distance horizontale ou verticale; pour les axes il suffit de porter, à partir de la ligne du milieu E F, la distance qui les sépare; le diamètre des archivoltes devient alors le rayon.

519. Remarque. Nous engageons les maîtres à faire doubler, tripler et quadrupler l'échelle ou les dimensions des dessins; mais sans doubler, tripler ou quadrupler les moulures, car elles sont toujours trop grosses proportionnellement.

Dessin linéaire supérieur et Architecture

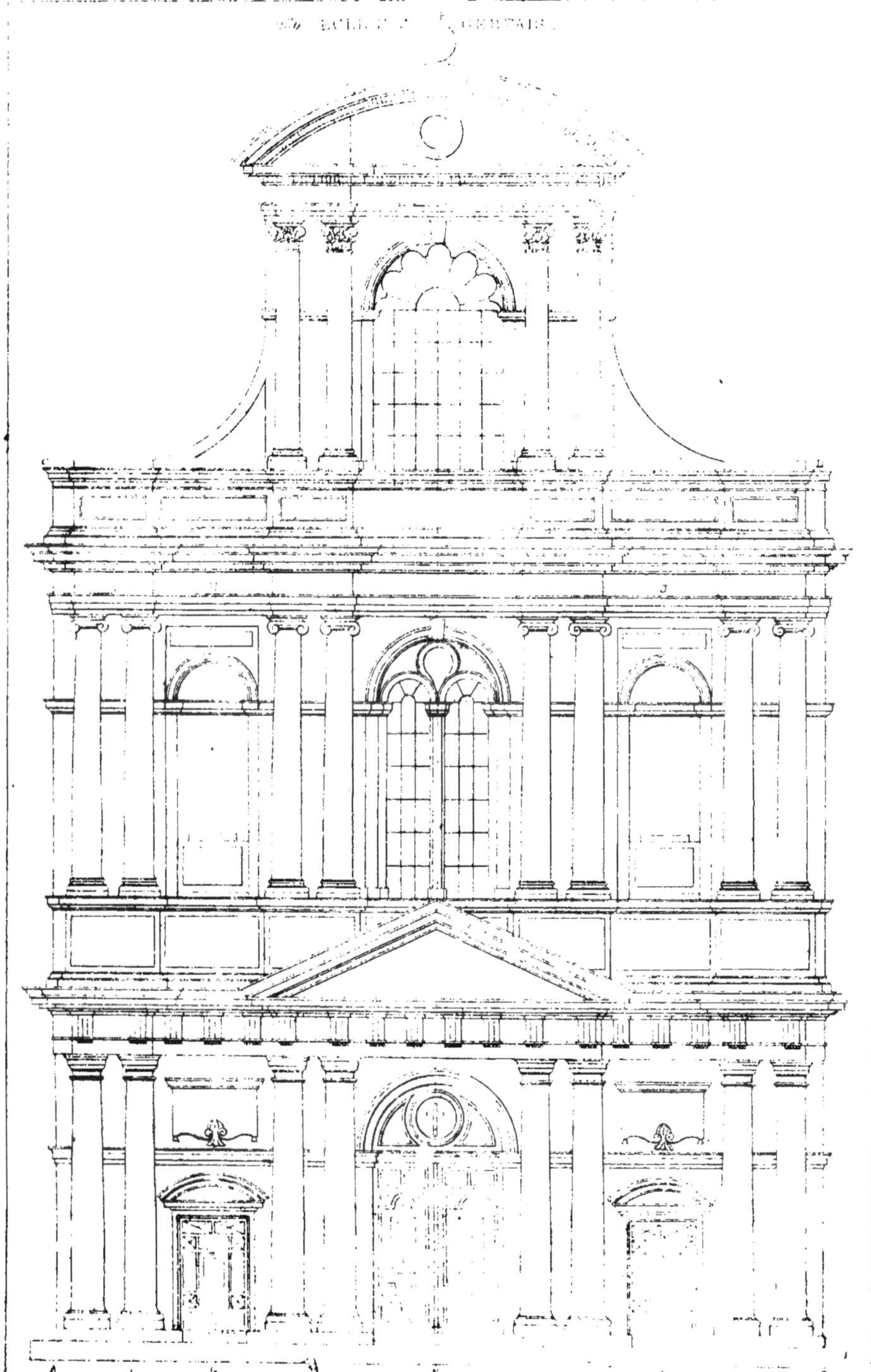

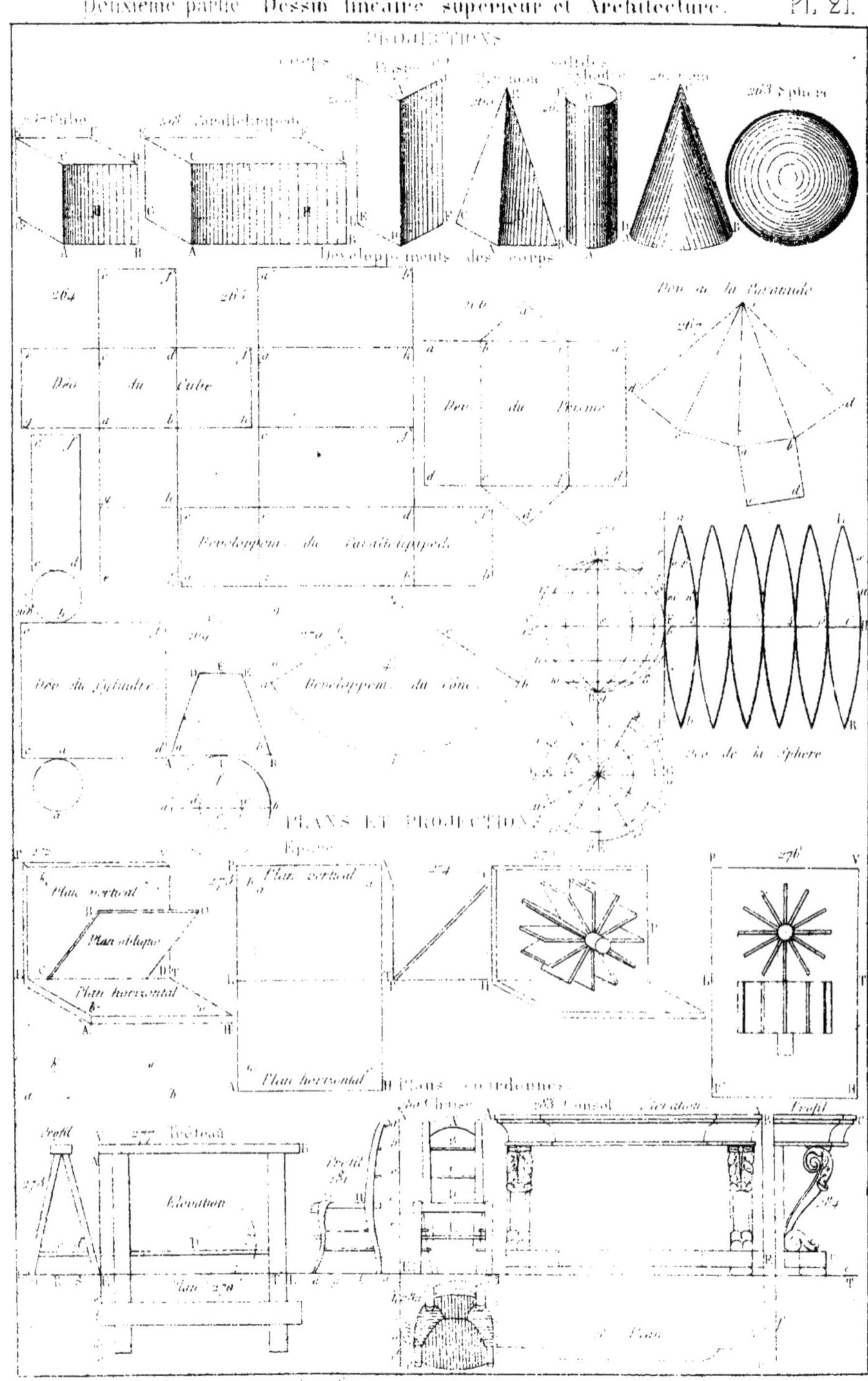
263 Sphère
Dév. de la Pyramide
Dév. du Cube
Dév. du Prisme
Dév. du Cylindre
Développem. du Cône
de la Sphère
PLANS ET PROJECTIONS
Plan vertical
Plan oblique
Plan horizontal
Profil
277 Tréteau
Elévation
Profil
Plan

264, 265. Développements des corps.

520. Les *projections orthogonales* servent à représenter les dimensions et les positions des corps au moyen de deux plans perpendiculaires, l'un horizontal et l'autre vertical; quelquefois on emploie un troisième plan nommé *coupe* ou *profil*.

521. Il y a six corps ou solides principaux : le *cube*, fig. 257, le *parallélipipède*, fig. 258, le *prisme*, fig. 259, la *pyramide*, fig. 260, le *cylindre*, fig. 261, le *cône*, fig. 262, et la *sphère*, fig. 263; le développement de ces solides sert de base pour celui de tous les corps imaginables (*Voir la première partie, planche* 2).

522. *Développer un corps*, c'est représenter, sur une surface plane, ses faces avec leurs dimensions exactes.

523. *Développement du cube*, fig. 257. Tracez, *fig*. 264, un carré *a b c d* égal à la face A B C D du cube; prolongez les côtés *a b* et *c d*, faites les carrés *a c e g* et *b d f h* égaux; prolongez les côtés *a c* et *b d*; faites sur *c d* le carré *c d e f*, et sur *a e* le carré *a b g h*, et celui *g h e' f*. Ces six carrés forment l'enveloppe du cube et, réunis par leurs arêtes, le représentent exactement. Les côtés fuyants A G et B H du cube et du parallélipipede, sont représentés aux deux tiers de leur longueur réelle, et mis en perspective cavalière.

524. *Développement du parallélipipède*, fig. 258. Tracez, *fig*. 265, le rectangle *a b c d* égal à la face A B C D du parallélipipède; prolongez les côtés *a c* et *b d*, et portez dessus trois fois la longueur *a c* pour former les trois rectangles qui représentent les autres faces; puis faites sur *a c* le carré *a c e g* et sur *b d* le carré *b d f h*.

525. *Développement du prisme*, fig. 257. Tracez, *fig*. 266, le triangle *a b c* égal à la base du prisme; puis tracez la grande face *b c e f*, rabattez la longueur *c a*, de *c* en *a'*, et celle *b a*, de *b* en *a'*; tracez les rectangles *b a' d' e* et *c a' d' f*, et la base *e f d*.

526. *Développement de la pyramide*, fig. 260. Tracez, fig. 267, le carré *a b c d* égal à la base A B C D de la pyramide, des points *a* et *b*, et d'une ouverture de compas égale aux arêtes A E et B E décrivez des arcs qui se coupent en *e*; le triangle *a b e* représente la face de la pyramide; tracez les autres triangles égaux aux autres faces de la pyramide.

527. *Développement du cylindre*, fig. 261. Tracez, fig. 268, une ligne d'axe *a b*; portez dessus la hauteur du cylindre de *a* en *b*; à chacun de ces points décrivez un cercle tangent égal à la base du cylindre; construisez un rectangle ayant *a b* pour hauteur, et pour base la longueur de la circonférence du cylindre, qui s'obtient graphiquement au moyen de l'angle de la demi-circonférence ou par le calcul (1re partie, pl. 5, *fig*. 125, parag. 269); ces deux cercles et le rectangle représentent exactement l'enveloppe du cylindre.

528. *Développement du cône*, fig. 262. Soit l'élévation A B C, *fig*. 269, du cône; prolongez la ligne A B et abaissez du sommet C la perpendiculaire C *c*, avec un rayon égal à la moitié de A B décrivez une circonférence dont *a b* est le diamètre; ce cercle est le plan de la base du cône; au point B élevez une perpendiculaire B *g*; du point B, avec B C pour rayon, décrivez l'arc C *g* et menez *g c'* parallèle à la ligne de terre A B; au point quelconque *i* élevez une perpendiculaire *i c'*, décrivez l'arc indéfini *a' i' b'*; du point *i* portez en *a'* et *b'* la moitié de la longueur de la base du cône; le secteur *c' a' i b'* est le développement latéral du cône, dont le cercle *a'* 1 *b* est la base.

529. *Si le cône était tronqué* en D E, projetez le diamètre supérieur D E en *d e*, et décrivez le cercle *d f e'* dont *d e* est le diamètre; du point B décrivez l'arc E *h*, menez la parallèle *h f'* et tracez l'arc *d' f' e'*; la partie *d' a' i' b' e' f*, fig. 270, est le développement du cône tronqué, et C *d' f e'* le développement de la partie retranchée.

530. *Développement de la sphère*, fig. 263 (Voir page 48).

533. Il est important de savoir développer les six principaux corps, parce qu'il est souvent utile dans l'industrie de connaître les dimensions exactes de leur enveloppe et de pouvoir tracer et construire ces corps en carton, en zinc ou autre matière en feuille.

272. Plans et projections.

534. On appelle *plan* une surface plane sur laquelle on peut appliquer en tous sens une règle droite : une glace, un tableau, un dessus de table, sont des plans.

535. Un *plan vertical* est celui qui suit la direction du fil à plomb; un *plan horizontal*, celui qui est parallèle au niveau de l'eau tranquille; un *plan oblique* n'est ni vertical ni horizontal; deux *plans* sont *perpendiculaires* quand leur intersection forme un angle droit; ils sont *obliques*, quand leur intersection forme un angle aigu ou un angle obtus; deux *plans* sont *parallèles* quand ils sont à la même distance.

Le plan P V L T, *fig*. 272, est vertical; il se nomme plan d'élévation; le plan L T A H est horizontal; il se nomme plan de terre; le plan C D B O est oblique.

536. On appelle *ligne de terre* la ligne L T qui représente l'intersection de deux plans : l'un vertical, l'autre horizontal.

537. On appelle *projection d'un point sur un plan* le pied de la perpendiculaire abaissée de ce point sur le plan. Une ligne étant composée de points, sa projection est la ligne qui réunit les pieds des perpendiculaires abaissées de ses différents points. Si le plan est vertical, *la projection est verticale* et s'appelle *élévation*; si le plan est horizontal, *la projection est horizontale* et se nomme *plan*.

538. *Pour projeter ou déterminer la position d'un point donné* B *situé dans l'espace*, abaissez du point B, *fig*. 272, une perpendiculaire B *b* sur le plan horizontal; *b* sera la projection horizontale du point B, il marquera sur le plan de terre la distance du point B au plan vertical. Du même point B, menez horizontalement la perpendiculaire B *b'* sur le plan vertical, le point *b'* est la projection verticale du point B; C *b* indique la distance du point B au plan vertical, et C *b'* sa distance au plan horizontal. La projection horizontale de la ligne B O est *b o* et sa projection verticale *b' o'*.

539. La projection verticale et la projection horizontale déterminent la position dans l'espace d'un point, d'une ligne et d'un corps; ainsi un cylindre vertical aura pour projection horizontale sa base ou un cercle, et pour projection verticale un rectangle qui représente sa hauteur et son diamètre.

540. Pour représenter les plans d'une manière qui se prête aux constructions graphiques, on suppose que le plan horizontal a tourné sur la ligne de terre L T, jusqu'à ce qu'il soit dans le prolongement du plan vertical, comme le représentent P V *a h*, *fig*. 272, et P V A H, *fig*. 273, sous le nom d'*épure*.

541. Une feuille de papier pliée en deux à angle droit, représente le plan vertical et le plan horizontal; cette même feuille étendue représente l'épure : le pli est la ligne de terre.

542. Les projections se font à angle droit pour la facilité des constructions; c'est ce qui les fait nommer *projections orthogonales*.

543. On appelle *épure*, *fig*. 273, une feuille de papier tendu, un tableau, un mur, ou toute autre face plane sur laquelle on dessine les dimensions exactes ou proportionnelles d'un objet; cette surface est partagée en deux par la ligne de terre L T; le plan de terre se trace au-dessous de la ligne de terre, et l'élévation au-dessus, parfaitement en regard du plan de terre.

544. *Plan oblique*. Cette figure 274 sert à déterminer la longueur d'un plan oblique; elle indique la projection horizontale P H, et la projection verticale P V; l'intersection de ces deux projections détermine la longueur d'un plan oblique, sa distance et sa hauteur.

275. Roue à palettes.

545. La figure 275 représente une roue à palettes placée dans l'angle de deux plans perpendiculaires.

546. *Projections sur l'épure de la roue à palettes*, fig. 276; sur P V L T se trouve la projection verticale, et sur L T H P' la projection horizontale de la roue.

277. Tréteau.

547. *Plans coordonnés*. Pour représenter exactement la position, les dimensions et les contours d'un corps, deux plans ne suffisent pas toujours; il en faut un troisième appelé *profil*. On coordonne ces trois plans, l'élévation, le plan et le profil, de la manière suivante :

548. Soit un tréteau dont la *fig*. 277 est l'élévation, la *fig*. 278 le profil. *Pour tracer le plan*, *fig*. 279, tirez la ligne de terre L T, et la ligne verticale P V; projetez sur la ligne verticale les traverses A, B et D; abaissez sur la ligne de terre une perpendiculaire de chaque point principal du profil; puis du point E décrivez les arcs D *d*, R *r*, S *s*, qui déterminent, par leur intersection avec le prolongement des lignes de l'élévation, le plan de terre, *fig*. 279. Les trois plans sont ainsi coordonnés, et les dimensions du tréteau déterminées.

280. Élévation, profil et plan d'une chaise.

549. Ces trois figures représentent coordonnés l'élévation, le profil et le plan d'une chaise; L T est la ligne de terre, P V la ligne verticale ou le mur; projetez sur P V les parties A B C D E en *a b c d e*; abaissez une perpendiculaire de chaque point important du profil sur la ligne de terre; du point F décrivez des arcs qui déterminent les lignes du plan *o o'*, *h h'*, *g g'*, *i i'*, *d d'*.

550. *Pour tracer le profil*, le plan étant donné, projetez les lignes du plan; puis décrivez du point F les arcs qui déterminent les pieds des perpendiculaires du profil qui doivent couper les lignes de l'élévation.

283. Élévation, profil et plan d'une console.

551. Ces trois figures présentent une autre application des projections et des plans coordonnés, comme pour les deux cas précédents, il faut projeter sur la ligne verticale P V les parties horizontales; abaisser des saillies du profil des perpendiculaires à la ligne de terre, puis décrire les arcs pour déterminer le plan.

552. Observations. On voit qu'au moyen de trois plans coordonnés, on peut représenter exactement la longueur, la largeur, l'épaisseur, la forme et la position réciproque de toutes les parties d'un objet en grandeur naturelle, ou réduit à la moitié, au tiers, au quart, au dixième, etc.; on pourra donc prendre sur les plans les mesures pour exécuter l'ensemble de l'objet et de ses détails. Tel est le but des projections.

Projections obliques ou perspective cavalière.

553. La *perspective* est l'art de représenter les objets tels qu'ils se montrent à la vue; elle se divise en perspective linéaire et en perspective aérienne.

554. La *perspective linéaire* est l'art de représenter par de simples lignes les objets tels que l'œil les voit, avec leurs formes, leurs dimensions apparentes, et leurs positions respectives.

555. La *perspective aérienne* s'occupe de représenter les objets en leur donnant la forme, les couleurs, les teintes, les effets d'ombre et de lumière que, dans la nature, ils offrent à la vue.

556. On appelle *projections obliques*, ou *perspective cavalière*, un tracé perspectif qui offre le double avantage de rendre parfaitement intelligible le dessin de l'objet qu'on veut exécuter, et d'en pouvoir mesurer toutes les parties.

557. Dans ce genre de dessin, les parties des objets vues de face sont représentées dans leur grandeur naturelle ou dans une proportion déterminée, par des lignes verticales ou horizontales, comme pour un plan d'élévation; mais les côtés fuyants de ces objets sont représentés par des lignes obliques parallèles, ayant toujours la moitié ou les deux tiers de leur longueur véritable ou proportionnelle.

286. Angle conventionnel.

558. *Pour tracer l'obliquité des lignes*, fig. 286, appliquez une règle contre les lignes horizontales du dessin, faites glisser contre cette règle le côté moyen d'une équerre C D, et tirez les lignes A E, F G, H I; l'angle aigu peut varier selon l'équerre, mais il est convenable de prendre un angle de 30 degrés, parce qu'il est le tiers d'un angle droit.

559. *Tracer un carré en perspective cavalière.* Tirez, *fig.* 287, une ligne A B, de la longueur du carré, soit de 20 millimètres; tracez les obliques A C et B D; portez dessus les deux tiers de A B, et tirez C D. Pour avoir le centre E du carré, tracez les diagonales A D et B C. Le carré A B C D sera tracé par le moyen des projections obliques et mis en perspective cavalière.

560. *Tracer un coffret par les projections obliques.* Tracez, *fig.* 288, la face géométrale A B C D dans ses véritables dimensions; par les points B D C, tirez des obliques parallèles, et donnez-leur les deux tiers de leur longueur véritable; tirez E F, G F; la face géométrale, la face supérieure et le côté fuyant du coffret seront tracés; pour tracer l'épaisseur et la profondeur, tirez les diagonales C F et D E, tracez *a c*, qui indique la véritable épaisseur du coffret; tirez *c d*, dont les intersections avec les diagonales déterminent les points par où doivent passer les lignes qui forment en perspective l'épaisseur du dessus du coffret. Pour tracer le creux, par l'intersection de *c e* avec E D, abaissez une verticale P, et donnez-lui pour longueur la profondeur du coffret; du point P, menez une parallèle à E F et à C E, mais seulement jusqu'à la rencontre des autres lignes; vous aurez ainsi représenté exactement la boîte du coffret et ses dimensions. Pour le couvercle CHIKLE, opérez de même.

561. *Pour mettre en perspective cavalière tout autre objet*, opérez de la même manière, et si le dessin est fait très-exactement, on pourra prendre dessus toutes les mesures nécessaires à la construction de l'objet.

562. *Mettre un cercle en perspective cavalière.* Soit un cercle dont la moitié A F B est donnée, *fig.* 289; tracez le rectangle A B D E, moitié du carré qui circonscrit le cercle; tracez sur D E un carré en projections obliques D E G H; tirez les rayons ou demi-diagonales C D, C E; projetez les points *i* en *k*, et *j* en *m*; tirez *k l*, *m n*, et F *o* parallèles à D G; tirez les diagonales D H et G E, et la parallèle *p q*, par leur intersection *c*; les intersections *r*, *s*, *t*, *u*, des parallèles et des diagonales sont les points par où doit passer la courbe *r* F *s q u o t p*, à décrire pour reproduire un cercle en perspective cavalière.

563. *Pour mettre un cercle en perspective cavalière dans le sens vertical*, tracez, *fig.* 289, le rectangle B E H J, moitié du carré, en perspective cavalière; projetez *j* en *v*, et tirez *v y*, parallèle à E H; par le centre *c'* tirez des rayons qui déterminent sur *v y* les points *x z*, où doit passer la courbe *B x q z I*, qui est la moitié du cercle demandé. On conçoit que pour tracer le cercle entier, il faudrait opérer sur le carré entier, tirer les diagonales B' *c'*, *c'* H, jusqu'aux angles opposés et tracer les parallèles; on aurait alors pour la seconde moitié du cercle les mêmes points que pour la première.

564. *Mettre un octogone en perspective cavalière.* Soit donnée, *fig.* 290, la moitié d'un octogone A E F G H B, inscrit dans la moitié d'un carré A B C D (l'octogone se trace géométriquement au moyen d'un cercle que l'on divise en huit parties égales, ou, au moyen d'un carré, de la manière suivante : Tracez les diagonales, et, de chacun des angles, avec un rayon égal à la moitié d'une diagonale C I, décrivez des arcs I F, I G, etc., qui déterminent sur les côtés du carré les côtés de l'octogone). Construisez sur C D un carré en perspective cavalière C D J K; tirez les parallèles F *l*, G *m*, et *n o* et *p q*, qui déterminent les angles de l'octogone sur les côtés fuyants du carré; tirez les lignes *p* F, G *q*, *o m*, *l n*, l'octogone sera mis en perspective cavalière.

565. Les côtés F G, *l m*, sont dans leur longueur réelle, les côtés *p n*, *q o*, ont les deux tiers de leur longueur véritable; les autres côtés, n'étant pas dans l'obliquité conventionnelle, ne peuvent être mesurés.

566. *Cabestan vu en perspective cavalière*, fig. 291. Cet objet, composé de parties droites et de parties courbes vues sur différents plans perpendiculaires entre eux, peut être mesuré dans tous ses détails; les lignes et les plans qui suivent l'obliquité conventionnelle sont tous réduits aux deux tiers de leur longueur réelle, ils peuvent donc être mesurés comme les lignes et les plans parallèles ou verticaux qui sont dans leur longueur véritable.

PERSPECTIVE RIGOUREUSE.

292. Cône optique ou perspectif.

567. La perspective repose sur ce fait, que l'œil du spectateur placé en D, *fig.* 292, et regardant le tableau A B C E, dirige des rayons visuels formant un cône dont l'œil D est le sommet, et le tableau A B C E la base. On appelle *ligne d'horizon* la ligne D V, qui mesure la plus courte distance de l'œil au tableau; *point de vue*, le point V, où frappe le regard; et *point de distance*, le point D, qui représente la distance du spectateur au tableau.

568. Le point de vue, ou point de concours, est d'un usage presque continuel en perspective, parce que toutes les lignes horizontales et perpendiculaires au tableau y concourent; on appelle ces lignes : *lignes de fuite*.

569. Le point de distance sert à déterminer la longueur des lignes de fuite. Il se place sur la ligne d'horizon à une, deux, ou trois fois la largeur du tableau. Toutes les constructions perspectives sont déterminées par la position réciproque du point de vue et du point de distance.

570. *Intersection d'un plan transparent par les rayons visuels.* Pour se rendre compte de la perspective, il faut supposer que A B, *fig.* 293, est le profil d'un plan transparent à travers lequel l'œil placé en D voit les lignes égales A B, F G, H I, C E; les rayons visuels intercepteront sur le plan transparent des lignes B A, *f g*, *h i* et *c e*, qui diminuent de longueur en raison de leur éloignement; la ligne D V est la ligne d'horizon, D le point de distance, et V le point de vue.

571. *Face du plan transparent, ou effet en perspective des lignes vues de profil dans la figure* 293. Le carré A B C E, *fig.* 294, est la face du tableau dont A B est le profil; il démontre que la pièce représentée est carrée en tous sens. Pour la mettre en perspective, tracez, à la hauteur de l'œil du spectateur, la ligne d'horizon V D *D'*, parallèle à la base A E. Faites concourir au point de vue V, les angles B et C du plafond, et ceux du plancher A et E; prenez la largeur du tableau A E, et portez-la de V en D; tirez la ligne A J D, qui, en interceptant E V, détermine la longueur de l'une des lignes fuyantes du plancher; par le point J, menez J K, parallèle à A E; élevez les perpendiculaires J *c'* et K L; les différents trapèzes qui représentent le plancher, le plafond, les murs de côté et le fond de la pièce seront déterminés.

572. Pour se convaincre de l'exactitude de cette manière d'opérer, il n'y a qu'à projeter les lignes de la figure 293 sur celles de la figure 294; on voit que les lignes du profil et celles de la face se correspondent parfaitement.

295. Plan vertical et plan horizontal.

573. Cette figure représente un carré I J K O, vu en perspective sur le plan horizontal A B C E, et sur le plan vertical ou tableau F G L T; elle montre la manière d'opérer pour tracer sur le tableau ou plan transparent un carré vu en perspective : V est le point de vue; *r* et *s* sont les projections des points I et J sur la ligne de terre L T; *i j k o*, sont les intersections des rayons visuels et des lignes V *r*, V *s*.

296. Allée d'arbres en perspective.

574. Le plan horizontal A B C E représente le sol; le plan vertical L T F G, représente le plan transparent

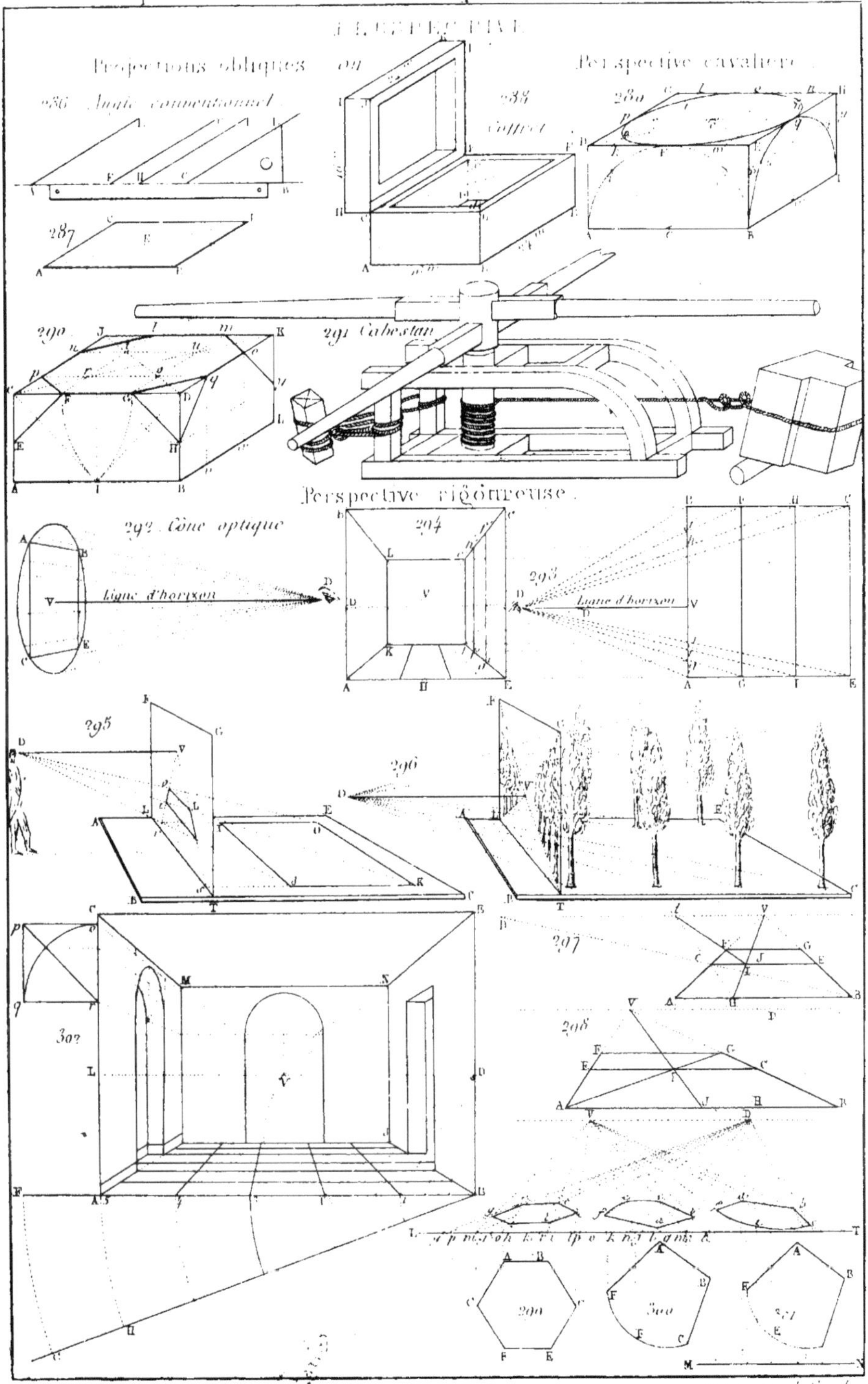

PERSPECTIVE

Projections obliques ou Perspective cavalière

286 Angle conventionnel

287

288 Coffret

289

290

291 Cabestan

Perspective rigoureuse

292 Cône optique

Ligne d'horizon

293

294

295

296

297

298

299

300

301

302

C. A. Cherdon

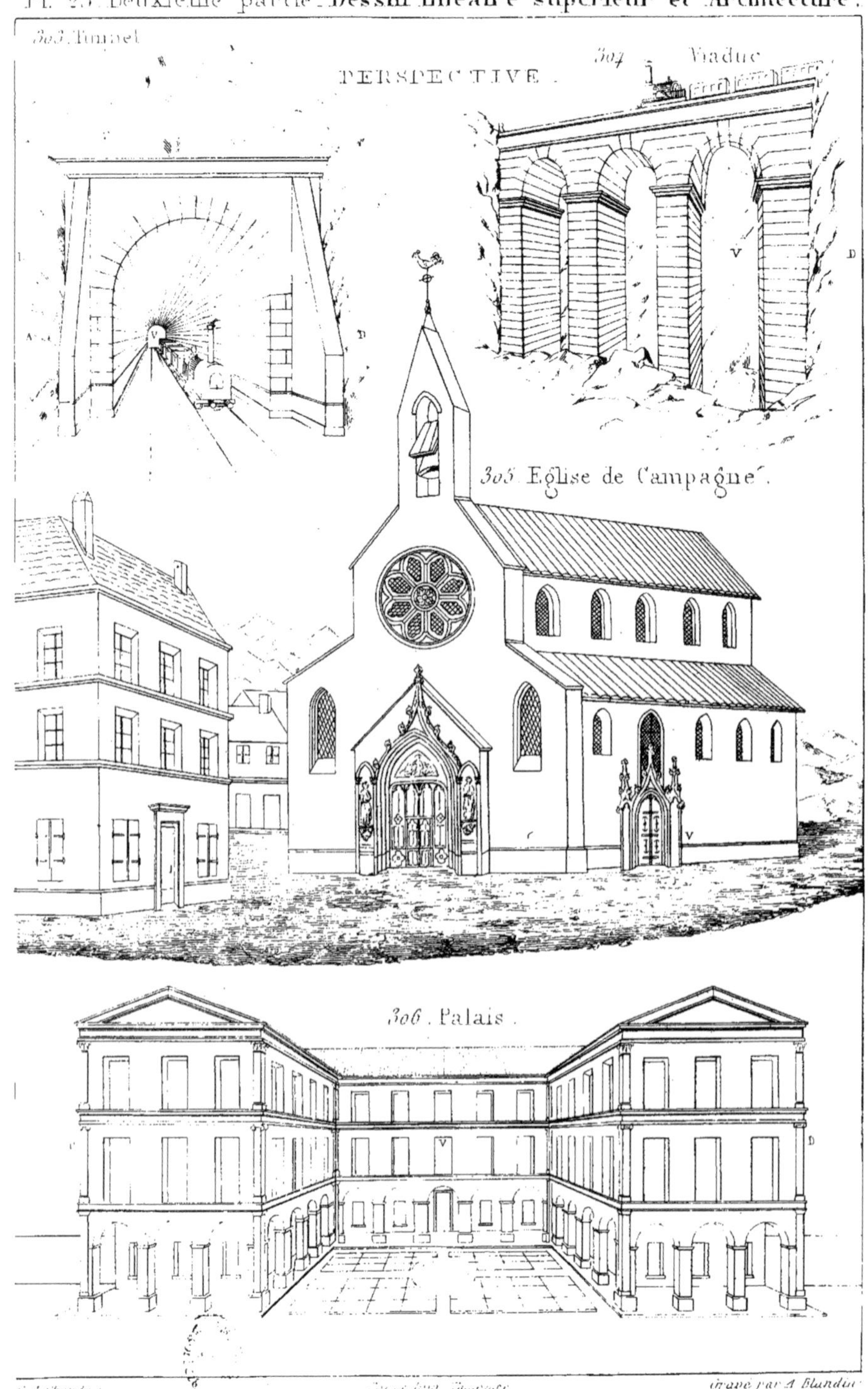

Paris Imp. Chardon
Gravé par A. Blandin

sur lequel se trace le tableau qu'offre à la vue l'allée d'arbres; on voit que les lignes formées par les pieds, les troncs et les sommets des arbres concourent toutes au point de vue V, et forment les lignes fuyantes L V, T V, F V, G V, qui déterminent par leurs intersections avec les rayons visuels partant de l'œil du spectateur placé au point de distance D, la position et la longueur perspective des arbres.

297. Carré en perspective.

575. *Pour mettre en perspective un carré dont* A B *est le côté*, fig. 297, tirez, à la hauteur de l'œil, la ligne d'horizon V d D; marquez le point de vue V, et tracez les lignes fuyantes A V, B V; le spectateur étant supposé placé à une fois et demie la distance du tableau, portez trois fois la moitié de la largeur du tableau de V en D; joignez B D; par l'intersection C, tracez la parallèle C E, qui détermine le quatrième côté du carré perspectif.

576. *Pour placer le point de distance sur le bord du tableau*, fig. 297, il faut prendre le tiers de la longueur du carré, la porter de A en H; joindre H d, l'intersection avec la ligne fuyante est au même point C que par la ligne B D.

577. Quand le spectateur est placé à deux fois la largeur du tableau, il faut placer le point H au quart de la base; pour trois fois, au sixième.

578 *Pour tracer en perspective un second carré de même dimension et à la suite du premier*, faites, fig. 297, concourir le point H au point de vue V, par l'intersection I, menez une ligne au point de distance d, et par le point d'intersection F, menez F G, qui est le côté du second carré. *On pourrait encore l'obtenir* en tirant, fig. 298, par le milieu de C E la ligne A I G; le point G détermine la ligne G F pour la profondeur du second carré.

579. *Quand le point de vue n'est pas placé au milieu du tableau, pour obtenir la position du point de distance sans sortir du tableau*, il faut, fig. 298, prendre la moitié de la longueur du tableau et la porter de V en D pour déterminer le point de distance; par le tiers du tableau, tirer la ligne H D, qui interceptera B V à la profondeur du carré.

Dans cette figure le point de distance est placé à droite du point de vue; mais la manière d'opérer ne change pas, et le résultat est le même.

299. Mettre en perspective une ligne ou un polygone.

580. *Pour mettre en perspective une ligne* A B, *ou le polygone* A B C E F G, fig. 299, il faut projeter par des perpendiculaires les points A et B, et les joindre au point de vue V; du pied de chaque perpendiculaire, et avec un rayon égal à la moitié de la distance du point à la ligne de terre, décrire un arc; par le point ou l'arc touche la ligne de terre, mener une ligne au point de distance D; les intersections déterminent les points perspectifs *a* et *b*, pour les points A et B de la ligne; et *a b c e f g*, pour le polygone A B C E F G.

581. *Pour mettre un cercle en perspective*, opérez comme pour l'hexagone : car on peut toujours circonscrire une circonférence à un polygone, et la courbe qui passera par les points *a b c e f g*, sera le cercle mis en perspective.

582. *Pour mettre en perspective une figure quelconque à une distance donnée, soit le plan d'un siége*, fig. 300. Des points A, B, C, E, F, élevez des perpendiculaires à la ligne de terre; par leurs pieds, menez des lignes au point de vue V; décrivez de chaque pied un arc, avec un rayon égal à la moitié de la distance de chaque point à la ligne de terre; joignez ces nouveaux points au point de distance D; les intersections des lignes qui concourent au point de vue avec celles menées au point de distance, déterminent *a b c e f*, pour la perspective du plan du siége A B C E F, lequel se trouve retourné

583. *Pour mettre le plan perspectif dans son sens véritable*, tirez, fig. 301, une ligne M N, parallèle à la ligne de terre L T; de l'une à l'autre de ces lignes, menez des perpendiculaires qui passent par les points A, B, C, E, G; joignez leurs pieds sur la ligne de terre au point de vue; sur la ligne M N, décrivez les arcs, et projetez leurs extrémités sur la ligne de terre par des perpendiculaires; joignez leurs pieds au point de distance D; les intersections *a b c e f*, déterminent le plan perspectif demandé, du siége A B C E F.

302. Perspective d'un intérieur de salon.

584. *Pour tracer en perspective l'intérieur d'un salon*, ayant 5 mètres de largeur, 6 mètres de profondeur, et 3 mètres 50 centimètres de hauteur, supposé vu par un spectateur placé à une fois et demie la largeur du tableau, le point de vue étant placé au milieu, à 1 mètre 60 cent. de hauteur. Tracez d'abord le rectangle A B C E, auquel vous donnez 5 mètres de base, et 3 mètres 50 cent. de hauteur; tirez la ligne d'horizon à 1 mètre 60 cent.; placez au milieu le point de vue V, et, sur le bord du tableau, le point de distance D; tirez les lignes fuyantes A V, B V, C V, E V Pour tracer la profondeur du salon, ou celle d'un objet placé à une distance quelconque, faites le triangle de proportion B F G; du point B décrivez l'arc A H; du point A, et d'une ouverture du tiers de A B coupez l'arc en H; tirez B H G indéfini.

Pour indiquer sur la ligne B V la profondeur de 6 mètres, prolongez de 1 mètre la ligne A B; du point B, comme centre, décrivez l'arc F G; portez la distance F G de B en I; tirez I D; par l'intersection J, menez la parallèle J K, elle détermine la profondeur du salon; divisez B I en 6 parties égales, et joignez chaque division au point D, vous aurez sur B V les intersections qui déterminent les 6 divisions du parquet : élevez les perpendiculaires K M, J M; menez M N, vous aurez tracé en perspective le parquet, le plafond, les murs, et le fond du salon. Le petit carré *o p q r*, indique la manière de déterminer la perspective du cintre de la porte.

APPLICATIONS DE LA PERSPECTIVE.

303. Tunnel.

585. Un *tunnel* est une galerie souterraine voûtée, construite à travers une montagne, pour frayer un passage au chemin de fer qui doit la traverser.

586. Ce tunnel est vu perpendiculairement au tableau; les arêtes fuyantes qui le limitent, les pierres de refend, les lignes de fer et les arêtes des wagons, vont concourir au point de vue V, qui est placé un peu à gauche; cette position est la plus pittoresque. La ligne d'horizon passe par les points A, V, D. En portant sur la ligne de terre la longueur du tunnel et tirant une ligne fuyante au point de distance D, on obtient la profondeur perspective du tunnel.

587. Observations. Toutes les lignes de face sont horizontales et parallèles, mais les lignes fuyantes vont toutes concourir au point de vue V.

588. Nous n'avons pas tracé les lignes de construction perspectives pour ne pas nous répéter, et afin que les dessins soient d'un effet plus agréable et puissent servir de problèmes pour retrouver ces mêmes lignes.

304. Viaduc.

589. Un *viaduc* ou *aqueduc* est une suite d'arcades reliant deux points interrompus d'un chemin de fer, pour franchir une vallée et aller d'une montagne à l'autre.

590. La ligne d'horizon passe par les points V et B D, marqués sur le cadre; les lignes fuyantes vont à des points accidentels; l'un est le point V, placé dans le tableau, l'autre est en dehors du tableau, à l'intersection du prolongement de la ligne d'horizon et de celui du rebord du parapet P R.

591. Observations. Les lignes fuyantes des assises des arcades vont concourir les unes au point intérieur V, les autres, ainsi que celles du parapet, concourent à un point extérieur.

305. Église de campagne.

592. Cette *église de style gothique*, ou ogival, forme un groupe, avec les maisons et les montagnes qui sont dans le lointain.

593. La ligne d'horizon passe par le point V et par A, B, marqués sur le cadre; les arêtes ou lignes fuyantes de l'église vont concourir à deux points accidentels très-éloignés placés hors du tableau; les lignes fuyantes de la maison du côté de la place concourent au point accidentel V, et celles de l'autre côté à un point accidentel placé hors du tableau.

594. Observations. Les lignes de la petite maison de face sont parallèles au tableau; celles de l'autre maison, ainsi que celles de l'église, sont fuyantes et vont converger vers des points accidentels. Les détails des deux portes de l'église doivent être dessinés avec beaucoup de soin, ainsi que ceux de la grande rosace du milieu, les montagnes et le terrain de la place être naturels.

306. Palais vu en perspective.

595. Le palais est formé de trois parties principales, les deux en avant-corps sont surmontées d'un fronton triangulaire; le rez-de-chaussée est décoré d'arcades; les fenêtres sont carrées à tous les étages; les colonnes du premier sont ioniques et celles du second corinthiennes.

596. Le point de vue V est placé au milieu, toutes les lignes fuyantes des côtés et de la cour viennent y concourir; la perspective du palais offre une symétrie absolue. La ligne d'horizon passe par les points C, V, D.

597. Observations. Les lignes horizontales des façades sont parallèles au tableau; les autres, étant perpendiculaires au tableau, sont fuyantes et doivent toutes concourir au point de vue V. Les arcades, les fenêtres, les colonnes et les frontons doivent être réguliers, et les deux côtés bien symétriques.

307. Chaumières esquissées; 308. Chaumières terminées.

598. On appelle *paysage* un genre de dessin qui représente spécialement la campagne et les différents objets qui s'y trouvent : maisons, chaumières, arbres, animaux, montagnes, rivières, etc.

599. La *fig.* 307 donne l'esquisse au crayon de plusieurs chaumières, et la *fig.* 308 les représente terminées à l'encre : une femme et un enfant sont placés devant, et des arbres derrière.

600. CONSTRUCTION. Circonscrivez le dessin par un rectangle A B C D; tirez la ligne d'horizon L H, et par son milieu la perpendiculaire E V, pour obtenir plus aisément la position des bâtiments et de leurs parties; dessinez les détails au crayon d'abord, effacez et corrigez; quand vous aurez obtenu une exactitude satisfaisante, terminez à la plume.

601. OBSERVATIONS. *Le dessin du paysage se fait à main levée, sans règle ni compas;* lors de la mise à l'encre, il faut avoir soin de donner un ton plus noir aux parties creuses et à celles qui sont dans l'ombre.

309. Ferme.

602. Cette ferme se compose de plusieurs corps de bâtiment; trois personnages et un chien sont sur le premier plan, sur un plan plus éloigné sont des arbres.

603. OBSERVATIONS. Dans ce dessin, les bâtiments étant vus de face, les lignes ne changent pas en perspective. Tracez un rectangle A B C D qui circonscrive le dessin. Esquissez légèrement au crayon l'ensemble et les détails des bâtiments, des arbres et des personnages; rectifiez, et passez ensuite à l'encre.

310. Vue maritime.

604. Cette vue représente un fleuve près de son embouchure; à droite sont des maisons, à gauche des rochers surmontés de ruines; dans le lointain, et sur différents plans, des montagnes qui se fondent avec le ciel; sur le premier plan sont des barques et un bateau à vapeur.

605. CONSTRUCTION. Tracez un rectangle A B C D, que vous divisez, par les lignes E F, L H, I J, en 3 parties ou plans parallèles; le premier pour la ligne de terre où sont les embarcations, le second pour la ligne d'horizon où est le pont, et le troisième enfin pour les différentes hauteurs des constructions; tirez au milieu, comme ligne d'axe, la perpendiculaire M N; à l'aide de ces lignes, déterminez la place de chacune des parties, en allant de l'ensemble aux détails; dessinez au crayon, corrigez, puis mettez à l'encre.

606. OBSERVATIONS. Il ne faut pas craindre d'effacer et de rectifier jusqu'à ce que le dessin soit correct; l'ensemble et les détails doivent être arrêtés, naturels et gracieux.

311. Ville en amphithéâtre.

607. Ce dessin se compose de plusieurs groupes de maisons placées en amphithéâtre sur le penchant d'une montagne; au pied de la montagne se trouvent une église, une rivière, un bateau, deux vaches et une paysanne formant le premier plan; à gauche est un pont, et dans le lointain des montagnes et des nuages terminent l'horizon.

608. OBSERVATIONS. Tracez le rectangle A B C D, tirez la ligne d'horizon L H et celle I J; marquez légèrement au crayon la position du bateau, de l'église, de la montagne, avec les groupes de maisons; indiquez dans le lointain les montagnes, puis les nuages; dessinez les détails de chaque partie; effacez et rectifiez ce qui est défectueux; enfin terminez à l'encre, en donnant aux traits plus ou moins de force, selon qu'ils représentent des effets de lumière ou d'ombre.

Dessin d'après nature.

609. *Pour dessiner d'après nature*, il faut d'abord déterminer sur le plan où l'on doit travailler, l'espace que devra occuper ce qu'on se propose de dessiner, puis marquer l'horizon et le point de vue.

610. L'*horizon*, dans un tableau quelconque, est une ligne fictive placée dans toute sa longueur à la hauteur de l'œil du dessinateur, sur laquelle se place le point de vue ou point central. Sa détermination est très-importante.

611. *On place la ligne d'horizon* un peu au-dessous de la moitié du tableau, dans les paysages; dans les tableaux d'histoire, les portraits et les tableaux de genre, à la hauteur de l'œil du principal personnage supposé debout.

612. Pour dessiner d'après nature, il faut s'éloigner du site que l'on veut représenter de deux fois au moins la largeur du terrain, à partir de la première ligne d'objets parallèles au plan du cadre vertical que l'on veut faire entrer dans le tableau; c'est là un principe général que le dessinateur ne doit jamais perdre de vue.

613. Donc, pour dessiner les objets placés sur la ligne de terre d'un paysage, une allée d'arbres, par exemple, il faudra s'éloigner des deux premiers arbres de deux fois au moins la largeur de l'allée. Pour représenter un intérieur, la partie la plus rapprochée du dessinateur ne devra pas être à une distance moindre de deux fois la largeur ou la hauteur de cet intérieur.

Règles de la perspective.

614. Dans tout dessin d'après nature, il faut bien se rappeler et judicieusement appliquer les règles de la perspective, qui peuvent se réduire aux suivantes :

615. 1° Toutes les faces parallèles au tableau ont, dans le dessin, toutes leurs parties proportionnelles à celles qui existent dans la nature.

616. 2° Les lignes non parallèles au tableau, mais parallèles entre elles, concourent toujours à un même point en perspective.

617. 3° Les lignes horizontales parallèles entre elles, dont les prolongements perceraient le tableau en faisant des angles droits, se dirigent au point de vue.

618. 4° Les lignes horizontales, faisant avec le tableau des angles aigus, ou des angles obtus, se dirigent à d'autres points de l'horizon nommés *accidentels*.

619. 5° Les lignes qui ne sont ni horizontales, ni parallèles au tableau, se dirigent à des points, les uns au-dessus, les autres au-dessous de l'horizon.

Perspective aérienne.

620. C'est surtout dans les paysages que la perspective aérienne reçoit de nombreuses applications, afin de donner aux objets leur position, les ombres et les teintes qui leur conviennent, de les harmoniser et de les distribuer avec justesse et intelligence.

621. On appelle *clair-obscur* la partie de la perspective aérienne qui s'occupe des teintes qu'on doit donner aux objets. Ces teintes ont une très-grande importance pour distinguer les parties éclairées des parties non éclairées et les divers plans qu'elles occupent.

622. Les ombres se représentent par une teinte grise plus ou moins foncée; en général plus vigoureuses dans les parties les plus rapprochées du spectateur, où sont aussi les jours les plus brillants, elles deviennent de plus en plus légères à mesure que les objets s'éloignent.

623. On appelle *demi-teintes* les teintes vaporeuses des lointains.

624. La couleur des eaux dépend du ton des objets environnants; l'eau est brillante lorsque les objets sont fortement ombrés.

625. Dans les *ciels*, on fait sentir par des détails et des tons plus vigoureux les parties rapprochées de l'œil. Les nuages en haut du tableau sont forts et décidés; ceux qui sont à l'horizon sont très-légers.

626. Comme nous ne voulons ni ne pouvons faire un traité complet de perspective, nous ne donnons pas des exemples, ni les démonstrations de ces règles, renvoyant aux traités spéciaux les personnes qui veulent faire de cette science une étude approfondie.

PAYSAGES.

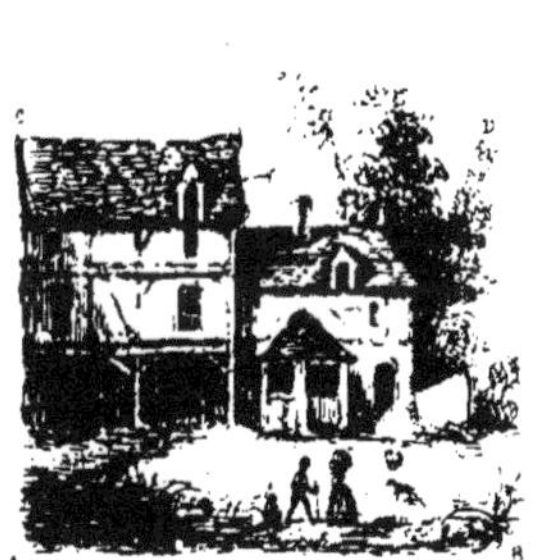

309 [illegible]

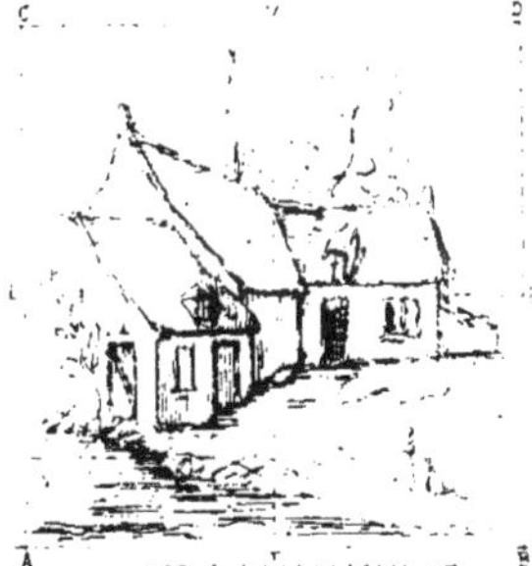

307 [illegible]

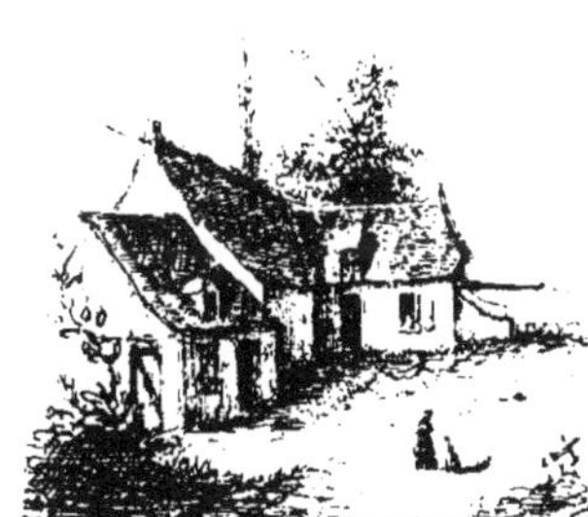

308 [illegible]

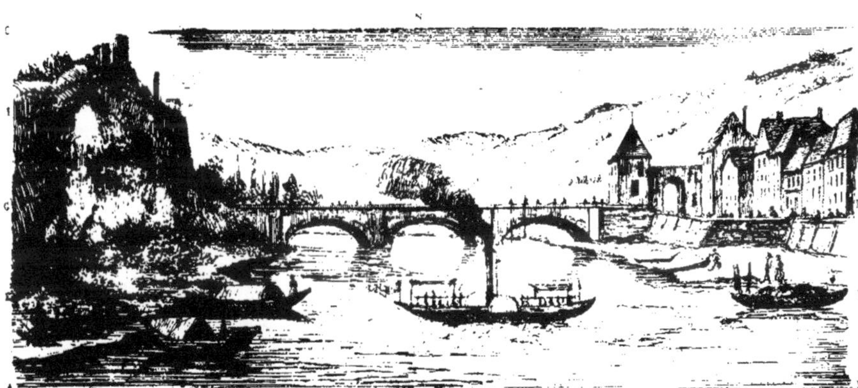

310 VUE MARITIME.

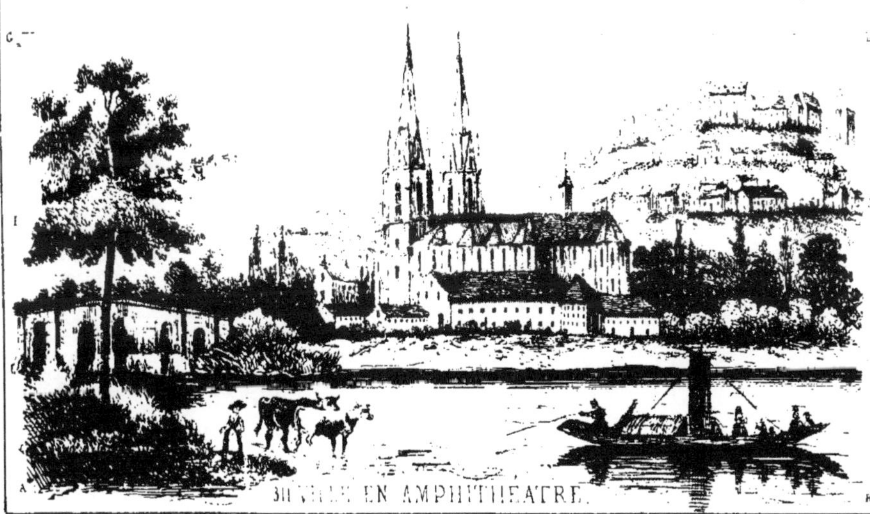

311 VILLE EN AMPHITHÉATRE.

[illegible] Emmanuel Philippe. lith

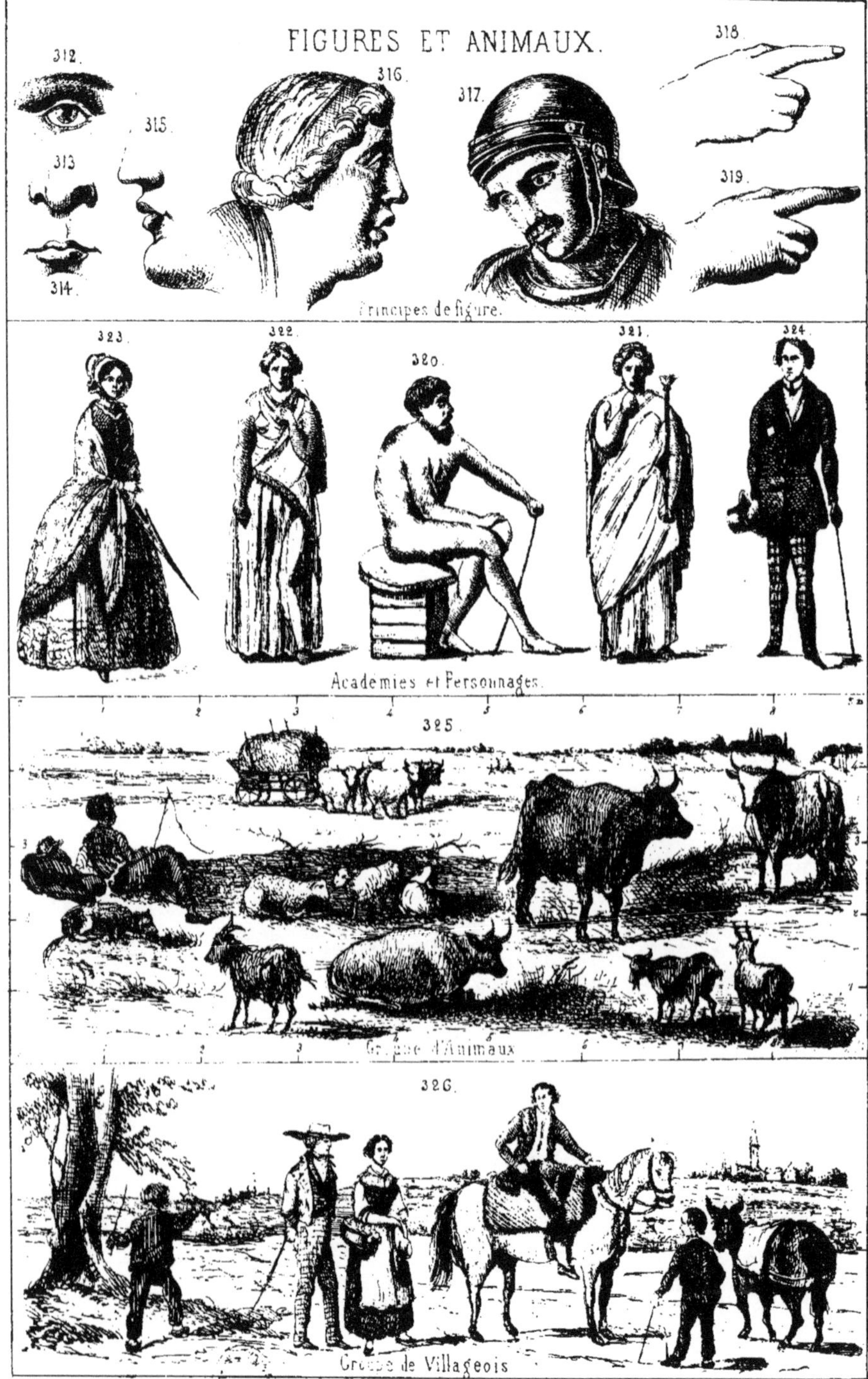

C. A. CHARDON — Paris, Lith. Prudhomme Rue des Noyers, 6.. — *Emmanuel Philippe, lith.*

Principe de figure.

627. Nous donnons dans cette planche quelques principes de figure, d'académie, de personnages et de groupes d'animaux, afin de présenter tous les genres de dessins, et d'exercer le goût et la sagacité des élèves. Les personnes qui voudront étudier spécialement ce genre de dessin, trouveront chez la plupart des marchands d'estampes un grand nombre de gravures et de lithographies convenables, mais un maître est indispensable quand on veut faire des études sérieuses.

312. Œil; 313. Nez; 314. Bouche.

628. Les yeux, le nez et la bouche sont les éléments essentiels de la tête; ces trois figures sont vues de face; leur tracé n'offre pas de très-grandes difficultés.

629. Observations. Tirez une ligne horizontale et au milieu une verticale; dessinez les contours; effacez et rectifiez jusqu'à ce que le dessin soit correct, puis passez à l'encre avec la plume.

315. Profil.

630. Ce dessin se compose d'un nez, d'une bouche et d'un menton vus de profil.

631. Observations. Tirez une ligne verticale, marquez dessus la position du nez, de la bouche et du menton; dessinez les contours et les détails; faites sentir par des ombres les creux et les reliefs.

316. Tête vue de profil.

632. Cette tête est entière et vue de profil dans le sens opposé à celui de la précédente.

633. Observations. Tirez une ligne verticale qui limite le menton et le front; marquez la position du menton, de la bouche, du nez, de l'œil et des cheveux; tracez le contour de la tête et du cou; puis dessinez les détails de chaque partie.

317. Tête de guerrier vue de trois quarts.

634. La tête du guerrier est couverte d'un casque et vue de côté ou de trois quarts; il est facile de remarquer que les diverses positions d'une tête changent la forme des yeux, du nez, de la bouche et du menton.

635. Observations. Tirez une ligne verticale qui passe par l'axe ou le milieu du cou; marquez par des parallèles la position du menton, de la bouche, des yeux et du casque, etc.; tracez les contours, puis dessinez les détails; il est très-important de placer d'abord convenablement chaque partie avant d'en dessiner les détails.

318. Main esquissée; 319. Main terminée.

636. Le dessin de ces deux mains n'offre pas de difficultés; il faut s'attacher à bien faire sentir les rondeurs du poignet et des doigts.

320. Académie.

637. On appelle *académie* une figure dessinée sur un modèle vivant et nu. Celui-ci est représenté assis sur un bloc.

638. Observations. Tirez une ligne horizontale et une ligne verticale qui passe par l'angle du bloc et par le milieu du corps; esquissez légèrement la cuisse, les jambes, le tronc et la tête; rectifiez, puis dessinez avec soin toutes les parties du corps et de la tête.

321 et 322. Statues allégoriques.

639. Ces sortes de statues allégoriques servent à décorer les façades des monuments, les jardins ou les places publiques; l'une représente l'Art, l'autre la Science.

640. Observations. Pour ces figures et les deux suivantes, tirez une ligne verticale qui sera l'axe, à droite et à gauche dessinez les détails. Les difficultés de ce genre de figures consistent surtout dans les draperies qui doivent être naturelles et gracieuses; et dans l'expression, qui doit bien rendre le sujet qu'elles représentent.

323. Jeune Dame.

641. Cette dame présente une étude de modes parisiennes.

642. Observations. La pose doit être gracieuse, les étoffes avoir beaucoup de moelleux et les détails de délicatesse.

324 Jeune homme.

643. Ce jeune homme présente une étude de costumes et de modes françaises.

644. Observations. La pose doit être naturelle, gracieuse, les vêtements bien rendus et élégants.

PROPORTIONS DU CORPS HUMAIN.

645. On peut se servir de la hauteur de la tête comme d'une sorte d'unité, et, la portant huit fois bout à bout en ligne droite, on aura la longueur totale du corps. La moitié de cette longueur marquera le point du corps où les cuisses se séparent du tronc. La première de ces huit parties égales sera occupée par la tête; la deuxième comprend les épaules jusqu'au-dessous des seins; la troisième est limitée au nombril; la quatrième, au bas du tronc; la cinquième, au milieu de la cuisse; la sixième aux genoux, et la septième au bas du mollet.

La largeur des épaules vues de face est de deux têtes; la largeur du corps au nombril est d'une tête et demie. La longueur du bras étendu est de deux têtes, depuis l'aisselle jusqu'au poignet.

646. Ces nombres supposent qu'aucune partie n'est vue en raccourci; car alors il faudrait se régler sur les dimensions d'une perspective; ces proportions ne sont qu'approximatives.

647. Nous engageons fortement à faire plusieurs fois chaque figure, en lui donnant des dimensions doubles, triples ou quadruples.

325. Groupe d'animaux.

648. Ce groupe représente sur le premier plan des chèvres, des vaches, des moutons et un berger; au second plan se trouve un char chargé de foin et traîné par quatre bœufs; dans le lointain sont des bois et des hameaux.

649. Observations. Tracez un rectangle, marquez la place des animaux, esquissez les détails; puis dessinez les animaux, le char et les accidents de la plaine. Les formes et les poses doivent être naturelles et l'ensemble bien harmonieux.

326. Groupe de villageois.

650. Ce groupe se compose d'une villageoise, d'un paysan à cheval, d'un bourgeois, et de deux garçons, dont l'un conduit un âne; dans le lointain on aperçoit le village entouré de massifs d'arbres.

651. Observations. Tracez le rectangle, marquez la place des personnages et des animaux, esquissez-les; corrigez; dessinez ensuite les détails avec soin, en donnant de l'expression aux physionomies, de la grâce aux vêtements, du naturel aux poses, de manière à produire un ensemble agréable à la vue.

652. *Manière de copier exactement un dessin, de le réduire ou de l'augmenter dans une proportion donnée.* Enveloppez la figure donnée, soit la *fig.* 325, d'un rectangle A B C D; divisez les côtés en parties égales, le grand en 9 et le petit en 5, par exemple; tirez des parallèles, elles partageront le rectangle A B C D en d'autres petits rectangles dans lesquels se trouvent les détails du dessin; tracez sur le papier un rectangle semblable avec les mêmes divisions; puis dessinez dans chaque petit rectangle les détails qui se trouvent dans celui correspondant du dessin. On représente de cette manière exactement la position de chaque objet.

653. *Pour augmenter la copie ou pour la réduire*, il faut augmenter ou réduire les dimensions du rectangle, et diviser les côtés de la même manière : les petits rectangles seront dans la même proportion que les grands; puis dessiner les détails qui se trouvent dans chaque rectangle.

ORNEMENT, SES APPLICATIONS.

654. L'*ornement* est un dessin fondé sur les constructions géométriques, bien qu'il paraisse, au premier coup d'œil, plutôt un produit du caprice de l'imagination qu'un développement de principes réguliers; il se trace à main levée.

655. Les applications du dessin d'ornement sont continuelles dans les arts et dans l'industrie; il est indispensable à la plupart des ouvriers, surtout à ceux de l'industrie parisienne, qui, avec du goût et de l'adresse, en font chaque jour de nombreuses applications.

327. Palmette; 328. Palmes.

656. Les *palmettes* servent à décorer les bordures et les enroulements; elles se composent de deux moitiés parfaitement symétriques.

657. La *palme* est une palmette à feuilles montantes.

658. Observations. Pour tracer régulièrement les palmettes, tirez une ligne verticale qui sera l'axe de la tige; à droite et à gauche, dessinez les feuilles en commençant par le haut, et terminez par le culot.

329. Feuilles de chêne, 330. de laurier, 331. d'olivier.

659. Les feuilles sont fréquemment employées dans l'ornement comme emblèmes ou symboles : la branche de chêne est l'emblème du courage; celle de laurier est le symbole de la victoire; la branche d'olivier est le symbole de la paix.

660. Construction. Pour dessiner ces trois branches d'arbres, tracez la branche, et tirez une ligne d'axe pour chaque feuille; dessinez les nervures et les contours, et terminez par les fruits.

661. Observations. Dans ces dessins, évitez la symétrie, la raideur et une trop grande régularité.

332. Feuille d'acanthe.

662. La feuille d'acanthe est très-souvent employée dans les ornements d'architecture; elle décore les chapiteaux corinthiens et les composites.

663. Observations. Tracez une ligne d'axe verticale, indiquez légèrement la limite des contours; dessinez-les, ainsi que les détails de la feuille en commençant par le haut; et donnez aux découpures une forme régulière et gracieuse; marquez fortement les ombres.

333. Enroulements.

664. Ces enroulements, en forme de spirale, sont décorés de feuilles d'acanthe, et au milieu d'une petite rosace vue sur ses deux faces.

665. Observations. Tracez deux circonférences tangentes, et dans leur intérieur la spirale, dont les courbes et les ornements doivent être gracieux; puis dessinez les feuilles d'acanthe et les rosaces. Ce dessin demande beaucoup de finesse dans les détails et de moelleux dans les contours.

334. Épée: 335. Carquois; 336. Thyrse; 337. Flambeau; 338. Caducée.

666. *Épée romaine*, avec son fourreau.

667. *Carquois*, avec ses flèches.

668. Le *thyrse* est entouré de feuilles de lierre et surmonté d'une pomme de pin; c'est l'attribut du dieu Bacchus.

669. Le *flambeau* orné de bandelettes était employé dans les cérémonies religieuses des anciens.

670. Le *caducée* est formé d'un bâton, de deux ailes déployées et de deux serpents enroulés; c'est l'attribut du commerce et du dieu Mercure, et un symbole d'union et de concorde.

671. Observations. L'épée, le carquois, le thyrse, le flambeau et le caducée se dessinent à peu près de la même manière; tirez une ligne verticale pour l'axe, et dessinez ensuite les contours et les détails, en ayant soin d'indiquer par des traits plus forts les parties dans l'ombre. Pour le thyrse, dessinez le bâton, la pomme de pin, la branche de lierre, et terminez par les feuilles. Pour le caducée, tracez le bâton; à l'extrémité supérieure décrivez une circonférence, et au-dessous un culot; puis dessinez les ailes; terminez par les deux serpents qui forment des courbes passant alternativement en dessus et en dessous du bâton.

339. Candélabre; 340. Vase antique.

672. Un *candélabre* est une espèce de grand chandelier surmonté d'une cassolette; il est supporté par des griffes de lion, la tige est ornée de feuilles d'acanthe et de feuilles d'eau, et décorée d'un enroulement en feuilles de laurier.

673. Observations. Tracez une ligne d'axe; marquez par des horizontales les divisions de la tige, et dessinez avec goût les détails.

674. Les *vases antiques* servaient à mettre le vin précieux; la forme de ce vase est très-élégante; il est décoré au milieu d'une guirlande de pampre et de grappes de raisin.

675. Observations. Tracez une horizontale, et au milieu une verticale qui sera l'axe du vase; tirez des parallèles pour diviser le pied et la panse; tracez le contour sous forme d'ovale, et les courbes du col et de l'anse, enfin dessinez les ornements avec délicatesse.

341. Lyre antique; 342. Appareil à gaz.

676. La *lyre antique* est ceinte d'une couronne de feuilles de chêne; elle a un pied reposant sur un bâton orné de culots.

677. Observations. Tirez une ligne horizontale, et au milieu une verticale; décrivez deux circonférences pour la couronne; tracez le pied, le contour, les cordes et les ornements de la lyre; terminez par les détails de la couronne.

678. L'*appareil* ou *bec de gaz* est formé d'une tige enroulée, ornée de culots et d'une rosace au milieu, et surmontée d'une sphère en verre, décorée d'une guirlande.

679. Observations. Tracez l'axe de la tige et les contours, dessinez les ornements; décrivez une circonférence pour la sphère; dessinez les ornements et la cheminée intérieure.

343. Bouclier; 344. Attribut; 345. Trophée.

680. Le *bouclier* est une arme défensive que les anciens portaient au bras gauche: celui-ci, de forme elliptique, est orné d'une rosace, de foudres, etc.

681. Observations. Tracez une ellipse, et au milieu le grand et le petit diamètre; décrivez une circonférence pour la rosace, dessinez les détails des ailes, des feuilles, etc.

682. On appelle *attribut* la représentation allégorique des personnages de la Fable, des arts ou de l'industrie. Cet attribut représente un enfant portant un panier de fruits et de fleurs, posé sur deux tiges de feuillages; c'est un symbole de fertilité.

683. Observations. Pour dessiner cet attribut, tracez une ligne verticale qui sera l'axe de l'enfant et du panier; esquissez les détails de l'enfant, du panier, des fruits et des fleurs; ne mettez à l'encre qu'après que le dessin est correct.

684. Un *trophée* est la réunion de drapeaux, d'armes défensives ou offensives liés en faisceaux, ou de toutes sortes d'objets; il tient de la nature de l'attribut.

685. Observations. Ce trophée est très-difficile à bien dessiner. Tracez un rectangle qui le circonscrive; marquez la place du casque, du drapeau, du fusil, de la hache, des banderolles; puis dessinez leurs détails avec beaucoup de soin et de finesse; donnez du relief aux objets par les ombres.

686. Observations générales. Les dessins de l'ornement se faisant à main levée offre de nombreuses difficultés, il faut surtout bien rectifier et corriger les dessins, et les recommencer même plusieurs fois.

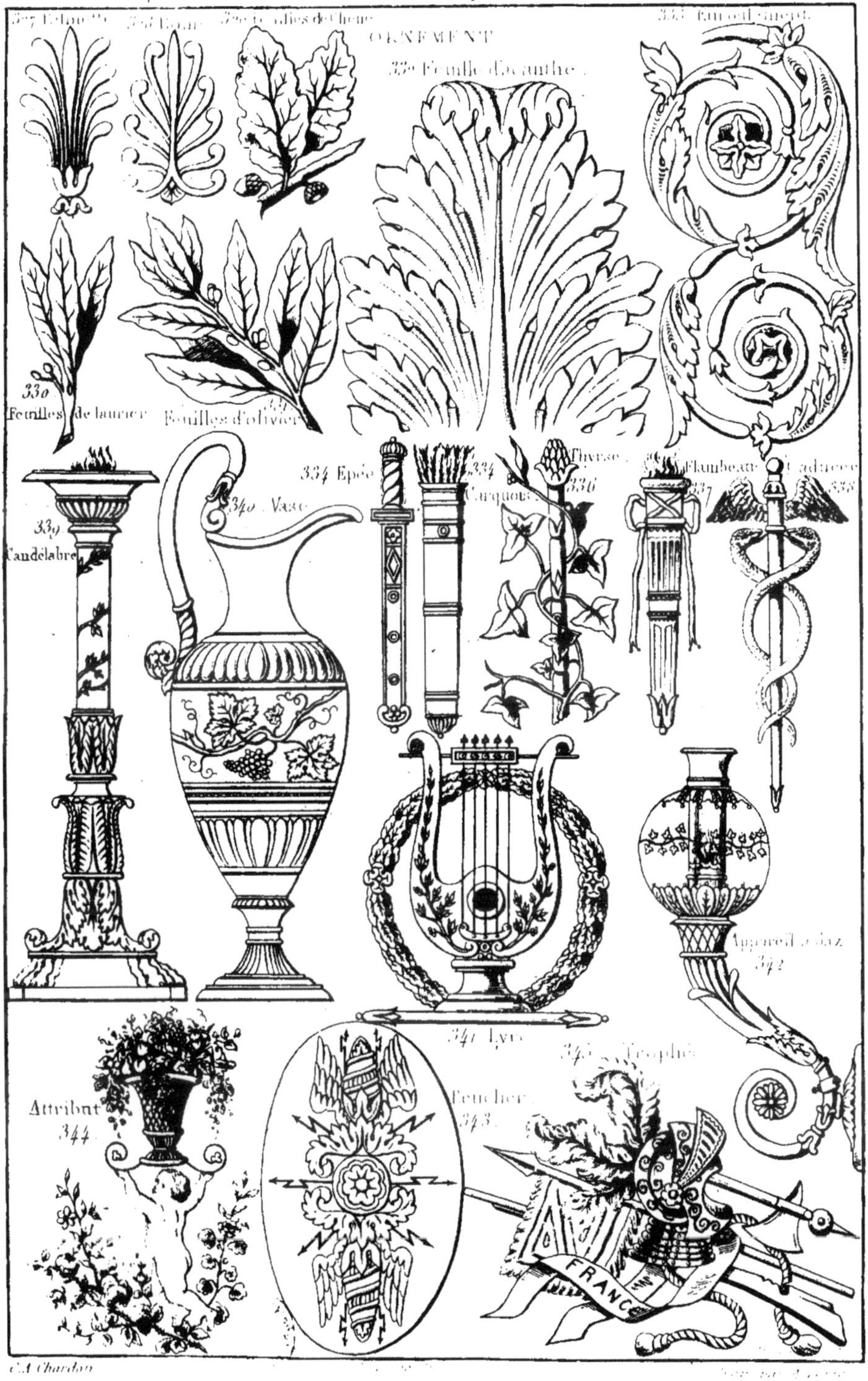

ORNEMENT

329 Feuille d'acanthe

330 Feuilles de laurier

331 Feuilles d'olivier

334 Epée

334 Carquois

336 Thyrse

337 Flambeau

339 Candélabre

340 Vase

341 Lyre

342 Appareil à Gaz

343 Foudre

344 Attribut

345 Trophée

FRANCE

C.A. Chardon

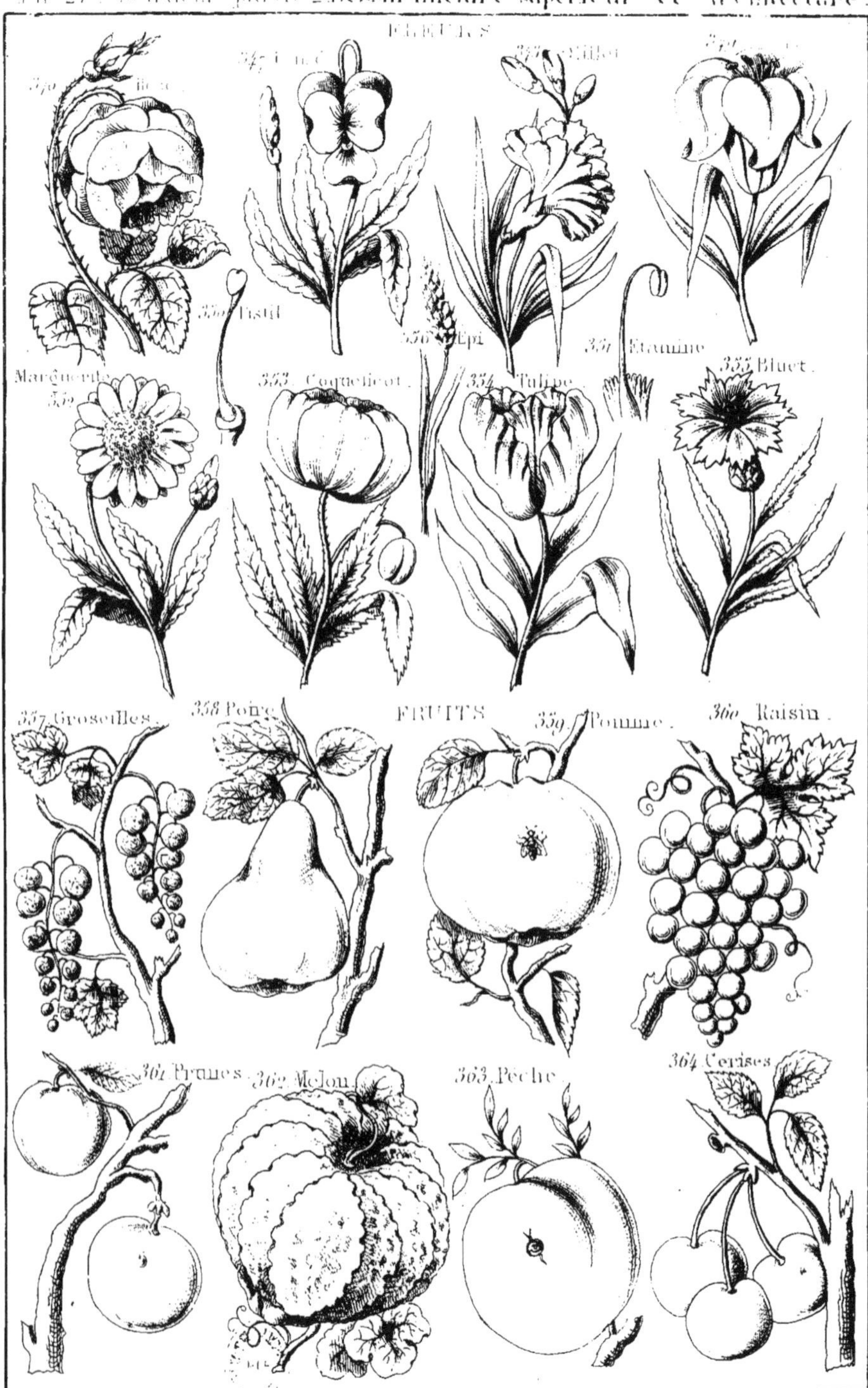

Gravé par A. Ferier.

Notions générales de Botanique.

687. La *botanique* est la science qui traite des plantes ou végétaux et de leurs propriétés.

688. Le plus grand nombre des végétaux présentent une *tige* qui supporte des *branches*, des *rameaux*, des *ramilles*, formant la charpente du végétal. Ces parties se couvrent de boutons qui, en s'épanouissant, donnent naissance aux bourgeons, aux feuilles, aux fleurs et aux fruits.

689. Les plantes sont des êtres organiques dépourvus de sensibilité et de volonté, ne pouvant que vivre et se reproduire. Les organes de la nutrition sont : les racines, les tiges et les feuilles; les organes de la reproduction sont : les fleurs, les fruits et les graines.

690. Les *feuilles* naissent sur les rameaux et les tiges des végétaux, et ont pour soutien le *pétiole*, et deux faces sillonnées par des *nervures*.

691. Les *fleurs* renferment les organes de la génération réunis ou séparés : une fleur complète comprend ordinairement : 1° le calice, enveloppe extérieure; 2° la corolle, formée de pétales diversement colorés; 3° les étamines, organes mâles; 4° le pistil, organe femelle; elle est supportée par une queue nommée pédoncule.

692. La forme, les contours et les couleurs des feuilles et des fleurs sont très-variés; ils servent à ranger méthodiquement les végétaux par classes, par ordres ou familles, genres, espèces et variétés.

ÉTUDE DE FLEURS.

346. Rose; 347. Pensée; 348. Œillet; 349. Lis.

693. La *rose* est une fleur odorante; la couleur des pétales de sa corolle est très-variée, depuis le blanc jusqu'au rouge pâle : c'est le symbole de la beauté et de l'amour.

694. Observations. Tracez une ligne d'axe, puis dessinez la tige, la rose avec ses pétales, le bouton et les feuilles, dont les nervures sont très-ramifiées.

695. La *pensée* est une fleur sans odeur, dont chaque pétale a trois couleurs, pourpre ou bleu, jaune et blanc : c'est l'emblème du souvenir et de la séparation.

696. Observations. Tirez la ligne d'axe, tracez la fleur avec ses pétales, puis le pétiole et les feuilles; marquez par un effet d'ombre le creux de la fleur.

697. L'*œillet*, fleur odorante, qui s'épanouit au mois de juin, est l'emblème de l'amour vif et pur.

698. Observations. Tirez une ligne d'axe, tracez la tige, l'œillet, les boutons et les feuilles qui sont très-étroites.

699. Le *lis*, fleur ordinairement blanche et portée sur une haute tige, a beaucoup d'odeur : c'est le symbole de la majesté et de la pureté.

700. Observations. Tracez la tige, la fleur et les pétales qui sont très-gracieux; puis les feuilles, dont deux sont repliées l'une en avant, l'autre en arrière; le pli se marque par un effet d'ombre.

350. Pistil; 351. Étamine.

701. Le *pistil*, organe femelle de la fructification, se compose de trois parties : le stigmate, ouverture; le style, long filet, et l'ovaire, qui contient les jeunes graines, que féconde le pollen.

702. L'*étamine* est l'organe mâle de la fructification; elle se compose de deux parties : l'anthère, qui contient le pollen ou poussière fécondante, et le filet qui supporte l'anthère.

352. Marguerite; 353. Coquelicot; 354. Tulipe; 355. Bluet.

703. La *marguerite* a sa corolle formée de pétales séparés entourant les étamines placées au milieu; elle est l'emblème de l'innocence.

704. Observations. Tracez une circonférence, dessinez dans l'intérieur la corolle, les étamines, puis le pédoncule, les feuilles et le bouton.

705. Le *coquelicot* est une fleur des champs qui a une forme sphérique : comme le pavot, elle est l'emblème du repos.

706. Observations. Tracez la tige, la fleur, en faisant former aux pétales une sphère creuse dans le haut; dessinez les feuilles et le bouton, qui a la forme d'une olive retombante.

707. La *tulipe* est une fleur printanière, sans odeur, dont le calice est fait en forme de vase évidé : elle est le symbole de la magnificence.

708. Observations. Tirez une ligne d'axe pour la tige, dessinez la fleur avec ses cinq pétales, terminez par les feuilles, ombrez plus fortement celle qui est derrière la tige.

709. Le *bluet* est, par sa belle couleur bleue, la parure des blés, et l'emblème de la lumière et de la clarté.

710. Observations. Tracez une ligne sinueuse pour la tige, dessinez les pétales *p* de la corolle *c*, et les petites écailles *e* ou feuilles du calice *c*; terminez par les feuilles *f*.

711. Remarque. Les fleurs et les feuilles offrent une très-grande variété de formes et de couleurs; il faut, en les dessinant, éviter l'uniformité, la symétrie et une trop grande régularité.

ÉTUDE DE FRUITS.

712. Les *fruits* sont les parties reproductives des végétaux.

713. Les parties d'un fruit sont : le *péricarpe*, qui contient dans son intérieur la *graine*. Le péricarpe est formé de l'épicarpe ou épiderme; du sarcocarpe ou partie charnue que l'on mange dans la pêche, l'abricot, la poire, etc.; de l'endocarpe, qui entoure la semence.

714. La semence, par la germination, donne naissance à la *plantule* qui forme la tige, et à la *radicule* qui produit les racines.

356. Épi; 357. Groseilles; 358. Poire; 359. Pomme; 360. Raisin.

715. *Épi*, tête du tuyau de blé renfermant les grains.

716. Observations. Dessinez la tige, l'épi et les grains.

717. Les *groseilles* sont de petits fruits en grappes.

718. Observations. Tracez la branche, les ramilles, l'axe de chaque grappe; dessinez les grains, qui doivent être sphériques; terminez par les feuilles.

719. La *poire* est un fruit à pepins, de forme oblongue.

720. Observations. Tracez la branche, puis dessinez le rameau, la poire, les feuilles; marquez par des ombres les parties creuses.

721. La *pomme* est un fruit à pepins de forme ronde.

722. Observations. Tirez une ligne d'axe pour la branche et pour la pomme; tracez une circonférence, et dessinez les contours et les détails de la pomme, les feuilles et la mouche.

723. Le *raisin*, fruit à pepins, en forme de grappe, sert à faire le vin.

724. Observations. Tirez une verticale pour le raisin, dessinez les grains en variant leur grosseur; terminez par la branche, les feuilles et la vrille.

361. Prunes; 362. Melon; 363. Pêche; 364. Cerises.

725. Les *prunes*, fruits d'été, à noyau, sont couvertes d'une peau lisse.

726. Observations. Tracez l'axe de la branche et dessinez-la, ainsi que les petites branches, les prunes et la feuille.

727. Le *melon*, sorte de gros fruit dont la tige rampe sur terre.

728. Observations. Tracez une circonférence, puis des courbes ondulées pour représenter les côtés et leurs aspérités; dessinez les feuilles, indiquez par des ombres la partie creuse du melon.

729. La *pêche*, gros fruit à noyau, qui a beaucoup d'eau et un goût exquis.

730. Observations. Dessinez le contour de la pêche, marquez par des ombres la partie creuse; terminez par les feuilles et le bois.

731. Les *cerises* sont de petits fruits ronds, à noyau, dont la chair est aqueuse, et la peau rouge et mince.

732. Observations. Tracez le bois et la branche, puis les cerises avec leur queue; terminez par les feuilles.

Broderie. Ses applications.

733. La *broderie* diffère essentiellement de l'*ornement* sous le rapport du dessin; elle ne nécessite que des traits simples. Nous n'expliquerons pas comment se font les figures de notre planche, cela serait superflu; mais nous indiquerons leurs noms, et les genres de broderies auxquels elles sont destinées.

734. Le *goût* est indispensable pour bien dessiner la *broderie;* tout le mérite du dessinateur est dans l'élégance de la composition, qui doit être d'une facile exécution et donner un résultat gracieux.

735. Les objets qui se brodent le plus, sont les cols et les bonnets, etc.; les formes varient tellement suivant le caprice de la mode, qu'il ne nous est pas possible de donner ici un seul *patron* pour modèle.

Différents genres de Broderie.

736. Le *plumetis* est le genre de broderie le plus usité. Cette broderie est mate, et se fait par des points en travers sur des *fils*, passés d'avance pour lui donner du relief.

737. Le *feston* est un point noué qui se fait de gauche à droite.

738. Le *cordonnet* se fait comme un surjet, mais à plat sur l'étoffe.

739. Le *point de rose* est un feston plat et mat.

740. L'*application* se fait sur tulle, en posant dessus une étoffe légère, telle que batiste ou nanzouk, qui reçoit le dessin. La broderie se fait, en couvrant les traits du dessin, d'un cordonnet ou d'un feston. Lorsque toutes les lignes sont ainsi couvertes, on découpe l'étoffe qui ne fait pas partie du dessin, pour que le tulle devienne le fond.

741. Le *mat coupé* est formé d'un plumetis qui se fait en deux parties égales.

742. Le *point de Bruxelles* n'est autre qu'un point de feston que l'on ne serre pas, et pour lequel on emploie du fil à dentelle.

743. La *soutache* est une petite ganse plate, que l'on coud à *points* devant sur le trait du dessin.

744. Le *point de chaînette* est un point noué et non serré, qui se fait droit devant soi.

Pois, Œillets, Amandes, Feuilles.

Figures.

365. *Pois.* Il y en a de toutes grandeurs; ils se brodent au plumetis.
366. *Œillet anglais.* Il se brode en cordonnet uni, ou en petit *feston fin :* l'étoffe du milieu ne reste pas.
367. *Pois entouré.* C'est un pois au plumetis, entouré d'un *cordonnet.*
368. *Œillet festonné.* C'est un cercle au feston uni, de la largeur indiquée entre les deux cercles.
369. *Amande.* Les amandes se font au plumetis et de toutes grandeurs.
370. *Amande anglaise.* Se fait au *cordonnet* ou au *feston fin.*
371. *Amande entourée.* L'amande est au plumetis et l'entourage en cordonnet.
372. *Œillets chinois.* Ils se font de toutes grandeurs, en feston gradué.
373. *Pois chinois.* Le pois se fait au plumetis, et l'entourage en cordonnet mat et gradué.
374. *Muguet.* Se fait tout au plumetis.
375. *Feuille de lilas.* Se fait au plumetis coupé avec tige en cordonnet.
376. *Grain de blé.* Se fait tout au plumetis.
377. *Pavé coupé.* Tout au plumetis.
378. *Deux feuilles.* Tout au plumetis.

Boutons, Grains, Étoiles, Tiges.

Figures.

379. *Bouton de rose.* Tout au plumetis.
380. *Grain d'orge.* Au plumetis coupé.
381. *Myosotis.* Au plumetis.
382. *Feuille unie.* Au plumetis.
383. *Feuille coupée.* Au plumetis.
384. V. Au plumetis.
385. *Amande coupée.* Au plumetis.
386. *Pepin.* Au plumetis.
387. *Fleurette* à quatre pétales. Au plumetis coupé.
388. *Gros pois.* Mat coupé.
389. *Etoile à six feuilles.* Tout au plumetis.
390. *Etoile à huit feuilles.* Tout au plumetis.
391. *Feuille de rose.* Au *point de rose.*
392. *Etoile anglaise.* Tout en cordonnet fin; intérieur découpé.
393. *Tige de rose.* Tout en application.
394. *Barbeau.* Tout au plumetis.
395. *Tige de feuilles unies.* Tout au plumetis.
396. *Tige à trois feuilles unies.* Tout au plumetis.
397. *Tige de feuillages.* Se fait en application.
398. *Feuille de vigne.* En application.
399. *Feuilles de ribes.* En application.
400. *Epines.* En cordonnet.
401. *Grain de café.* Au plumetis mat, coupé et entouré.

Roues, Crêtes, Dents, Rosettes.

402. *Roue.* Entourage festonné, milieu à barrettes moulinées.
403. *Feuille de lilas.* Au plumetis mat, coupé et entouré.
404. *Roue au plumetis.* Avec pois.
405. *Fleuron.* Tout au feston.
406. *Dents pointues.* Se font au feston uni.
407. *Rosette.* Se fait au point de rose.
408. *Rosette.* Au feston mat.
409. *Roue.* Tour festonné, milieu au point de Bruxelles.
410, 411, 412. *Dents rondes.* Se font en feston uni.
413. *Dents de scie.* En feston uni.
414. *Dents pointues.* En feston mat.
415. *Dent creuse.* En feston uni.
416. *Crête ronde à trois dents.* En feston mat.
417. *Crête ronde à cinq dents.* En feston mat.
418. *Crête couchée à trois dents.* En feston mat.
419. *Fleurette.* En feston mat.
420. *Rosette à six feuilles.* Au plumetis mat coupé.
421. *Grappe de groseilles.* Au feston et cordonnet.
422. *Crête pointue.* Au point de rose.
423. *Dent bouclée.* En feston mat.
424. *Tige* de feuilles coupées et de pois.
425. Motif pour le point de chaînette et pour la soutache.
426. *Crête ronde.* Point de rose, bordé d'un cordonnet.
427. *Crête creuse.* Point de rose, bordé d'un cordonnet.

745. Observations. Nous avons préféré donner les divers éléments de la broderie dans leur grandeur ordinaire, plutôt que de présenter des dessins complets qui, très-réduits, auraient été inexécutables. Les personnes qui voudront composer des dessins n'auront qu'à modifier ceux qu'elles ont, en y faisant entrer les éléments qu'elles jugeront convenables.

La maison si universellement connue, de M. Sajou, rue de Rambuteau, 52, à Paris, possède de très-nombreuses collections de dessins de broderie dans tous les genres, qui sont du meilleur goût et à la portée de toutes les bourses.

BRODERIE.

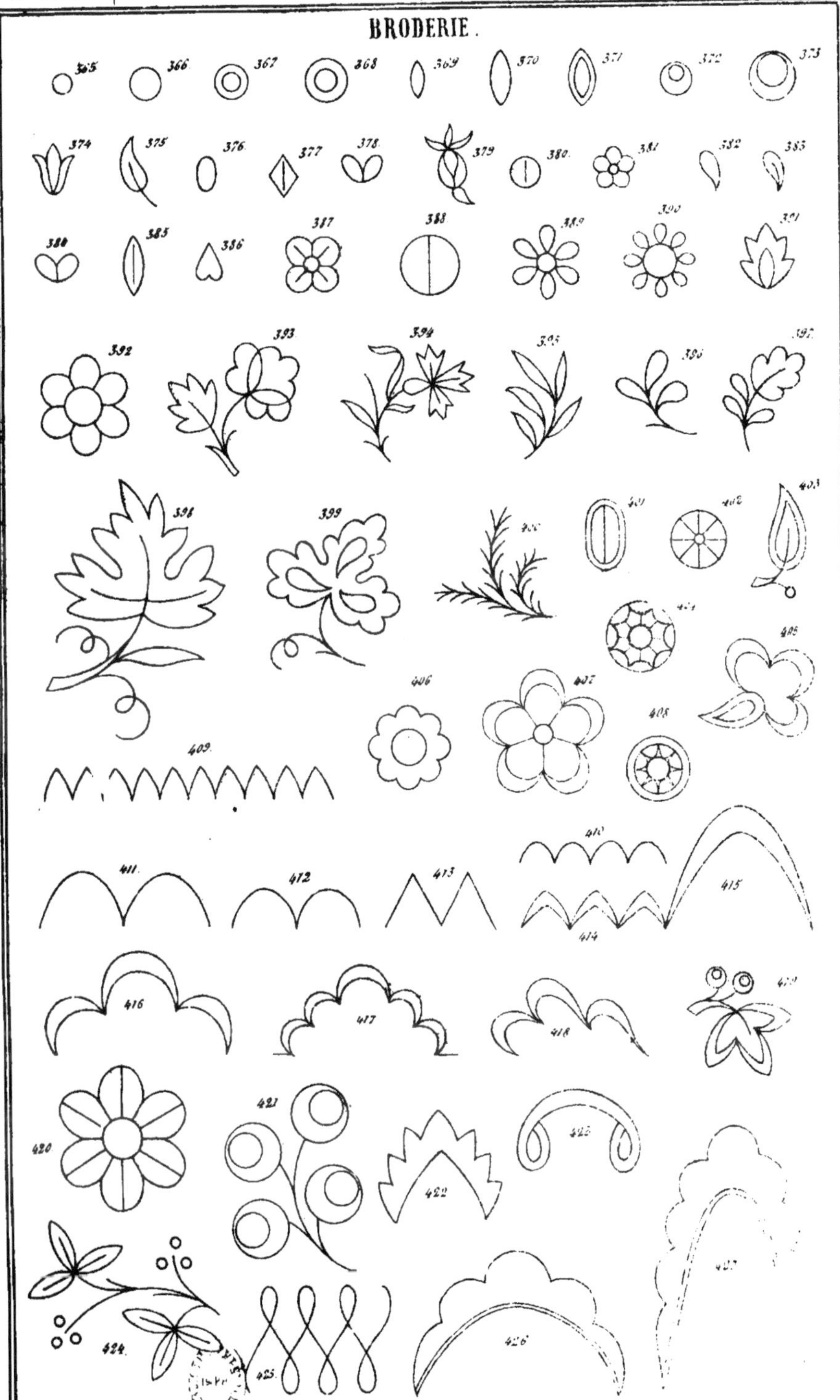

365 366 367 368 369 370 371 372 373
374 375 376 377 378 379 380 381 382 383
384 385 386 387 388 389 390 391
392 393 394 395 396 397
398 399 400 401 402 403
404 405
406 407 408
409
410
411 412 413 414 415
416 417 418 419
420 421 422 423
424 425 426 427

POUR LA CONSTRUCTION D'UNE MAISON PROJETÉE, RUE DE BUFFON, N° 10, A PARIS.

(Ce modèle de devis est celui de la maison Planche 9.)

Chapitre Ier. TERRASSE.

La fouille pour les caves de 19 m. 50 de longueur, sur 6 m. de largeur et 3 m. de profondeur, produit.......... 351 m. 00

Les rigoles pour les murs de face et de refend, ensemble 98 m. de longueur sur 0 m. 70 de largeur et 3 m. 50 de hauteur, produisent.... 240 00 — Terrasse.

Cube de la Terrasse..... 591 m. 00 — 591 m. 00

Chapitre II. MAÇONNERIE.

Murs en fondations en moellons durs de roche, hourdés en mortier de chaux et sable.

Longueur totale 98 m. sur 0 m. 65 d'épaisseur et 3 m. 50 de hauteur, produit 222 m. 95

Moins 6 portes, de chacune 0 m. 70 sur 2 m. 30 et 0 m. 65, prod... 6 24

Reste....... 216 m. 71

Le mur de la fosse, de 8 m. de pourtour sur 0 m. 50 d'épaisseur et 3 m. de profondeur, produit...... 12 00

Total....... 228 m. 71 — Maçonnerie en moellons durs de roche, hourdés en mortier de chaux et sable. 228 m. 71

Maçonnerie *en moellons piqués hourdés en plâtre pour voûtes*

Une voûte de 8 m. de long sur 7 m. de développement et 0 m. 40 d'épais., prod. 22 m. 40

Une voûte semblable......... 22 40

Une voûte de 3 m. sur 1 m. 50 et 0 m. 40, produit.............. 1 80

Total........ 46 m. 60 — Maçonnerie en moellons piqués hourdés en plâtre, pour voûtes 46 m. 60

18 marches de cave en pierres, de chacune 1 m. 15 sur 0 m. 39 et 0 m. 19, prod. ensemble.. — Cube de pierre de taille. 1 m. 376

Taillage de parements desdites marches de 1 m. 15 sur 0 m. 45, produit.. .... — Taille de parements. 9 m. 36

Maçonnerie *en moellons ordinaires hourdés en plâtre.*

Pour les murs de façade jusqu'au-dessus de la corniche, pourtour 70 m. sur 0 m. 50 d'épaisseur et 14 m. de hauteur prod.... 49 m. 00

Moins 9 baies de croisées de 1 m. 70 sur 1 m. 10 et 0 m. 50, chacune........................ 8 41

Reste...... 40 m. 59

Une baie de porte (à déduire) de 4 m. sur 1 m. 90 et 0 m. 50, prod. 3 m. 80

Reste...... 36 m. 79 — Maçonnerie en moellons ordinaires hourdés en plâtre. 36 m. 79

18 marches du perron de chacune 1 m. de longueur, sur 0 m. 16 de hauteur et de 0 m. 30 de largeur, cubent.................. 0 m. 864

La marche palière de 1 m. sur 2 m. 50 et 0 m. 16, cube....... 0 400

4 appuis de croisées de chacun 2 m. 10, sur 0 m. 30 et 0 m. 60, cubent..................... 1 512

Cube total.... 2 m. 776 — Cube de pierre de taille. 2 m. 776

Taillage des parements, ci............... — Taille de parements. 7 m. 94

Taillage des moulures................... — Taille de moulures. 5 m. 72

L'acrotère au-dessus de la corniche en moellons ordinaires, hourdés en plâtre, de 7 m. de pourtour sur 0 m. 30 d'épaisseur et 1 m. 50 de hauteur, produit....... 3 m. 15 — Maçonnerie en moellons ordinaires hourdés en plâtre. 3 m. 15

Fourniture, pose et taillage de 4 pierres d'éviers, compris arrondissement d'angles et percement de trous pour le passage du tuyau avec feuillures, valent...................... — Argent. 48 fr. 00

OUVRAGES LÉGERS.

Les deux pans de bois formant la cage de l'escalier, de 6 m. de largeur sur 21 m. de hauteur, ensemble, prod........ 126 m. 00

Les cloisons d'intérieur de 28 m. de largeur sur 21 m. de hauteur, ensemble, prod............... 588 00

Total....... 714 m. 00

Moins 16 portes de 0 m. 80 sur 2 m. chacune, prod.. .... 25 60

Reste...... 688 40

La cage de l'escalier de 11 m. de hauteur sur 5 m. de pourtour, prod. 55 00

Les plafonds et aires pour les 2 étages donnent ensemble une surface totale, à une fois et demie, de 342 m. 00

La construction des 4 niches des salles à manger, évaluée pour chacune à 2 fr. 50, ci............ » » — Argent. 10 fr. 00

La construction d'un fourneau de cuisine, avec fourniture et pose des réchauds et carreaux de faïence, évaluée à.................. » » 30 00

Pour 3 fourneaux semblables, ci » » 90 0

Enduit sur les murs intérieurs, pourtour 51 m. sur 9 m. 70 de hauteur, produit...... 494 m. 70

Moins les vides des 8 croisées de 2 m. 40 sur 1 m. 30 chacune, prod. ensemble...... 24 96

Reste.... 469 m. 74

Au quart de la surface, ci....... 117 43

Calfeutrement de 4 bâtis, valant » » — Argent. 0 fr. 50

4 tableaux de portes dans les pans de bois, de 0 m. 70 sur 0 m. 11 chacun, prod.............. 0 31

Ebrasements des croisées, ensemble 48 m. 80 sur 0 m. 25, prod.. 12 20

Calfeutrement des croisées, ensemble 53 m 85 sur 0 m. 05, prod. 2 69

48 trous et scellements de pattes de 0 fr. 05 chacune, ci...... » » — Argent 2 fr. 40

Pose de 4 cheminées ordinaires, à 2 fr. 10 c. l'une, ci......... » » 8 40

120 trous et scellements de bois dans les murs, de 0 fr. 05 chacun. ci » » 6 00

Pose et calfeutrement des deux siéges d'aisance à 0 fr. 65 chacun, ci » » 1 30

RAVALEMENT. — *Façade principale.*

Longueur de 21 m. sur 15 m. de hauteur, prod...... 315 m. 00

Moins 9 baies de croisées de 2 m. 06 sur 1 m. 10 chacune, à déduire, prod..... 20 m. 39

Une baie de porte de 4 m. sur 2 m. 10, à déduire, prod. 8 40

} 28 79

Reste....... 286 m. 21

Au quart de la surface. ci....... 71 55

Même surface au tiers pour plus-value d'échafaudages, ci........ 23 m. 85

Tableau de croisée de 5 m. 22 sur 0 m. 16.................. 0 83

8 semblables, ci............. 6 64

Chambranle au pourtour d'une croisée de 5 m. 98 sur 0 m. 30, prod. 1 79

8 semblables, ci............ 14 32

4 couronnements de croisées de 2 m. 20 sur 0 m. 65 de profil, chacun 5 72

Un fronton évalué, ci......... 1 90

Le couronnement de la porte, ci 1 50

Entablement de 25 m. de longueur sur 1 m. de profil, produit 25 00

L'astragale au-dessous, de 25 m. sur 0 m. 10............. 2 50

Total à reporter...... 1375 m. 63

Report.... 1375 m. 63

32 consoles, évaluées chacune à 0 fr. 50, ci.................... » » — Argent. 16 fr. 00

25 pointes de diamant, à 0 fr. 30 chacune, ci................ » » — 7 50

Le bandeau du 1er étage, longueur 23 m. 75 sur 0 m. 60 de profil, prod.................. 14 25

4 montants de pilastres de 20 m. sur 0 m. 50, ensemble, prod..... 10 00

Moulures desdits, de 95 m. sur 0 m. 25 de profil, prod......... 23 75

La corniche de l'acrotère, de 25 m. de longueur sur 0 m. 20 de profil, prod.. .... 5 00

Le socle de 25 m sur 0 m. 15, prod........................ 3 75

Les 6 dés, évalués à........ 6 00

Les cannelures, évaluées à.... 8 00

Les façades latérales pour ravalement, évaluées chacune à 7 m. de longueur sur 30 m. de hauteur, produisent ensemble... 210 m. 00

Au quart de la surface, ci..... 52 50

8 tableaux de fenêtres fermes, de 5 m. 22 sur 0 m. 16 chacun, prod. 6 68

Surface totale..... 1503 m. 56 — Légers ouvrages en plâtre. 1503 m. 56

Chapitre III. CHARPENTE.

Charpente en chêne, bois neuf, fourni et mis en œuvre.

Pour le premier plancher, il sera employé 8 m. 0,35 c., ci. .... 8 m. 350

Pour le deuxième, autant, ci.. 8 350

Charpente du comble, non compris les chevrons, ci........... 6 530

Pour les pans de bois, ci...... 3 210

16 linteaux de fenêtre, ci...... 4 320

Total...... 30 m. 760 — Charpente en chêne, bois neuf mis en œuvre. 30 m. 760

Les chevrons en sapin, bois neuf, mis en œuvre, d'une longueur totale de 480 m. sur 0 m. 08 et 0 m. 08, donnent un cube de.... — Charpente en sapin, bois neuf mis en œuvre. 3 m. 07

37 marches d'escalier en chêne, l'enmarchement de 0 m. 054, les contremarches de 0 m. 027, compris la crémaillère, à 12 fr. l'une, ci. — Argent. 444 fr. 00

Chapitre IV. CARRELAGE ET DALLAGE.

1° Carrelage en carreaux neufs à six pans, de 0 m. 16.

Le rez-de-chaussée, le premier étage et les 4 cuisines donnent une surface totale de..... — Carrelage en carreaux neufs, de 0 m. 16 à 6 p. 39 m. 00

2° Le dallage du vestibule en dalles de roche neuves, de 0 m. 10, à dessins, d'une surface totale de 10 m. 15, à 25 fr. le mètre superficiel, produisent... — Argent. 253 fr. 75

Chapitre V. COUVERTURE ET ZINGUERIE.

1° Couverture en tuiles neuves sur lattis neuf. — Comble à 4 pans.

2 part. triangul., de chacun 19 m. 00 de long sur 2 m. 15 de demi-hauteur, prod. 81 m. 70

2 autres combles en forme de trapèze, de 4 m. 50 chac., demi-somme des bases, sur 9 m. 20 de haut, pr. 82 80

Surface totale... 164 m. 50 — Couverture en tuiles neuves, sur lattis neuf. 164 m. 50

Egout 2 tuiles, longueur totale.......... — Égoût 2 tuiles. 55 m. 00

40 m. courants d'arêtiers en plâtre. ...... — Arêtiers. 40 m. 00

Faitage neuf de 3 m. 00 courants........ — Tuiles faîtières 3 m. 00

2° Zinc n° 12. La feuille de 0 80.

56 m. 00 courants de gouttières, de 0 m. 25, développés avec crochets de 0 m. 81 en 0 m. 81, compris équerres et fonds, à 2 fr. 30 le mètre, ci.......................... — Argent. 128 fr. 80

2 tuyaux de descente, de 0 m. 11 de diamètre, avec colliers, ensemble 28 m. 00 de longueur, à 2 fr. 60 le mètre, ci............ — 72 80

4 tuyaux en zinc, posés aux 4 pierres d'évier, compris scellement et mastic, à 1 fr. 25 c. pièce, ci. .... — 5 00

Chapitre VI. MENUISERIE.

Huisseries en sapin, 0 m. 08 sur 0 m. 10.

Pour le rez-de-chaussée, 8 huisseries, longueur ensemble.............. 47 m. 50

Pour le 1er étage, 8 huisseries. 53 25

Longueur totale.... 100 m. 75 — Huisseries sapin 100 m. 75

4 bâtis aux portes en pans de bois en chêne, ayant 0 m. 34, sur 0 m. 08, corroyés, feuillés, assemblés ensemble............... — Bâtis chêne. 24 m. 00

4 contre-bâtis de chêne, de 0 m. 27, sur 0 m. 08, même longueur, ci............ — 24 m. 00

Pour le rez-de-chaussée, fourni 8 croisées à 2 vantaux en chêne, dormants, de 0 m. 054; châssis, de 0 m 034; jet d'eau et pièce d'appui, de 2 m. 10 sur 1 m. 20 chacun; ensemble 20 m. 16

Pour le 1er étage, 9 croisées de 2 m. 30 sur 1 m. 30 chacune, prod. 26 m. 91

Surface totale..... 47 m. 07 — Croisées en chêne à noix et gueule de loup. 47 m. 07

17 paires de persiennes, à 2 vantaux en chêne, de 0 m. 034, lames en sapin, d'une surface totale de.......................... — Persiennes en chêne, lames sapin. 47 m. 07

Portes pleines en sapin, de 0 m. 27, emboîté en chêne, à 2 parements.

8 portes pleines en sapin, au rez-de-chaussée, de 2 m. sur 0 m. 71 chacune, produisent ensemble..................... 11 m. 36

8 portes pleines en sapin au premier étage, ci............... 12 60

Ensemble... 23 m. 96 — Portes pleines en sapin, emboîté en chêne. 23 m. 96

4 portes sur les paliers, arrasées, deux parements, bâtis en chêne, de 0 m. 34, panneaux sapin, de 0 m. 27. Surface totale........... — Arrasé, 2 parements, bâtis en chêne, panneaux en sapin. 8 m. 30

Moulures de chambranles; longueur totale, ci................................ — Moulures sapin. 95 m. 88

Moulures sur les portes pour former cadres; longueur totale.................... — Cadres sapin. 320 m. 92

Plinthes en sapin, de 0 m. 014 sur 0 m. 11; longueur totale pour les 2 étages.......... — Plinthes. 128 m. 00

Cymaises en sapin, de 0 m. 014, sur 0 m. 05. — Cymaises. 128 m. 00

Demi-baguettes d'angle en sapin, 0 m. 01, sur 0 m. 02.................... — Demi-baguettes. 84 m. 80

112 m. courants de coulisses en sapin, de 0 m. 27 sur 0 m. 08; ci................ — Coulisses sapin. 112 m. 00

60 m. entre-toises en chêne, de 0 m. 27 sur 0 m. 08; ci....................... — Entre-toises en chêne. 60 m. 00

Les cloisons de remplissage en sapin, posé tant plein que vide, donnent une surface de. — Remplissage. 252 m. 00

Les deux siéges d'aisance évalués chacun à 6 fr................................ — Argent. 12 fr. 00

La porte d'entrée principale tout en chêne à grands cadres et arrasée, à double face, bâtis de 0 m. 54, cadres de 0 m. 06, panneaux de 0 m 034, à tables saillantes et pointes de diamant, compris imposte; ladite de 2 m. 96 sur 1 m. 10, produit 3 m. 25 à 22 fr. 75 le mètre, ci.... — *Id.* 73 93

Porte de cave en chêne, avec barres et traverses, évaluée à................... — *Id.* 25 00

Plancher en planches de sapin à l'anglaise, 0 m. 027, frises de 0 m. 16, donnant pour les deux étages une surface totale de 192 m. à 4 fr. 75 c. le m.; ci................... — *Id.* 912 00

Chapitre VII. SERRURERIE ET QUINCAILLERIE.

Tous les gros fers, tels que tirants, ancres, étriers, queues-de-carpe, boulons, chaînes, harpons, chevêtres, bandes de trémies, et ceintures pour les fourneaux de cuisine, etc., etc., donnent un poids total de................ — Gros fers. 600 kil. 00

La ferrure et la fermeture des 16 croisées, à raison de 13 fr. 75 c. l'une, ci........ — Argent. 220 fr. 00

La ferrure et la fermeture de 18 portes, à raison de 6 fr. 75 c. l'une, ci............. — 121 50

La ferrure et la fermeture de la porte principale, estimées......................... — 34 50

Ferrure et fermeture de la porte de la cave, estimées.............................. — 15 00

	fr.	c.
La ferrure du limon de l'escalier en fer doux.	25	60
Ferrure et fermeture de 9 paires de persiennes, à raison de 10 fr. 92 c. l'une, ci....	98	28

FONTE.

	fr.	c.
Les 2 panneaux de la porte d'entrée évalués.	20	00
Les 4 panneaux des croisées du premier étage, en fonte ornée, pesant ensemble 44 kilos, à 0 fr. 55 le kilo........................	24	20

Chapitre VIII. FUMISTERIE ET MARBRERIE.

	fr.	c.
Arrangement de 4 cheminées rétrécies, avec plaques et briques apparentes, pentes, gousses, barres de languette, etc., à raison de 7 fr. 50 c. l'une, ci....................	30	00
Fourniture et pose de 4 poêles en terre, avec four en forte tôle, châssis et bouches de chaleur, tuyaux nécessaires et soupapes dans l'intérieur du plancher pour courants d'air, à raison de 40 fr. l'un, à..................	160	00
4 cheminées-capucines, en marbre français doublé en pierre, à 12 fr. l'une, ci......	48	00
Le carrelage du vestibule en carreaux de liais, octogones, avec carreaux carrés de marbre noir et bandes en liais, de 0 m. 027 d'épaisseur, donnant une surface de 5 m 44 à 9 fr. 50 c. le mètre, ci....................	51	68

Chapitre IX. PEINTURE ET VITRERIE.

La peinture des croisées, à l'huile, trois couches, rebouché, donne une surface totale, déduction faite des verres, de......	27 m. 54	
La peinture des portes à deux faces donne une surface totale de	64 52	
Celle des persiennes sur trois faces, ci....................	141 21	
Celle des plinthes et cymaises, ci	12 30	Huile, 3 couches, rebouché.
Surface totale......	245 m. 57	245 m. 57
		Blanc de plafond à la colle, 2 couches.
La peinture des plafonds en blanc à la colle, deux couches, donne une surface totale de..		228 m. 00
		Argent.
Fourniture et collage de 55 rouleaux de papier, à 1 fr. 20 le rouleau, prix moyen, ci....		66 fr. 00
La vitrerie de tout le bâtiment évaluée, ci.		70 00

RÉCAPITULATION.

Chapitre Ier. TERRASSE.

		fr.	c.
591 m. 00	cubes de fouilles en excavation et en rigoles, à 0 fr. 60 c. le mètre cube, ci.......	354 fr.	60

Chapitre II. MAÇONNERIE.

		fr.	c.
228 m. 71	cubes de maçonnerie en moellons durs de roche, hourdés en mortier de chaux et sable, pour murs en fondations, à 16 fr. 15 ci......	3693 fr.	67
46 m. 60	cubes de maçonnerie en moellons piqués, hourdés en plâtre pour voûtes de caves, à 18 fr. 15 le mètre....	845	79
39 m. 94	cubes de maçonnerie en moellons ordinaires, hourdés en plâtre, pour murs en élévation, à 17 fr. 40 le mèt.	694	95
4 m. 15	cubes de pierre de taille, lits et joints, avec bardage et pose à 85 fr. le mèt.	352	75
17 m. 30	superficiels de taillage de parements à 5 fr. 60 le mètre, ci..........	96	88
5 m. 72	id. de taillage de moulures, à 7 fr...	40	04
1503 m. 56	superficiels d'ouvrages légers en plâtre, à 3 fr. le mètre, ci..........	4510	68
	Articles en argent................	220	10
	Montant du chapitre II............	10454 fr.	86

Chapitre III. CHARPENTE.

		fr.	c.
30 m. 76	cubes de charpente en chêne, bois neuf, mis en œuvre, à 67 fr.....	2060 fr.	92
3 m. 07	cubes de sapin, à 55 fr. le stère, ci.	168	85
	Articles en argent..................	444	00
	Montant du chapitre III...........	2673 fr.	77

Chapitre IV. CARRELAGE ET DALLAGE.

		fr.	c.
39 m. 00	superficiels de carrelage en carreaux à 6 pans, de 0 m. 16, à 2 fr. 20, ci.	85 fr.	80
	Articles en argent................	253	75
	Montant du chapitre IV............	339 fr.	55

Chapitre V. COUVERTURE ET ZINGUERIE.

		fr.	c.
164 m. 50	superf. de couverture en tuiles neuves sur lattis neuf, à 4 fr. 45 le mètre.	732 fr.	02
55 m. 00	linéaires d'égout, 2 tuiles, à 1 fr. 25.	68	75
40 m. 00	linéaires d'arêtiers en plâtre, à 0 fr. 95.	38	00
3 m. 00	linéaires de tuiles faîtières, à 2 fr. 45.	7	35
	Articles en argent................	206	60
	Montant du chapitre V...........	1052 fr.	75

Chapitre VI. MENUISERIE.

		fr.	c.
100 m. 75	linéaires, huisseries en sapin, de 0 m. 08 sur 0 m. 10, à 1 fr. 30 le mètre linéaire, ci	130 fr.	97
24 m. 00	linéaires bâtis en chêne de 0 m. 034 sur 0 m. 08, à 1 fr. 10..........	26	40
24 m. 00	linéaires bâtis en chêne de 0 m. 027 sur 0 m. 08, à 0 fr. 80............	19	20
47 m. 07	superficiels de croisées en chêne à 2 vantaux, dormants de 0 m. 054, châssis de 0 m. 034, jet d'eau et pièce d'appui à 10 fr. 00 le mètre, ci..........................	470	70
47 m. 07	superficiels de persiennes en chêne et sapin, à 2 vantaux, bâtis de 0 m. 034, à 10 fr. 00 le mètre........	470	70
23 m. 96	superficiels de portes pleines en sapin de 0 m. 027, emboîtées en chêne à 2 parements, à 5 fr. 75.........	137	77
8 m. 30	superficiels de lambris arrasés à 2 parements en chêne de 0 m. 034, sapin de 0 m. 027, à 9 fr. 65.......	80	09
95 m. 88	linéaires de moulures pour chambranles de portes en sapin, à 0 fr. 37..	35	47
320 m. 92	linéaires de moulures pour cadres de portes, à 0 fr. 47..............	150	83
84 m. 80	linéaires de demi-baguettes d'angle, à 0 fr. 27.................	22	90
128 m. 00	linéaires de plinthes, à 0 fr. 40.....	51	20
128 m. 00	linéaires de cymaises en sapin, à 0 fr. 35..................	44	80
112 m. 00	linéaires de coulisses en sapin, à 0 fr. 42	47	04
60 m. 00	linéaires d'entre-toises en chêne, à 0 fr. 76	45	60
252 m. 00	superficiels de remplissages pour cloisons légères, posés tant plein que vide, à 0 fr. 80 le mètre superfic..	201	60
	Articles en argent...............	1022	93
	Montant du chapitre VI...........	2958 fr.	20

Chapitre VII. SERRURERIE ET QUINCAILLERIE.

		fr.	c.
600 k.	de gros fers à 0 fr. 70 l'un, prix moyen, ci....................	420 fr.	00
	Articles en argent..............	557	08
	Montant du chapitre VII..........	977 fr.	08

Chapitre VIII. FUMISTERIE ET MARBRERIE.

	fr.	c.
Montant du chapitre VIII	289 fr.	68

Chapitre IX. PEINTURE ET VITRERIE.

		fr.	c.
245 m. 57	superficiels de peinture à l'huile à deux couches, compris couche de fond et rebouchage à 0 fr. 80 le mètre....	196 fr.	45
228 m. 00	superficiels de blanc de plafond à la colle, deux couches, à 0 fr. 15....	34	20
	Articles en argent...............	136	00
	Montant du chapitre IX...........	366 fr.	65

RÉSUMÉ GÉNÉRAL.

				fr.	c.
CHAPITRE	I.	Terrasse............	montant à	354 fr.	60
—	II.	Maçonnerie...........	id.	10454	86
—	III.	Charpente............	id.	2673	77
—	IV.	Carrelage et dallage....	id.	339	55
—	V.	Couverture et zinguerie..	id.	1052	75
—	VI.	Menuiserie	id.	2958	20
—	VII.	Serrurerie et quincaillerie	id.	977	08
—	VIII.	Fumisterie et marbrerie.	id.	289	68
—	IX.	Peinture et vitrerie.....	id.	366	65
		Montant total........		19467 fr.	14

MÉMOIRE DE TRAVAUX DE MAÇONNERIE

FAITS POUR LE COMPTE DE M. MARTIN, EN SA PROPRIÉTÉ SISE RUE DE BUFFON, 6, A PARIS,

Par Bernard, entrepreneur de maçonnerie, dans le courant de 1854.

SAVOIR :

Maçonnerie en moellons ordinaires fournis par le propriétaire, et hourdés en plâtre fourni par l'entrepreneur.

L'exhaussement d'un mur latéral à gauche, compris arrachement préalable.

Une partie de 0 m. 65 sur 0 m. 80, produit .... 0 m. 52

Une autre de 2 m. 75 sur 0 m. 80, produit 2 20

Une autre de 1 m. 80 moyen, sur 0 m. 40, réduite 0 72

Une autre de 7 m. 25 sur 3 m. 10, produit 22 47

Une autre de 0 m. 80 sur 0 m. 45, produit 0 36

Total .... 26 m. 27

Moins une baie de 2 m. 60, sur 1 m. 20, produit.... 3 m. 12
Une autre de 2 m. 30 sur 0 m. 60, produit.... 1 38
Une troisième, de 2 m. 60, sur 1 m. 30, produit. 3 38 } 7 m. 88

Reste .... 18 m. 39

A 0 m. 45 d'épaisseur, produit 8 m. 275, à 10 fr. 00 le mètre cube, compris emmétrage et distance considérable de l'eau, donnent, ci .... Argent. 82 fr. 75

L'exhaussement du mur en face, en moellons fournis par l'entrepreneur, et hourdés en plâtre également fourni par lui.

Une partie de 3 m. 57 sur 1 m. 70, produit .... 6 m. 06

Une autre de 4 m. 15 sur 2 m. 80, produit 11 62

Une troisième de 2 m. 80 sur 2 m. 40, produit 6 72

Une quatrième de 1 m. 35 sur 0 m. 90, produit 1 21

Une cinquième de 1 m. 85 sur 3 m. 70, produit 6 84

Total .... 32 m. 45

Moins 3 baies semblables aux précédentes, ci 7 88

Reste .... 24 m. 57

24 m. 57, à 17 fr. 40 le mètre cube, prod. 427 51

Rempli en garnis et plâtre, un tuyau circulaire de cheminée de 2 m. 20 de hauteur sur 0 m. 25 de diamètre, vaut en léger 1 m. 50

Le lattis avec auget et aire au-dessus, sur bardeau fourni, au deuxième plancher, ledit de 7 m. 60 sur 3 m. 50 réduits de largeur, produit à 1 fois 1/4, ci .... 33 m. 25

La pose des tasseaux nécessaires pour recevoir les bardeaux près des solives d'enchevêtrure, vaut en léger 1 00

Trou et scellement de chevêtre dans le mur mitoyen, ci 0 25

Surface totale .... 36 m. 00

36 m. à 3 fr. 00 le mètre donnent ci 108 00

Une partie d'aire refaite au premier plancher, ladite de 4 m. 45 sur 4 m. 25, produit à demi-surface en léger 9 m. 45, à 3 fr. 00, ci. 28 35

L'enduit sur les parties de murs refaites, donne une surface totale de 42 m. 98 au quart de la surface, produisent comme enduit sur murs neufs, 10 m. 74, à 3 fr. 00 le mètre, ci. 32 22

Démolition d'une baie de porte en briques et plâtre, de 2 m. 20 sur 0 m. 87, à demi-surface en légers, compris décrottage des briques,

A reporter .... 678 fr. 83

Report .... 678 fr. 83

produit 0 95

Une démolition semblable, ci... 0 95

Reconstruction desdites baies en vieilles briques et plâtre, en surface. 1 90

Surface totale .... 3 m. 80

3 m. 80, à 3 fr. 00 le mètre, ci 11 40

Dépose et repose de parpaings, ci 3 00

Bois fournis pour linteaux de croisées, 0 m. 45 cubes, à raison de 50 fr. 00 le mètre, ci 22 50

Un châssis posé dans une cloison, 1 m. 80 sur 1 m. 20 réduits, pour construction et démolition, à 1 fois 1/2, produit 3 m. 24, à 3 fr. 00 le mètre, ci 9 72

Fourni et posé une pile en pierre de roche neuve, dans l'angle de la cage d'escalier, au rez-de-chaussée. Détail par assises :

1re,	0 m. 68 sur	0 m. 86 sur	0 m. 14,	pr.	0 m. 081
2e,	0 86	0 60	0 32,	pr.	0 165
3e,	0 68	0 81	0 33,	pr.	0 181
4e,	0 60	0 40	0 35,	pr.	0 084
5e,	0 70	0 78	0 33,	pr.	0 180
6e,	0 49	0 76	0 45,	pr.	0 167
7e,	0 60	0 65	0 35,	pr	0 136

Cube total... 0 m. 994

à 85 fr. 00 le mètre, ci 84 49

L'évidement simple dans ces assises pour former le pan coupé à l'intérieur de la cage d'escalier par assises :

1re,	0 m. 39 sur	0 m. 15 sur	0 m. 14,	pr.	0 m. 008
2e,	0 40	0 05	0 32,	pr.	0 006
3e,	0 34	0 20	0 33,	pr.	0 022
4e,	0 06	0 06	0 35,	pr.	0 001
5e,	0 27	0 23	0 33,	pr.	0 020
6e,	0 26	0 02	0 04,	pr.	0 002
7e,	0 15	0 18	0 35,	pr.	0 009

Cube total... 0 m. 068

à 40 fr. 00 le mètre, ci 2 72

Taille des parements par assises :

1re,	1 m. 54 sur	0 m. 14,	prod.	0 m. 21
2e,	1 46	0 32,	prod.	0 47
3e,	1 49	0 33,	prod.	0 49
4e,	0 55	0 35,	prod.	0 30
5e,	1 48	0 33,	prod.	0 49
6e,	1 25	0 45,	prod.	0 56
7e,	1 25	0 35,	prod.	0 44

Surface totale... 2 m. 96

à 5 fr. 50 le mètre superficiel, ci 16 28

Pour avoir nettoyé les augets anciens, avant de faire les aires, 2/10 de journée d'un compagnon et de son aide, ci 1 80

Pour la cave, dépose et repose de 18 marches en pierre, de 1 m. 15 sur 0 m. 35, et 0 m. 19, cubent 1 m. 376 à 14 fr. 35 le mèt., ci 19 74

36 trous et scellement desdites marches, chacune 0 m. 15, donnent en léger 5 m. 40, à 3 fr. 00 le mètre superficiel, ci 16 20

Démolition et reconstruction du mur d'échiffre, de 3 m. 10, réduits sur 2 m. 85, et 0 m. 42, produisent 3 m. 710 déc. cubes, à 2 fr. 00 le mètre, ci 7 42

Une partie de voûte sous les marches en sous-œuvre, de 1 m. 30 sur 1 m. 20 développés, et 0 m. 25 d'épaisseur, vaut ci 10 00

Construction d'un fourneau de cuisine au 1er étage, donnant, par développement, 5 m. 07 superficiels, à 3 fr. 00 le mètre, ci 15 21

Pose et scellement de 2 réchauds 0 30

Id. d'un réchaud économique 0 45

Pose et fourniture de 75 carreaux de faïence, à 0 fr. 15 l'un, ci 11 25

Montant total. .... 911 fr. 31

Le présent Mémoire de travaux de maçonnerie montant en demande à la somme de neuf cent onze francs trente et un centimes, réglé par l'architecte soussigné à celle de. ......

Paris, le 11 juillet 1854. SOUFLOT.

Pour acquit : BERNARD.

MÉMOIRE DE TRAVAUX DE MENUISERIE

FAITS POUR LE COMPTE DE M. ROMAIN, DANS SA PROPRIÉTÉ SISE RUE D'ORLÉANS, N° 1, A PARIS,

Par M. Mériaux, entrepreneur de menuiserie, dans le courant de 1854.

SAVOIR

Rez-de-chaussée.

Porte d'entrée principale, coupement à la scie de l'emboîture supérieure de ladite porte. Longueur, 0 m. 95 à 0 m. 20 le mètre, ci. . . . . 0 fr. 19

Façon et fourniture du châssis d'imposte en chêne, de 0 m. 034, à petit cadre, ledit de 0 m. 71 sur 0 m. 38, prod. 0 m. 27, à 8 fr. 20 le mètre, ci. 2 21

La traverse d'imposte en chêne, de 0 m. 054 sur 0 m. 06, élégie, feuillée, assemblée, ladite de 0 m. 95, à 1 fr. 37 le mètre linéaire, ci. 1 30

Porte vitrée de la salle à manger, l'appui en sapin, arrasé, à 2 parements; bâtis, 0 m. 034; panneaux, 0 m. 034, de 1 m. 00 sur 0 m. 81, prod. 0 m. 81, à 8 fr. 25 le mètre, ci. 6 68

Le reste en châssis en sapin, de 0 m. 034; petits carreaux, 1 m. 10 sur 0 m. 81, prod. 0 m. 89, à 6 fr. 75 le mètre superficiel, ci. 6 00

Fourni 2 portes en sapin, de 0 m. 027, emboîtées en chêne, de 0 m. 027, 2 parements, de chacun 2 m. 00 de hauteur sur 0 m. 62 de largeur, prod. ensemble 2 m. 48, à 5 fr. 75 le mètre, ci. . 14 26

Un châssis, au-dessus de l'une de ces portes, en sapin, de 0 m. 027, de 0 m. 62 sur 0 m. 62, prod. 0 m. 38, à 5 fr. 75 le mètre, ci. 2 18

Fourni une porte d'armoire en sapin, de 0 m. 027, emboîtée en chêne, avec traverse dans le milieu, de 1 m. 87 sur 0 m. 47, prod. 0 m. 88 à 6 fr. 00 le mètre, ci. 5 28

Porte sur le jardin.

L'appui tout en chêne, arrasé à 2 parements, dont 1 à pointes de diamant, table saillante, jet d'eau, bâtis et panneaux, de 0 m. 034 de hauteur, 1 m. sur 0 m. 78, prod. 0 m. 78 à 12 fr. 10, ci. 10 04

Le reste en châssis de chêne, de 0 m. 034, petit cadre à la grecque, petits carreaux de 0 m. 07 sur 0 m. 78, prod. 0 m. 83, à 8 fr. 85 c. le mètre, ci. 7 34

L'imposte en chêne, de 0 m. 034 sur 0 m. 78, sur 0 m. 36, prod. 0 m. 28, à 8 fr. 20 le mètre, ci. 2 30

La traverse d'imposte en chêne, 0 m. 054 sur 0 m. 06, ravalé de moulures, feuillé, assemblé, de 0 m. 78 de longueur, à 1 fr. 37 le mètre, ci. 1 06

Le bâti de la traverse en chêne, de 0 m. 45 sur 0 m. 45, corroyé, feuillé, assemblé, 3 parements, 6 m. 00 de longueur, à 1 fr. le mètre, ci. 6 00

Le bâti de l'armoire en sapin, de 0 m. 034 sur 0 m. 08, à 3 parements. Longueur totale, 4 m. 75, à 0 fr. 60 le mètre linéaire. 2 85

2 huisseries en sapin, de 0 m. 08 sur 0 m. 07, à 4 parements, feuillé, assemblé, de chacune 5 m. 60; ensemble, 11 m. 20, à 1 fr. 05 le mètre, ci. 11 76

2 traverses en sapin, de 0 m. 065 sur 0 m. 07; ensemble, 1 m. 52 de longueur, à 0 fr. 90 le mètre, ci. 1 37

1 poteau de remplissage en sapin, de 0 m. 08, sur 0 m. 08, corroyé des quatre faces, de 2 m. 80 de hauteur, à 1 fr. 03 le mètre, ci. 2 88

L'huisserie de la porte donnant dans la salle à manger en sapin, de 0 m. 10 sur 0 m. 08, corroyé, feuillé, de 2 faces; les deux montants ensemble, 5 m. 60, à 1 fr. 22 le mètre, ci. 6 83

La traverse de la porte en sapin, de 0 m. 08 sur 0 m. 08, de 1 m. 00 de longueur, à raison de 1 fr. 04 le mètre, ci. 1 04

Une autre traverse à la porte de la cave, en sapin, de 0 m. 08 sur 0 m. 08, id. 0 m. 90 de longueur, à 1 fr. 04, ci. 0 94

Au poteau de la porte de la cave, 2 m. 80 courants de rives de pentes, à 0 fr. 05 le mètre, ci. . . 0 14

Entre-toises en sapin, de 0 m. 027 sur 0 m. 07. Longueur, ensemble, 2 m. 27, à 0 fr. 45, ci. 1 02

Entre-toises en sapin, de 0 m. 027 sur 0 m. 09. Longueur ensemble, 5 m. 14, à 0 fr. 51 le mètre, ci. 2 62

A reporter. . . . . 96 fr. 29

Report. . . . . . 96 fr. 29

Remplissages pour cloisons légères, posés autant plein que vide. (Par partie) :

Une de 2 m. 69 sur 2 m. 20, prod. . . .	5 m.	91
1 dessus de porte, de 0 m. 82 sur 0 m. 50, prod.	0	41
Une partie, de 0 m. 58 sur 2 m. 69, pr.	1	56
Id. de 2 m. 69 sur 1 m. 11, prod. . . .	2	98
Id. de 2 m. 69 sur 0 m. 81, prod. . . .	2	18
Id. de 2 m. 69 sur 2 m. 47, prod. . . .	6	54
Surface totale de.	19 m.	58

à 0 fr. 80 le mètre superficiel, ci. 7 83

Plinthes en sapin, de 0 m. 018 sur 0 m. 11, corroyé, élégi, posé et traîné d'onglet. Longueur totale, 27 m. 25, à 0 fr. 74 le mètre linéaire, ci. . 20 16

Premier étage.

L'huisserie de la porte d'entrée, en sapin, de 0 m. 08 sur 0 m. 08, à 4 parements feuillés, assemblés. Longueur totale, y compris la traverse, 5 m. 96, à 1 fr. 09 le mètre, ci. 6 49

Entre-toises en sapin, de 0 m. 027 sur 0 m. 10 de largeur, ensemble, 6 m. 68, à 0 fr. 50 le mètre linéaire, ci. 3 34

Stylobates en sapin, de 0 m. 018 sur 0 m. 22 de hauteur, blanchi sur une face, élégi, posé et traîné d'onglet. Longueur totale, 28 m. 64, à 0 fr. 50 le mètre, ci. 14 32

Sapin, 0 m. 027, à 2 parements, dressé, traîné, emboîté en chêne.

Une porte de 2 m. 02 sur 0 m. 67, prod.	1 m.	35
Une autre de 2 m. 02 sur 0 m. 69, prod.	1	39
Surface totale. . . .	2 m.	74

à 5 fr. 75 le mètre, ci. 15 75

La porte vitrée au-dessus de l'escalier.

L'appui en sapin, châssis de 0 m. 034, panneau de 0 m. 027, de 1 m. 00 de hauteur sur 0 m. 72, produit 0 m. 72, à 8 fr. 10 le mètre, ci. 5 83

Le restant du châssis en sapin, de 0 m. 034, petits carreaux de 1 m. 07 sur 0 m. 72, prod. 0 m. 77, à 6 fr. 75 le mètre, ci. 5 20

Au-dessous de la porte de l'escalier du grenier, pour arrêter le carreau, fourni une alaise en chêne, de 0 m. 34 sur 0 m. 18, ladite alaise de 0 m. 70 de longueur, à 1 fr. 35 le mètre, ci. 0 94

Escalier du grenier.

Fourni et posé le limon en chêne, de 0 m. 034 sur 0 m. 22, corroyé, de 3 m. 50 de longueur, à 1 fr. 80 le mètre, ci. 6 30

Le plafond rampant en sapin, de 0 m. 034, rainé, blanchi des deux faces, ledit de 3 m. 50 de long sur 0 m. 83, prod. 2 m. 90, à 5 fr. le mètre, ci. . 14 50

11 marches en sapin, de 0 m. 027, à 1 parement, chacune de 0 m. 83 de longueur sur 0 m. 23 de largeur, prod. 1 m. 91 à 4 fr. 00 le mètre, ci. 7 64

3 m. 58 d'arrondissement des marches, à 0 fr. 50 le mètre, ci. 1 79

Croisées en chêne, à 2 vantaux, ouvrant à noix et gueule de loup, dormants de 0 m. 054, châssis de 0 m. 034, jet d'eau et pièce d'appui.

4 de 1 m. 80 de hauteur sur 1 m. 00 de largeur chacune, prod. ensemble 7 m. 20, à raison de 10 fr. 00 le mètre, ci. 72 00

La porte de la cave, bâti en chêne, de 0 m. 034, panneaux en sapin, de 0 m. 027, arrasé, à 2 parements : ladite porte de 1 m. 95 sur 0 m. 79, prod. 1 m. 54, à 8 fr. 25 le mètre, ci. 12 70

Pour changement de l'huisserie de la porte, donnant dans la salle à manger du rez-de-chaussée, ladite demandée primitivement en chêne, et depuis en sapin, la première ayant été faite; pour la différence, ci. 5 00

Montant total. . . . . 296 fr. 18

Le présent Mémoire montant en demande à la somme de deux cent quatre-vingt-seize francs dix-huit centimes, réglé par l'architecte soussigné à celle de deux cent quatre-vingt-trois francs.

Paris, ce 29 juillet 1854. BLANDIN. Pour acquit : MÉRIAUX.

MÉMOIRE DE TRAVAUX DE COUVERTURE

FAITS POUR LE COMPTE DE M. MARTIN, EN SA PROPRIÉTÉ SISE RUE DE LYON, Nº 10, A PARIS,

Par Moulin, entrepreneur de couverture, courant de 1854.

SAVOIR :

Comble à 2 pans.

Tuiles neuves sur lattis neuf. Sur la cour de 8 m. 75 sur 4 m. 90, moins une tête de cheminée de 1 m. 20 sur 0 m. 80, prod........		Tuiles neuves sur lattis neuf. 41 m. 91
Egout de deux tuiles, ci..................		6 55
Faîtage neuf, ci........................		10 20
Plâtres pour solins et filets, ci..........		8 70
Tuiles neuves sur lattis neuf. Sur la rue, 10 m. 20 sur 5 m. 80, produisent.	59 m. 16	Tuiles neuves sur lattis neuf. 73 08
Une partie de 4 m. 80 sur 2 m. 90, prod........................	13 92	
Egout de deux tuiles, ci................		14 65
Plâtres pour solins et filets, ci..........		8 87
Tuiles neuves sur lattis neuf. Une croupe de 5 m. 70 sur 4 m. 75, prod............		27 07
Egout de deux tuiles....................		9 65
Arêtiers en plâtre, ci....................		14 35
Tuiles neuves sur lattis neuf. Une demi-croupe, de 5 m. 05 sur 2 m. 15, prod..		10 85
Plâtres, ci..............................		5 05
Appentis sur la terrasse.		
Tuiles neuves sur lattis neu Une partie de 1 m. 82 sur 4 m. 62, produit....	8 m. 40	
Moins une cheminée de 2 m. 75 sur 0 m. 40, prod...............	1 10	
Reste.......	7 m. 30	
Une autre partie, de 5 m. 25 sur 5 m. 47, prod..................	28 72	
Un retour de 5 m. 48 sur 8 m. 90, prod	48 78	
Surface totale.......	84 m. 80	Tuiles neuves sur lattis neuf. 84 m. 80
2 égouts de deux tuiles, ensemble 9 m. 65 de longueur, ci......................		9 65
Plâtre, longueur totale..................		28 65
4 tranchis ensemble, 19 m. 44...........		19 44
La pose de 4 noues en zinc sur glacis en plâtre et voligeage jointif, de 6 m. 00 sur 0 m. 40, prod. 4 m. 80, à 3 fr. 00 le mètre, ci.		Argent. 14 fr. 40

Travaux en zinc.

Zinc nº 12, la feuille de 0 m. 80. Pour les noues ensemble, 16 m. 00 de longueur sur 0 m. 40 de largeur, prod................		Zinc nº 12. 6 m. 40
Couverture de la terrasse, même zinc posé sur voliges jointives. Surface totale, 7 m. 84, à 6 fr. 45 le mètre, ci....................		Argent. 50 fr. 57
Zinc nº 12. Couverture du mur de la terrasse, 3 m. 49 sur 0 m. 80, prod..	2 m. 78	Zinc nº 12. 17 m. 74
La couverture d'un bandeau de 7 m. 50 sur 0 m. 50, compris bandes d'agrafe, prod..............	3 75	
Couverture de la corniche, de 14 m. 75 sur 0 m. 76, prod......	11 21	
Fourniture et pose de gouttières au pourtour du bâtiment : elles donnent une longueur totale de...............	39 m. 65	
4 équerres et 4 fonds ; ensemble.	1 20	
Longueur totale.......	40 m. 85	
à 2 fr. 30 le mètre, ci.....................		Argent. 93 fr. 95
Fourniture et pose d'une cuvette, vaut.....		4 00

RÉSUMÉ.

237 m. 71	superficiels de couverture en tuiles neuves sur lattis neuf, à 4 fr. 45 le m., donnent	1057 fr. 80
10 m. 20	linéaires de faîtage neuf, à 2 fr. 45, ci.	24 99
51 m. 27	linéaires de plâtres, à 0 fr. 95 le m., ci.	48 70
19 m. 44	linéaires de tranchis en tuiles neuves, avec déchet et plâtres neufs pour solins, à 0 fr. 85 le mètre, ci........	16 52
40 m. 50	linéaires d'égouts à deux tuiles neuves, à 1 fr. 25 le mètre, ci.............	50 62
24 m. 14	superficiels de couverture en zinc nº 12, la feuille de 0 m. 80, sans volige, à 5 fr. 40 le mètre, ci..............	130 35
	Les articles en argent dans le courant du mémoire, donnent une somme totale de...........	162 92
	Montant total.........	1491 fr. 90

MÉMOIRE de TRAVAUX de SERRURERIE et de QUINCAILLERIE

FAITS ET FOURNIS POUR LE COMPTE DE M. BOURCAU, EN SA PROPRIÉTÉ SISE RUE DE VINCENNES, Nº 23,

Par Langlois, entrepreneur de serrurerie, courant de 1854.

SAVOIR :

Gros fers fournis.

Queues de carpe, pesant ensemble.	12 kil. 000	
2 tirants et ancres, id.......	11 000	
2 autres, id.......	12 000	
3 chevêtres et 2 étriers, id.......	19 000	
4 chevêtres id. id.......	19 500	
6 tirants et 6 ancres, id	28 500	
6 harpons, 6 tirants et 6 ancres, pesant ensemble	40 000	
Une plate-bande pesant...........	5 700	
8 étriers et 2 chevêtres...........	26 000	
2 plates-bandes, ancres et tirants, pesant..........................	11 000	
Poids total......	184 kil. 700	
à raison de 0 fr. 60 le kil., ci.................		110 fr. 82
Fourni 3 boulons pour poitrail, pesant 3 kil. chacun, à 1 fr. 35 pièce, ci.		4 05
Façon d'une plate-bande de 2 kil., ci..........		0 30
Pour avoir ferré 2 calibres ornés pour les maçons, à 3 fr. 50 l'un, ci..............................		7 00
Pour avoir ferré deux calibres de chambranles de croisées, à 1 fr. 50 l'un, ci....................		3 00
Fourni, en différentes fois, 35 kil. de clous à bateau, à 0 fr. 75 le kil., ci.......................		26 25
Id. 30 kil. de clous d'épingle, de 0,08 sur 0,14 de longueur, à raison de 1 fr. 00 le kil., ci		30 00
180 kil. de rappointis, à 0 fr. 35 le kil., ci.....		63 00
Fourni 6 petits bois en fonte, à moulures, pour le vitrage de la devanture, lesdits pesant ensemble 90 kil., à raison de 0 fr. 60 le kil., ci		54 00
Pour la charpente du châssis vitré de la petite cour, fourni le faîtage du haut et les deux traverses, formant pannes en fer carré, percées chacune de 8 forts trous, lesdites barres pesant ensemble 66 kil., à 1 fr. 05 le kil..............		69 30
Ajusté 18 petits bois à moulures, coupés d'onglet dans le haut, à tenon dans le bas, mis en place, ledit travail estimé, ci.........................		50 00
Pour supporter le chaîneau de ce châssis, fourni 12 équerres en fer, de 0 m. 04 sur 0 m. 06, pesant ensemble 22 kil., à 0 fr. 90 le kil., ci...........		19 80
Pour lesdites équerres, fourni 24 vis à tête carrée, mises en place, à 0 fr. 25 l'une, ci..........		6 00
Fourni et posé à 6 portes d'intérieur 18 charnières carrées, longues en feuillures, à 0 fr. 25 l'une, ci................................		4 50
Fourni et posé les 6 serrures à un tour et demi, avec gâche encloisonnée, à 5 fr. 00 pièce, ci		30 00
A une armoire, dans la salle à manger, fourniture et pose de 5 charnières à pans, entaillées sur le plat, lesdites de 0 m. 08, à 0 fr. 45 pièce, ci...		2 25
Fourniture de deux boutons en cuivre à bascule, à 0 fr. 90 pièce, ci..........................		1 80
A une porte de cuisine, fourniture et pose d'un bec de canne, avec gâche encloisonnée, ci		3 50
Fourniture et pose de 3 targettes à chapeau, fixées avec vis, à 0 fr. 70 l'une, ci..................		2 10
Ferrure et fermeture d'une croisée :		
6 pattes à 0 fr. 20 l'une, ci..................		1 20
8 équerres entaillées, à 0 fr. 20 l'une, ci		1 60
6 fiches à bouton, blanchies, posées sur tréteaux, à 0 fr. 45 l'une , ci..........................		2 70
Pour fermeture une crémone avec tous ses accessoires, ci................................		8 25
Ferrure de la persienne pour ladite fenêtre :		
8 équerres entaillées, à 0 fr. 20 l'une, ci......		1 60
4 paumelles, à 1 fr. 50 pièce, ci.............		6 00
1 loqueteau..............................		1 60
2 arrêts, avec broche et chaînette, chacun de 0 m. 80, ci..............................		1 60
1 battement élargi, à scellement, ci..........		0 12
Montant total........		512 fr. 54

Pour acquit du présent Mémoire.

LANGLOIS.

Paris, 10 août 1854.

POUR LE COMPTE DE M. ROUX, EN SA PROPRIÉTÉ SISE RUE DE BUFFON, N° 20, A PARIS,

Par M. Vernet, entrepreneur de peinture, courant de 1854, savoir :

Chambre à coucher.

Gratté, épousseté, rebouché, peint en blanc de plafond à la colle, à deux couches; le plafond, de 2 m. 56 sur 2 m. 72, prod........ — Gratté, épousseté, etc., peint blanc, etc. 6 m. 96

Huile, une couche; les plinthes en noir, donnent une longueur totale de........... — Plinthes, huile. 7 m. 42

Lessivé, huile, une couche; le pourtour de l'ébrasement de la fenêtre, 5 m. 16 sur 0 m. 21, prod .... 1 m. 08

Une partie d'allége sous la fenêtre, 1 m. 24 sur 0 m. 23, prod..... 0 28

Ensemble........ 1 m. 36 — Lessive, huile, 1 couche. 1 m. 36

La fenêtre lessivée, de 1 m. 65 sur 1 m. 05, prod.................................. — Lessivage. 1 m. 73

Petit cabinet.

Gratté, épousseté, rebouché, peint en blanc de plafond à la colle, deux couches; le plafond de 2 m. 26 sur 2 m. 23, prod........... — Gratté, épousseté, etc., peint blanc, etc. 5 m. 04

Lessivé, huile, une couche; une face de porte de 1 m. 92 sur 0 m. 71, prod. 1 m. 36

L'huisserie de ladite, de 4 m. 75 sur 0 m. 10, prod................ 0 47

Surface totale...... 1 m. 83 — Lessivé, huile 1 couche. 1 m. 83

Huile, une couche; l'ébrasement de la porte de cuisine de 4 m. 60, sur 0 m. 10, prod.... — Huile, 1 couche. 0 m. 46

Façon de granit à deux jets; la frise de 7 m. 00 de pourtour sur 0 m. 45 de haut., prod. — Granit, 2 jets. 3 m. 15

Egrenage de murs et époussetage, les murs donnent une surface de.................. — Egrenage, etc. 14 m. 43

Antichambre.

Le plafond tendu en toile neuve, de 2 m. 24 sur 1 m. 90, prod.......................... — Toile neuve. 4 m. 25

Papier gris en dessous, même surface, ci. — 4 m. 25

Papier blanc, id........ — 4 m. 25

Granit à un jet, la frise de 5 m. 36 de pourtour sur 0 m. 45, prod.................... — Granit, 1 jet. 2 m. 41

Plinthes en noir à l'huile, une couche, donnent une longueur de.................... — Plinthes, etc. 2 m. 70

Huile, une couche, une face de porte de 1 m. 92 sur 0 m. 71, prod................ — Huile, 1 couche. 1 m. 36

Huile, deux couches, le chambranle de ladite porte de 4 m. 80, développés sur 0 m. 14 de largeur, id., prod............... — Huile, 2 couches 0 m. 67

Egrené, huile, une couche; l'ébrasement du châssis de la cuisine, de 1 m. 68 sur 0 m. 08, prod........................ — Egrené, huile, 1 couche. 0 m. 13

Huile, une couche; le châssis vitré sur l'escalier, de 2 m. 30 de longueur sur 2 m. 15 de hauteur, prod..................... — Huile, 1 couche. 4 m. 94

Contre ledit, fourniture et collage de 2 m. 15 courants de bandes de calicot, ci......... — Bandes calicot. 2 m. 15

Huile, une couche; une face de porte, de 0 m. 77 de largeur sur 2 m. 12 de hauteur, prod.......................... 1 m. 63

Moins la glace, de 0 m. 55 sur 0 m. 80, prod.................. 0 44

Reste....... 1 m. 19 — Huile, 1 couche. 1 m. 19

Egrenage et époussetage sur murs, donne une surface totale de.................. — Egrenage, etc. 3 m. 59

Huile, une couche, sur le palier, une face de porte semblable à la précédente, ci. 1 m. 19

Son chambranle, de 5 m. 00 sur 0 m. 10, prod................. 0 50

La partie au-dessus de 0 m. 85 sur 0 m. 24, prod............. 0 20

Ensemble....... 1 m. 89 — Huile, 1 couche. 1 m. 89

Calicot fourni et collé, 1 m. 24 sur 0 m. 70, prod.......................... — Calicot fourni. 0 m. 87

Huile, deux couches; la peinture sur ledit chambranle donne une surface de......... — Huile, 2 couches 0 m. 87

La partie au-dessus, comprenant le châssis, huile, une couche, de 1 m. 10 sur 0 m. 70, prod.............. 0 m. 77

Moins le verre, de 0 m. 62 sur 0 m. 52, prod............. 0 32

Reste .... 0 m. 45 — Huile, 1 couche. 0 m. 45

Un chambranle, même peinture, de 2 m. 32 sur 0 m. 10, prod.......................... — Huile, 1 couche 0 m. 40

Même peinture; la porte à gauche, y compris ses chambranles, de 1 m. 74 de large, développée sur 2 m. 25 de haut, prod. 3 m. 91

Moins la glace, de 1 m. 30 sur 0 m. 64, prod.............. 0 83

Reste....... 3 m. 08 — Huile, 1 couche. 3 m. 08

1 m. 50 courants de bandes de calicot, ci. — Bandes calicot. 1 m. 50

Huile, une couche; la face de gauche du mur du couloir, 2 m. 36 sur 2 m. 10, prod. 4 95

La porte de 2 m. 10 sur 0 m 85, prod.................. 1 m 78 }

Moins 2 verres, de chacun 0 m. 62 sur 0 m. 63, prod. . 0 78 } 1 00

Surface totale...... 5 m. 95 — Huile, 1 couche. 5 m. 95

Rebouché, huile, deux couches; le chambranle et l'ébrasement de la porte ci-dessus, de 4 m. 84 de longueur sur 0 m. 28 de largeur développée, prod........... 1 m. 35

La face de droite du mur du couloir, de 2 m. 52 sur 2 m. 07, prod. 5 22

Ensemble....... 6 m. 57 — Rebouché, huile, 2 couches 6 m. 57

Huile, une couche; le plafond, de 3 m. 25 de long sur 0 m. 80 de large, prod.. 2 m. 60

Moins l'emplacement du châssis, de 1 m. 00 sur 0 m. 65, prod..... 0 65

Reste....... 1 m. 95

Le pourtour dudit châssis, de 3 m. 40 sur 0 m. 40, hauteur moyenne, prod... 1 m. 36

La porte du fond, de 2 m. 07 sur 0 m. 76, prod. 1 m. 57; moins une face de verre, de 0 m. 56 sur 0 m. 78, prod. 0 m. 44; reste............ 1 13

Surface totale....... 4 m. 44 — Huile, 1 couche. 4 m. 44

Rebouché, huile, deux couches; l'ébrasement et le chambranle de la porte du fond, de 4 m. 55 de pourtour sur 0 m. 22 de largeur développée, prod.......................... — Rebouché, huile, 2 couches 1 m. 00

Huile, une couche; les plinthes en noir donnent une longueur totale de............ — Plinthes en noir 7 m. 26

Fourni et collé une bande de calicot de.... — 2 m. 00

Egrenage et époussetage des murs du corridor et du plafond, donnent une surface de.. — Egrenage, etc. 13 m. 48

Papier fourni et collé.

Dans la chambre à coucher, 6 rouleaux à 1 fr. 10, ci	6 fr. 60
1/2 rouleau de bordure, à 3 fr. 50, ci	1 75
Dans le petit cabinet, 4 rouleaux, à 0 fr. 80, ci..	3 20
1/2 rouleau de bordure, à 3 fr. 00, ci..........	1 50
Dans l'antichambre, 4 rouleaux, à 0 fr. 80, ci....	3 20
1/2 rouleau de bordure, à 3 fr. 00 le rouleau....	1 50
Total..........	17 fr. 75

RÉCAPITULATION.

Articles en argent dans le courant du mémoire...	17 fr. 75
31 m. 50 superficiels d'égrenage sur murs, à 0 fr. 04 le mètre superficiel, ci..............	1 26
12 m. 00 id. de grattage de plafond, à 0 fr. 10, ci.	1 20
12 m. 00 id. d'époussetage, à 0 fr. 02 le mètre, ci.	0 24
12 m. 00 id. de rebouchage à la colle, à 0 fr. 09, ci.	1 08
7 m. 57 de rebouchage à l'huile, à 0 fr. 15, ci...	1 13
4 m. 92 id. de lessivage, à 0 fr. 05, ci.........	0 25
12 m. 00 id. de blanc de plafond à la colle, deux couches, à 0 fr. 18, ci....................	2 16
27 m. 18 id. huile, une couche, à 0 fr. 36, ci....	9 78
9 m. 11 id. huile, deux couches, à 0 fr. 66, ci...	6 01
2 m. 41 id. granit, un jet, à 0 fr. 09, ci.........	0 22
3 m. 15 id. granit, deux jets, à 0 fr. 18, ci......	0 57
4 m. 25 id. de papier gris fourni et collé, à 0 fr. 24, ci..................	1 02
4 m. 25 id. de papier blanc, à 0 fr. 40, ci........	1 70
4 m 25 id. de toile neuve, à 0 fr. 80, ci.........	3 40
0 m. 87 id. de calicot fourni et collé, à 1 fr. 20, ci	1 04
3 m. 65 linéaires de bandes de calicot, à 0 fr. 20, ci	0 73
Montant total.................	49 fr. 54

DICTIONNAIRE

DES TERMES LES PLUS USITÉS EN DESSIN LINÉAIRE ET EN ARCHITECTURE.

Nota. Les *astérisques* (*) placés à la droite des chiffres indiquent un parapraphe de la première Partie.

A

Abaque. Partie supérieure des chapiteaux.

Abréviation. Retranchement de lettres ou de mots, 40*.

Académie. Figure entière d'un homme nu, 637.

Acrotère. Face unie ou décorée qui masque le comble, 476.

Aire. Enduit en plâtre ou en mortier sur les planchers pour poser les carreaux.

Allégorie. Figures symboliques et attributs, 639.

Angle. Ouverture entre deux lignes, 67*. — droit, 72*. — aigu, 73*. — obtus, 72*. Mesure d'un angle, 68* à 70*. Angle complément, 74*. — supplément, 75*. — adjacents, 76*. — opposés au sommet, 77*. — rectilignes, — curvilignes, — mixtilignes, 80*. Construction et division des angles, 206* à 211*. Angle du diamètre, 268*. — de la demi-circonférence, 269*. Angle conventionnel, 558. Angle de proportion, 584.

Anse de panier. Figure courbe, 484*. Tracé, 485*. Surface, 486*.

Appareil. Art de placer et de poser les pierres. Appareil à gaz, 678.

Application. Broderie, 740.

Arabesques. Mélanges d'ornements et de figures imaginaires.

Arc. Partie de la circonférence, 59*. Longueur de l'arc, 126*. Division, 212*. Raccordement, de 474* à 482*.

Arcade. Ouverture en arc, 327*. Proportions, 333.

Architecte. Personne qui dirige les constructions, 84* et 272.

Architecture. Art de composer et d'exécuter les édifices, 267. Division, 268. — privée, 269. — publique, 270. Application, 271.

Architrave. Partie de l'entablement. Ornements, 426.

Archivolte. Moulure du cintre d'une arcade, 328. Ornements, 431.

Are. Unité des mesures pour les terrains, 34* et 524*.

Armoire moderne. Meuble, 656*.

Arpentage. Art de mesurer les terrains, de 371* à 373*.

Assemblage. Réunion de plusieurs pièces de bois, 82.

Astragale. Moulure placée au haut du fût d'une colonne.

Attique. Petit étage ou mur au-dessus de l'entablement.

Attribut. Ce qui caractérise une représentation allégorique, 682.

Augmentation et réduction d'un dessin, 691* et 653.

Axe. Ligne qui passe par le milieu d'un dessin, d'une colonne.

B

Balance. Instrument pour peser, levier à bras égaux, 172.

Balcon. Assemblage de serrurerie, de 86 et 87. — avec croisillons, 89. — avec losanges, 92. — avec cercles tangents, 95. — avec croisillons courbes, 98. — en fonte, orné, 101. — Grands balcons de façade, 104.

Baguette. Moulure, 497*. Tracé, 499*. — ornée, 232.

Baie. Ouverture pratiquée dans le mur pour les portes et les croisées.

Balustrade. Suite de balustres recouverts d'une tablette, 260.

Balustres. Petites colonnes rondes, carrées, etc., 257.

Bandeau. Bande plate, horizontale, en saillie sur un mur ou autour d'une baie.

Barreaux. Barres en bois, en fer, formant grillage, 538*.

Barre d'appui. Celle qui remplace les balcons aux fenêtres, 88.

Barrière. Assemblage de pièces de bois. — avec croisillons, 638*.

Bati. Assemblage de pièces de bois.

Bluet. Fleur, parure des blés, emblème de la lumière, 709.

Bois de lit. Meuble en fer ou en bois, 659*.

Borne itinéraire. Pierre qui indique les distances, 554*.

Bossages. Pierres taillées en saillie sur le nu du mur, 120.

Botanique. Science qui traite des plantes, 687.

Bouche. Partie du visage, organe du goût, 628.

Bouclier. Arme défensive, 680.

Boussole. Instrument pour s'orienter, 468*.

Boudin. Grosse baguette ou tore. Boudins ornés, 239.

Branche. Bois qui pousse sur le tronc d'un arbre, 688.

Broderie. Travaux d'aiguille, 733. Goût, 734. Objets, 735.

Brouette. Instrument de transport, levier, 177.

Bureau. Meuble avec tiroirs, 649*.

C

Cabestan. Machine dont le cylindre est vertical, 191. Cabestan vu en perspective cavalière, 566.

Cadre. Traits qui entourent un dessin, 617*, 648*, 675*.

Caducée. Bâton entouré de deux serpents, attribut, 670.

Calotte sphérique. Partie de la surface de la sphère, 149*. surface, 165.

Calfeutrer. Coller des bandes de papier autour des fenêtres.

Candélabre. Grand chandelier, 672 et 379.

Cannelures. Cavités demi-circulaires taillées sur le fût d'une colonne, 379 et 429.

Carré. Surface à quatre côtés égaux et à quatre angles droits, 93*. Mesure, 113* et 379*. Construction, 236* à 240*.— Réduction, 291*. Division, 394*. Tracé d'un carré en perspective cavalière, 559. Carré en perspective, 575.

Carquois. Etui à flèches, 667.

Carrelage. Ouvrage en briques, 529*, — en carreaux, 535*.

Cavet. Moulure creuse, 506*. — Tracé, 507*. — Orné, 236.

Cercle. Surface comprise entre une circonférence, 98*. Mesure, 122* et 384*. Construction, 249*. Réduction, 310* et 317*. Cercle en perspective cavalière, 562. — dans le sens vertical, 563. Cercle en perspective, 581.

Cerise. Petit fruit rond à noyau, 731.

Chaise. Siége à dos. Elévation, profil et plan, 549.

Chambranle. Ornement et assemblage de menuiserie, 588*. —avec imposte, 592*.— à jour, 597*.— avec moulures, 161.

Chandelier. Ustensile de ménage, 671* et 157*.

Chapiteau. Partie du haut de la colonne. Chapiteau ionique, 392. Chapiteau corinthien, 427. Tracé, 434.

Charpente. Assemblage de grosses pièces de bois, 740.

Chaumière. Petite maison de campagne, 599.

Chemin de fer. Route fermée, 204. Disposition, 205. Etablissement, 206.

Cheminée. Endroit où l'on fait le feu, 623*.

Chevrons. Pièces de bois d'un comble.

Clef d'arcade. Ornement de l'archivolte, 373. Proportions, 374, 414 et 433.

Cloison. Petit mur très-mince qui divise les appartements. — en maçonnerie, — charpente, — menuiserie.

Coffret. Petit coffre. Tracé par les projections obliques, 560.

Coin ou onglet sphérique. Partie de la surface de la sphère, 155*. Surface, 170*. Volume, 188.

Coin. Machine formant un prisme triangulaire, 199.

Colonnade. Suite de colonnes, 324. Bourse, Louvre, Madeleine.

Colonne. Cylindre, partie d'un ordre d'architecture, 643* et 292. Ses parties, 293. Ses proportions, 305 et 312. Diminution de la colonne, 456. Colonne torse, celle dont le fût est contourné en vis. Colonne toscane, 645. Ornements de la colonne corinthienne, 429. Colonnes accouplées, 504.

Comble brisé. Assemblage de charpente, 79.

Compas. Instrument en cuivre, 452*. Vérification, 453, — à verge, 454*. — de réduction, 455*. — levier, 178.

Composite. Ordre d'architecture qui a les mêmes proportions que l'ordre corinthien, 301 et 420.

Comptoir. Meuble de boutique. — à tiroirs, 620.

Cône. Corps qui a la forme d'un pain de sucre, 141*. — tronqué, 142*. — oblique, 143*. Surface, 160* à 163*. Volume, 180* et 184. Développement, 528 et 529. Cône optique ou perspectif, 567.

Congé. Petit cavet, 508*.

Console, en architecture, pièce en saillie qui soutient une orcniche, un fronton, etc.; console (meuble), plan, 551.

Construction. Tracé géométrique. — des angles, 206* à 211*. — des triangles, de 225* à 234. — des quadrilatères, de 235* à 248*. — des figures curvilignes, de 249* à 253*. — des figures semblables, de 300 à 308.

Copie. Reproduction d'un dessin. Manière de l'augmenter ou de la réduire, 692* et 652.

Corde. Ligne droite qui sous-tend un arc, 60*.

Cordonnet. Petit cordon de broderie, 738.

Corinthien. Ordre d'architecture, 300 et 401. Origine, 402. Applications, 403. Construction, 404. Subdivisions, 409. Proportions, 418.

Corniche. Ornement d'architecture, — ionique, 389. — corinthienne, 424.

Corps. Objet qui a longueur, largeur et épaisseur, de 133 à 156. Mesure de la surface des corps, de 157* à 171*. Volume des corps, de 172* à 195*. Volume des corps irréguliers, 191* et 192*. Développement des corps, de 522 à 530. Corps humain, ses proportions, 645. Corps semblables, 103.

Coupe ou profil d'un objet, 625*. Plan géométral et vertical d'un dessin, 687*. Coupe de la maison bourgeoise, 276.

Couronne. Surface comprise entre deux circonférences, 101. Mesure, 128.

Coussinet. Membre du chapiteau qui relie les deux volutes ioniques, 392 et 221.

Cric. Machine composée de roues s'engrenant, 196.

Croisée. Châssis de bois, 578*.

Croix en pierre, 551*. Croix d'honneur, 35.

Cube. Solide qui a les trois dimensions égales, 135*. Surface, 157*. Volume, 173*. Développement, 523.

Culot. Ornement composé de rinceaux, 263.

Cylindre. Corps qui a la forme d'un rouleau, 138*. Surface, 157*. Volume, 177*.

Cymaises. Moulures en bois, 160.

D

Dalle. Tranche de pierre ou de marbre que l'on emploie comme carrelage, ou de champ sur la retraite des murs.

Dame (jeune). Étude de modes parisiennes, 641.

Damier. Jeu, dessin, 532*.

Déblais. Tranchée faite dans le sol, 208.

Décamètre. Vaut 10 mètres. Chaîne d'arpenteur, 459*.

Décimètre. Règle plate ou triangulaire divisée en centimètres et en millimètres, 450*.

Degré. Division de la circonférence en 360 parties, 64.

Denticule. Ornement d'architecture formé de petites pièces coupées carrément qui se placent dans les corniches, 439

Dessin linéaire. Définition, 24*. fondement, 26*. Sortes, 27*.

Dessin linéaire a main levée, 28*. Dessin linéaire graphique : les instruments, 29. Son utilité, 30*. Dessin du paysage, 601. Dessin d'après nature, 609.

Développement. Des corps, — du cube, 523. — du parallélipipède, 524.— du prisme, 525. — de la pyramide, 526.— du cylindre, 527. — du cône, 528. — du cône tronqué, 529. — de la sphère, 530.

Devanture de boutique. Assemblage de menuiserie, 71.

Devis. Etat descriptif détaillé de toutes les parties d'une construction avec leurs dimensions, leur forme, leur exécution, la nature de leurs matériaux et leur prix.

Diagonale. Ligne droite qui joint deux angles, 121*.

Diamètre. Ligne droite qui passe par le centre, 58*. Longueur du diamètre, 124*. Angle du diamètre, 268*.

Division de la circonférence, 64* à 66* et de 218* à 224*. — décimale, 65*. — des angles, 208* à 211*. — des lignes, de 212* à 215*. — des terrains, de 393* à 402*.

Dorique. Ordre d'architecture, 298 et 344. Origine, 345. Application, 346. Construction, 347. Proportions, 355.

Dormants. Ouvrages en menuiserie ou en serrurerie qui sont fixés par des scellements.

Doubler, *tripler* une figure, 581* et 703*, 6 et 518.

Doucine. Moulure composée, 516*. Tracé, 517*. Ornée, 245.

E

Ebauche. Esquisse, dessin, statue, etc., commencés, première taille d'une pierre ou d'une pièce de bois.

Ebrasement. Elargissement intérieur des portes et fenêtres.

Echelle géométrique. Ligne divisée en parties égales qu'on met au bas des dessins et des plans pour en déterminer les dimensions, de division, 216*. — de proportion, 344*. — décimales, 345*. Echelle de bois, 547*.

Eglise. Temple de chrétiens. Eglise de campagne, 592.

Egout. Extrémité saillante du toit, — canal pour l'écoulement des eaux.

Elévation. Face verticale d'un objet, 624* et 688*, — 275.

Ellipse. Surface circulaire, 102*. Mesure, 129* et 130*. Construction, 251*. Ellipse de jardinier, 252*. Réduction, 213*.

Enduit. Couche de mortier, de plâtre, de peinture, etc.

Engrenages. Machines qui augmentent les forces, 195.

Enroulements. Ornement en forme de spirale, 664.

Entrelacs. Ornements, 251.

Entablement. Partie supérieure d'un ordre, 644* et 294. Ses parties, 295. Ses proportions, 312. — toscan, 340. — dorique 357. — ionique, 384. — corinthien, 421.

Entre-colonnement. Distance entre deux colonnes, 325. — toscan, 339. — dorique, 353. — ionique, 371. — corinthien, 412. Largeur, 333.

Epannelage. Première taille en chanfrein d'une arête, avant de tailler une moulure.

Epée. Arme offensive, épée romaine, 666.

Epi. Tête de tuyau de blé, 715. Epi, assemblage, carrelage.

Epure. Définition. 540 et 537. Applications, 31*.

Equarrir. Tailler une pièce de bois ou une pierre à l'équerre.

Equateur. Cercle de la sphère qui passe par les pôles, 146*.

Equerre. Triangle en bois, 441*. Vérification, 442*. — d'arpenteur, prisme octogonal en cuivre, 463*. Emploi, 464*.

Etage. Espace entre deux planchers d'un bâtiment. Etage souterrain, 278. Premier étage, 280.

Etamine. Organe mâle de la fructification, 702.

Etendue. Il y a trois sortes d'étendues : les lignes, les surfaces et les corps ou solides, 22.

Etude de fleurs, 692. — de fruits, 712.

Excavation. Fouille pour caves et souterrain.

Exhaussement. Elévation ajoutée à une partie de construction.

F

Façade. Côté principal d'une maison, 700*. — d'une maison avec mansardes, 704*. — de maison riche, 488. Détails, 489* à 494. Construction, 495.

Face. Visage. Moulure plate et peu saillante, comme les bandes d'une architrave.

Faîtage. Pièce de bois qui forme le haut du comble.

Ferme. Ornement, métairie, 602. Ferme de comble, assemblage de charpente, 75 à 78.

Feston. Ornement d'architecture. Point de broderie, 737.

Feuilles. Partie des plantes, 690. Emblèmes, 659. Feuilles du chapiteau corinthien, 436. — de chêne, — de laurier, — d'olivier, 659, — d'acanthe, 662. Parties, — 690.

Feuillure. Entaille pratiquée dans l'épaisseur d'une planche, ou dans les pieds-droits d'une baie de porte ou de croisée.

Fiches. Petits piquets en fil de fer, 460*.

Figure. Dessin, symbole. Figures *planes*, celles qui sont terminées par des lignes droites ; — *égales*, celles dont les côtés et les angles sont égaux ; — *semblables*, celles dont les angles sont égaux, et les côtés homologues proportionnels ; — *équivalentes*, celles dont les surfaces sont égales, quoique dissemblables.

Filet. Moulure, 495*. Tracé, 496*.

Flambeau antique. Sorte de torche, 669.

Flèche. Perpendiculaire élevée sur une corde, 61*.

Fleurs. Organes de la reproduction des plantes, 691.

Fleuron. Ornement qui accompagne les oves, et qui décore les frises, les chapiteaux, etc.

Fourneau. Construction en briques pour faire la cuisine.

Franc. Unité de monnaie, 38*.

Frise. Partie de l'entablement entre l'architrave et la corniche. Ornements de la frise ionique, 387. — de la frise corinthienne, 425. — en menuiserie, partie lisse et unie entre les moulures horizontales ; — en peinture, couche brune au bas des murs intérieurs.

Fronton. Corniche triangulaire ou circulaire, qui couronne l'avant-corps principal d'un édifice ou d'une porte ; la partie lisse, au milieu, se nomme *tympan*.

Fruits. Parties reproductives des végétaux, 712. Détails, 713.

Fumiste. Ouvrier qui fait les travaux pour diriger la fumée.

Fuseau sphérique. Partie de la sphère, 150*. Surface, 166.

Fut. Partie cylindrique d'une colonne entre la base et le chapiteau, 293. Ornements, 379 et 429.

G

Galbe. D'une colonne ; sa diminution, 457. Tracé, 458.

Géométral. Dessin de l'élévation d'un édifice dessiné sur une échelle sans le secours de la perspective.

Géomètre. Celui qui sait la géométrie, qui l'enseigne ou qui la pratique.

Géométrie. Science qui a pour objet la mesure de l'étendue ; elle se divise en deux parties : la *géométrie élémentaire*, qui traite de la mesure des lignes, des surfaces et des corps, de leur tracé et de leurs propriétés ; la *géométrie descriptive*, qui traite de la manière de représenter les dimensions et les positions réciproques des corps : c'est l'objet des *projections* ; et de la manière de représenter les formes apparentes que les corps offrent à la vue : c'est l'objet de la *perspective*.

Gonomètre. Equerre d'arpenteur ronde, 467*.

Gorge. Moulure creuse, 509*. Tracé, 510*. — ornée, 235.

Goutte. Petit ornement en forme de pyramide tronquée ou de cône, qui se place sous les triglyphes, 358.

Gramme. Unité des mesures de poids, 37*.

Graphomètre. Instrument d'arpentage, 465*. Emploi, 361*.

Grille. Clôture de barreaux. — en fer, à 2 vantaux, 544. — de balcon, 629*. Grille ornée, 109.

Groseilles. Petits fruits en grappes, 717.

Grotte. Caverne créée par la nature ou par l'art.

Groupe. Assemblage, réunion. Groupe d'animaux, 648. Groupe de villageois, 650.

Grue. Machine en forme de potence, 187.
Guérite. Petite cabane, 557*.

H

Habitation. Lieu où l'on demeure, 269.
Halle. Marché, 471. Halle aux grains. 472. Détails, 473. Construction, 481.
Haquet. Petite charrette, 201.
Hauteur. Élévation complète d'un édifice. Distance perpendiculaire d'un point ou d'une ligne à une autre ligne ou à un plan, 539. — d'un triangle, 116. Mesure des hauteurs, 358.
Hélice. Ligne courbe tracée en forme de vis autour d'un cylindre. Petite volute du chapiteau corinthien.
Heptagone. Polygone à 7 côtés, 109.— Heptagone étoilé, 10.
Hexagone. Polygone à 6 côtés, 109. — étoilé, 2. Tracé, 3.
Homme (jeune). Étude de costumes et de modes françaises, 643.
Horizon. Endroit où la terre et le ciel semblent se toucher, 610. Ligne d'horizon perspective, 567 et 611.
Horizontal. Tout ce qui est parallèle à l'horizon ou de niveau.
Hourder. Maçonner un pan de bois, un plancher ou des murs, soit en mortier, soit en plâtre.
Huisserie. Pièces de bois formant l'ouverture d'une porte.
Hypoténuse. Côté d'un triangle opposé à l'angle droit, 90*. Propriétés, de 339 à 345.

I

Imposte. Corniche d'un pied-droit, 332. Hauteur, 333. Ornement corinthien, 432.
Ingénieur. Architecte qui s'occupe des bâtiments civils, publics ou militaires, des routes, ponts et chaussées.
Instruments. Outils. Instruments pour opérer sur le papier, de 437. Instruments pour opérer sur le terrain, 458.
Ionique. Ordre d'architecture, 362. Origine, 363. Application, 364. Construction de l'ordre ionique, 365. Proportions, 383. Détails en grand, 384.

J

Jalonner. Mesurer une ligne, une distance, en marquer les extrémités par des jalons, 374*.
Jalons. Morceaux de bois ronds et droits, 461*.
Jambage. Pilier d'aplomb : jambage de porte, de cheminée.
Joints. Union des pierres,—espace entre deux pierres posées.
Jour. Ouvertures faites dans les murs pour éclairer l'intérieur.

L

Lambris. Revêtement de menuiserie, 678*. — d'appui, 679*. à hauteur de chambre, 680*.
Larmier. Moulure large et saillante, 500*. — Tracé, 501*.
Lattis. Ouvrage en lattes. Lattis à claire-voie. Lattis jointif.
Lavis des plans. Coloriage des plans, 432* à 436*.
Légers (ouvrages), en plâtre seul ou latte.
Lever des plans. Art de mesurer et de représenter les terrains, 403*. — A la chaîne, 409*. — au graphomètre, 414*.
Levier. Barre pour soulever, 169. Force, 169. Sortes, 171.
Ligne. Trait simple, 42*.
Ligne pleine, celle qui est formée par un trait continu; — *coupée*, celle qui est formée par un trait interrompu.
— *pointillée*, celle qui est formée de points;
— *ponctuée*, celle qui est formée de petites lignes très-courtes. Ces lignes servent pour les constructions géométriques. — droite, 43*. — courbe, 44*. — brisée, 45*. — sinueuse, 46*. mixte, 47*. — verticale, 48*. — horizontale, 49*. — oblique, 50*. — perpendiculaire, 51*. Leur tracé, 194 à 200*. Lignes parallèles, 52. Leur tracé, 201 à 205*. — équidistantes, 53. — hélice, 54*. — spirale, 55*. Circonférence, 56*. — tangente, 62*. — sécante, 63*. — bissectrice, 208. Lignes proportionnelles, de 270* à 280*. — de fuite, 565. — d'horizon, 567. — de terre, 536.
Linteau. Pièce de bois posée horizontalement sur les jambages d'une baie pour la fermer.
Lis. Fleur, emblème de la pureté, 899.
Listel ou filet. Petite moulure carrée, 495.
Litre. Unité des mesures de capacité, 36*.
Locomotive. Machine à vapeur, 209 Ses parties, 210. Construction, 211. Locomotive à air comprimé, 223.
Losange. Surface à 4 côtés égaux, formant 2 angles aigus et 2 obtus, 96*. Mesure, 115*. Construction, 244*. Réduction, 292*.
Lyre. Instrument de musique, lyre antique, 676.

M

Machine. Instrument pour mouvoir un corps, 165.
Maçonnerie. Art de bâtir, 683* et 115.
Main. Extrémité du bras. Organe du toucher, 636.
Maison de campagne, 683*. — bourgeoise, 700* et 277. — avec mansardes, 704* — riche, 488.
Mappemonde. Carte géographique. Tracé, 521*.
Marbrerie. Art de travailler et de polir le marbre.
Marche. Partie de l'escalier sur laquelle on pose le pied.
Marguerite. Fleur, emblème de l'innocence, 703.
Mat coupé. Broderie au plumetis, 741.
Mécanique. Science du mouvement, 164.
Médaille. Figure ronde, 38.
Melon. Gros fruit dont la tige rampe sur terre, 727.
Menuiserie. Art de travailler le bois, 41.
Méridiens. Grands cercles de la sphère, 146*.
Mesures métriques, de 32* à 40*. Mesures des surfaces, de 110* à 132*, et de 379* à 392*. Mesure de la surface des corps, de 157* à 171*. Mesure du volume des corps, de 172* à 193*. Mesure des angles, de 319* à 329*. — Mesure des longueurs inaccessibles, de 347* à 354*. — Mesure des hauteurs inaccessibles, de 358* à 366*.
Métope. Intervalle entre deux triglyphes, 359.
Mètre. Unité fondamentale du système métrique. Mesure de longueur, 33*.
Mire. Instrument d'arpentage, 462*.
Modillon. Petite console renversée, placée sous le larmier d'une corniche, sous un balcon ou un appui, 424.
Module. Demi-diamètre inférieur d'une colonne. Divisions, 306. Trouver la longueur du module, 335.
Moellon. Pierre à bâtir.
Moteur, agent qui fait mouvoir les machines, 168.
Moufle. Système de poulies, 182.
Moulures. Ornements d'architecture. Définition et tracé, de 489* à 520*. — droites, 492*. — circulaires, 493*. — composées, 494*. — ornées, de 229 à 256. — pour corniches, 162. — pour plafonds, 163.
Mur. Muraille, corps de maçonnerie qui sert à divers usages. — de *fondation*, qui est au-dessous des terres. — en *élévation*, au-dessus du sol. — de *face*, extérieur. — de *refend*, à l'intérieur d'un bâtiment. — *pignon*, mur latéral dont le haut est triangulaire. — de *revêtement*, qui soutient des terres.
Mutule. Modillon carré dans les ordres doriques, 449.

N

Nervures. Partie saillante d'une moulure. Petites côtes des feuilles, 690.
Nez. Partie saillante du visage, organe de l'odorat, 628.
Niche. Renfoncement pris dans l'épaisseur du mur, 510. Forme et proportions, 511.
Niveau. Instrument d'arpentage. Niveau d'équerre, 469*. — de maçon, 470*. — d'eau, 471*. — à bulle d'air, 472*. Emploi, 367*.
Nivellement. Action de niveler, de 367* à 370*.
Nu. Trop simple, pauvre. — Nu d'un mur : sa surface unie.

O

Oblique. Ce qui n'est ni vertical, ni horizontal, ni perpendiculaire. Ligne oblique, 50*.
Obtus. Angle qui a plus de 90 degrés, 72*.
Octogone. Polygone à 8 côtés, 109*. Tracé, 364. Octogone mis en perspective cavalière, 564.
Œil. Organe de la vue, 628. Œil-de-bœuf, fenêtre ronde, lucarne. Œil de la volute ionique, 394.
Œillet. Fleur, emblème de l'amour vif et pur, 697.
Œuvre. Ouvrage. Mettre en œuvre, employer une matière. Dans ou hors œuvre, intérieur ou extérieur des murs. Sous-œuvre, construction sous une autre pour la consolider.
Ombre. Obscurité produite par un corps opaque qui intercepte la lumière, 622. Traits d'ombre, 528*.
Ordre. Système d'architecture, 289. — toscan, 641*. Les cinq ordres, 289. Ordre toscan, 297. — dorique, 298. — ionique, 299. — corinthien, 300. — composite, 301. Parties d'un ordre, 302. Élévation d'un ordre, 308 à 314. Proportion des cinq ordres, 311. Tracé des cinq ordres, 315.
Ornement. Embellissement. Dessin industriel, 654.
Outils. Instruments pour travailler, 135.— de serrurerie, 136. de menuiserie, 143. — de charpente, 146.
Ovale. Surface circulaire, 103*. Mesure, 131*. Construction, 253.
Ove. Moulure formée par un quart de rond et évidée en forme d'œuf, 386 et 424.

P

Palais. Maison magnifique. Palais en perspective, 595.
Palissade. Clôture en bois, 604*.

Palme. Ornement, branche de palmier, 657.

Palmette. Ornement des bordures, 656.

Pan de bois. Assemblage de charpente. *Pan coupé*. Encoignure.

Panneau. Surface embordurée. Panneau orné, 479.

Parallèles. Lignes qui sont toujours à la même distance, 53*. Tracé des parallèles, de 201* à 205*.

Parallélipipède. Corps, 136*. Surface, 157* et 158*. Volume, 174* et 178*. Développement, 524*.

Parallélogramme. Surface à 4 côtés parallèles et égaux deux à deux, formant 2 angles aigus et 2 obtus, 95*. — Surface, 115. Construction, 243*. Réduction, 289*. Division, 394*.

Parement. Surfaces apparentes des murs, des lambris, etc.

Parpaing. Pierre de peu d'épaisseur à deux parements, posée sous une cloison, ou qui fait l'épaisseur du mur.

Parquet. Plancher en bois. — à point de Hongrie, 632*. — à bâtons rompus, 43. — à compartiments, 46. — en chaînons, 49. — mosaïque, 52.

Passerelle. Petit pont, 601*.

Pavillon. Petit bâtiment. Pavillon bourgeois, 482. Détails, 483. Construction, 486.

Paysage. Dessin qui représente la campagne, 598.

Pêche. Gros fruit à noyau d'un goût exquis, 729.

Peinture des bâtiments à l'huile, à la colle, à la fresque.

Pensée. Fleur, emblème de souvenir, 695.

Pentagone. Polygone à 5 côtés, 100*. — à double étoile, 7.

Péristyle. Edifice ou vestibule orné de colonnes.

Perpendiculaires. Lignes qui forment un angle droit, 51*. Tracé des cinq cas, de 194* à 200*.

Perron. Escalier découvert au-devant d'un bâtiment.

Persiennes. Volets à jour, 585*.

Perspective. Art de représenter les objets tels qu'on les voit, 553. Perspective linéaire, 554, — aérienne, 555. — cavalière, 556. — rigoureuse, 567. Règles de la perspective, 614. — perspective aérienne, 620. Plan vertical et plan horizontal, 573. Allée en perspective, 574. Carré en perspective, 575. Ligne en perspective, polygone en perspective, 580. Cercle en perspective, 581. Salon en perspective, 584.

Piédestal. Support, partie inférieure d'un ordre, 642* et 290. Ses proportions, 311. Piédestal corinthien, 430.

Piédouche. Petit piédestal qui supporte un buste, un vase, etc.

Pieds-droits. Jambages d'une arcade, 330. Saillie, 331.

Pierre. Corps dur formé dans la terre et qui sert à bâtir.

Pignon. Partie supérieure et triangulaire du mur latéral d'une maison.

Pilastre. Pilier carré, 475.

Pilier. Point d'appui perpendiculaire, ou colonne sans diminution.

Pistil. Organe femelle de la fructification, 701.

Pistolet. Instrument formé de courbes raccordées, 451*.

Plafond. Surface inférieure des planchers. Plafond de la corniche dorique denticulaire, 443. — dorique mutulaire, 449. Moulures et proportions, 451. Plafond ionique, 454. Plafond corinthien, 455.

Plan. Dessin d'un bâtiment 682* et 274. — Plan de la maison bourgeoise, 284. — Plan, surface plane, 534. — vertical, — horizontal, — oblique, — perpendiculaire, — parallèles, 535. — coordonnés, 547. Plan transparent, 570.

Plancher. Assemblage de poutres et de solives qui sépare les étages d'une maison.

Planchette. Assemblage de pièces de bois formant une surface unie, 443*. Planchette, petite table carrée, 466*. Vérification, 447*.

Plantes. Végétaux. Leurs parties, 689.

Plate-bande. Moulure carrée, 502*. Tracé, 503*. Plate-bande ornée, 254.

Platre. Gypse, pierre cuite. Plâtres, ouvrages faits en plâtre, sur latties ou non.

Plinthes ou stylobate. Moulures en bois, 161. Membre plat et carré formant la partie inférieure d'un piédestal, d'une colonne ou d'un mur.

Point géométrique. Espace infiniment petit qui n'a pas d'étendue, 41*. *Point de vue*, perspective où frappe le regard, 567. Sa position, 579. *Point de distance*, qui indique la distance du spectateur au tableau, 567. Emploi, 568. Position, 579. *Point accidentel*, point situé sur la ligne d'horizon à l'intersection d'une ligne de fuite, 590. *Point d'appui* mécanique, 169*. *Point d'intersection*, celui où deux lignes ou deux arcs se coupent. Point de rose, broderie, 739. — de Bruxelles, broderie, 742. — de chaînette, 744.

Plumetis. Genre de broderie le plus usité, 736.

Poire. Fruit oblong à pepins, 719.

Polyèdres. Solides terminés par des faces planes, 156*. Surface, 171*. Volume, 189*.

Polygone. Surface à plusieurs côtés, 104*. — régulier, 105*. — irrégulier, 106*. — inscrit, 107*. — circonscrit, 108*. — divers, 109*. Mesure, 119* et 120*. Construction, 248*. Inscription et circonscription, de 254* à 260*. Augmentation et réduction du nombre des côtés des polygones, 296*. Polygones semblables, de 300* à 335*.

Pomme. Fruit rond à pepins, avec lequel se fait le cidre, 721.

Pont. Passage sur une rivière. — de bois, 614*. — de fonte, 112. — en pierre, 132.

Portail. Façade ou entrée principale, 461. Portail d'église. Détails, 462. Construction, 469. Portail de l'église Saint-Gervais, 504.

Porte. Ouverture en maçonnerie, 116, et assemblage de menuiserie, 560*. — pleine emboîtée, 560*. — avec barres, 563*. — à 2 panneaux, 566*. — à 3 panneaux, 569*. — à claire-voie, 572* et 611*. — à 2 vantaux, 575* et 608*. — à panneaux, de 588*. — avec archivolte et imposte, 55. — d'extérieur, à 2 vantaux, 58. — d'intérieur, 62. — mezzanine, 65 — vitrée, 68. Porte carrée avec fronton, 117. — à plein cintre, d'ordre toscan, 120. — de portique toscan, 123. — d'ordre dorique, 126. — d'ordre ionique, 129.

Portique. Galerie soutenue par des colonnes, 323. Proportions des portiques, 333.

Poteau. Pièce de bois posée debout.

Poulie. Roue creuse, 181. Levier, 183.

Principes, de figure, 627.

Prisme. Corps, 137*. — tronqué, 144*. Surface, 157* et 158*. Volume, 175*, 176* et 178*. Développement, 525.

Problèmes. Question à résoudre, 711*.

Profil, ou coupe. Dessin vertical qui fait voir la largeur et la hauteur d'un objet, 626*. — Profil de menuiserie, 160.

Projections. Représentation des dimensions et des positions d'une ligne ou d'un corps sur un plan, 520. Projection d'un point ou d'une ligne, 537. — d'un corps, 539. Projections orthogonales, 442.

Prolongement des lignes sur le terrain, 355*.

Proportions. Rapport des grandeurs et des quantités.

Prunes. Fruit d'été à noyau, 725.

Punaises. Epingle à grosse tête plate, 449*.

Pyramide. Solide qui a pour base un polygone, 139*. — tronquée, 140*. Surface, 161* et 163*. Volume, 179*, 182* et 183*. Développement, 526.

Q

Quadrature. Réduction géométrique de quelques figures curvilignes à un carré. — Quadrature du cercle. Recherche d'un carré dont la surface soit égale à celle d'un cercle, problème qui ne peut être résolu exactement, 309*.

Quadrilatère. Surface à 4 côtés, 92*. Construction des quadrilatères, 235*. Réduction des quadrilatères, 289*.

Quart de rond. Moulure circulaire, 504*. Tracé, 505*. ornés, 242.

R

Raccordement des lignes. Tracer plusieurs lignes sans qu'elles offrent de coude, de 473 à 488.

Raisin. Fruit de la vigne avec lequel on fait le vin, 723.

Rapporteur. Demi-cercle qui sert à mesurer les angles, 457*. Usage, 319*.

Ravalement. Crépi ou enduit d'une façade, dernier travail fait à un bâtiment.

Rayon. Ligne droite qui va du centre à la circonférence, 57*.

Récapitulation. Résumé des articles d'un mémoire.

Rectangle. Surface à 4 côtés égaux et parallèles deux à deux, et à angles droits, 94*. Mesure du —, 114* et 280*. Construction —, 241. Réduction —, 289*. Division —, 394*.

Réduction des quadrilatères, de 287* à 295* — des polygones curvilignes, de 300* à 318*. — d'un dessin, 693* et 653.

Refouillement. Evidement que l'on fait dans une pierre ou une pièce de bois pour la creuser.

Règle. Pièce de bois dur, 439*. Vérification, 440*.

Reglement de compte. Compte détaillé et arrêté.

Remblais. Exhaussement du sol, 207.

Revêtement. Mur qui soutient les terres d'un quai, d'une terrasse. Recouvrement d'un mur en enduit, stucs, lambris, etc. marbres.

Rez-de-chaussée. Etage au niveau du terrain, 279.

Rinceau. Ornement qui représente des branchages recourbés.

Romaine. Levier, balance à bras inégaux, 175.

Rosace. Ornement, 23 et 264. — à 6 feuilles, 23. — à 6 branches, 26. — à 8 feuilles, 29. — à 16 feuilles, 32.

Rose. Reine des fleurs, emblème de la beauté et de l'amour, 683. Rose des vents, 13. — de compartiment, 16. Ornement, de 16 à 22.

Roue à palettes, 545. Ses projections, 546.
Rustiquer. Travail du genre rustique ou grossier.

S

Scotie. Moulure courbe, 511*. Tracé, 512*.
Secrétaire. Employé qui rédige, meuble, 653*.
Secteur. Portion d'un cercle, 99*. Mesure, 125* et 126*. — Secteur sphérique, 154*. Surface, 169*. Volume, 186*.
Segment. Portion de cercle comprise entre deux rayons, 100*. Mesure, 127*. Segment sphérique, 152*. Surface, 167. Segment extrême, 153*. Surface, 168*. Volume, 187*.
Serrurerie. Art de travailler le fer, 83 à 85.
Semence. Graine; elle produit la plantule et la radicule, 714.
Soffites. Sculptures des plafonds, 442.
Solides. Corps qui ont les trois dimensions, 133*. Surface des solides, 157* à 171*. Volume, 172* à 193*.
Soubassement. Assiette d'un édifice, planche en plâtre dans l'intérieur d'une cheminée pour arrêter la fumée.
Soutache. Petite ganse de broderie, 742.
Spirale. Ligne courbe, 55*. Tracé, 487*. Longueur, 488*.
Sphère. Corps en forme de boule, 145. Partie de la sphère, 146*. Surface, 164*. Volume, 185*. Développement, 530.

530. *Développement de la sphère*, fig. 263. On développe la sphère de deux manières : par zones et par fuseaux ; nous donnons la dernière qui consiste à diviser l'équateur C F en parties égales par lesquelles on trace des méridiens; l'espace compris entre deux méridiens est le fuseau que l'on divise en autant de parties ou de trapèzes qu'on a tracé de parallèles. Le développement de la sphère consiste donc à représenter sur une surface plane les dimensions des fuseaux.

Le développement de la sphère ne peut pas se faire rigoureusement sur une surface plane parce que, quelque étroits que soient les fuseaux, leur surface ne peut s'aplanir sans déchirement; on y arrive d'une manière suffisamment exacte en multipliant les fuseaux de développement.

531. *Pour développer la sphère*, décrivez, *fig.* 271, avec un rayon égal à celui de la sphère, les deux circonférences A C B et B D E sur la même ligne A E; la première représente la projection verticale de la sphère et la seconde sa projection horizontale; partagez ces deux circonférences en parties égales, en 12 par exemple; joignez ces divisions par des parallèles, vous aurez dans la première projection le diamètre du grand cercle ou équateur C F et ceux des petits cercles ou parallèles; par les divisions de la projection horizontale, menez des diamètres, vous aurez les méridiens et leurs distances; les points de division de la circonférence abaissés sur le diamètre C F et D G se correspondent et déterminent les intersections des parallèles et des méridiens qui coupent la sphère en 48 trapèzes et en 24 triangles égaux, 12 à chaque pôle.

532. *Pour tracer les fuseaux*, prolongez la ligne C F en H, portez sur cette ligne 12 divisions égales à celles de la sphère (nous n'en représentons que 6); ces divisions seront les bases des fuseaux qui doivent développer la surface de la sphère; tracez la perpendiculaire I J sur laquelle vous rabattez la longueur des arcs FA, F 4, F 5 (voir 1re partie, parag. 269); menez J L et I R parallèles à C F H; ces lignes déterminent la longueur des fuseaux et les autres parallèles la hauteur de leurs parties. Sur le milieu Z de la première division E, élevez la perpendiculaire *a' b;* portez à droite et à gauche de cette ligne, sur *r s* et *t u*, la moitié de la distance des méridiens *m n*, *o p*, vous aurez *m' n'*, *o' p'* des lignes qui leur correspondent qui sont les points par lesquels doit passer la courbe du premier fuseau; tracez cette courbe, et avec la même ouverture de compas, de chacun des points de division de la ligne F H, marquez les centres des autres courbes et décrivez-les : vous aurez tracé les fuseaux et développé la sphère. La surface de la sphère sera la surface d'un fuseau multipliée par le nombre des fuseaux.

Statue. Figure humaine sculptée. Statues allégoriques, 639.
Stère. Unité des mesures pour le bois, 35*.
Stylobate. Soubassement orné de base et de corniche, qui règne dans toute la longueur d'un édifice.
Superposition des ordres. Les placer les uns au-dessus des autres, 498. Règles de la superposition des ordres, 499.
Surface. Étendue qui a longueur et largeur, 81*.—plane, 83*.—concave, 83*.— convexe, 84*. Mesure des surfaces, 110*.
Symétrie. Proportions de grandeur, de forme, de position, que les parties ont entre elles ou avec leur ensemble, 517 et 597.
Système métrique. Ensemble des mesures qui ont pour base le mètre, 32* à 39*.

T

Table. Meuble, 665*. Table de nuit, 662*.
Tabouret. Petit siége, 668*.
Taille de pierre. Formation des joints, lits et parements.
Tailloir. Table qui surmonte le chapiteau, 434.
Talon. Moulure circulaire et composée, 513*. Tracé, 514*. Talon plat, 515*. Talon orné, 248.
Tangente. Ligne qui touche la circonférence, 62*. Tracé des tangentes, de 261* à 267*.
Té. Instrument formé de deux règles assemblés perpendiculairement. Vérification, 446* et 447*.
Teinte. Mélange de couleurs pour former un ton ou une nuance, 434* et 620 à 626.
Tenailles. Outils et levier, 176.
Tender. Chariot réuni à une locomotive, 213. Construction, 214.
Terrasse. Ouvrage de maçonnerie en forme de balcon, plate-forme, 485. Travaux de terrasse, fouille, page 37.
Tête. Partie supérieure du corps. Tête de profil, 632. Tête de guerrier vue de trois quarts, 634.
Thyrse. Javelot orné de pampre et de lierre, 668.
Tire-ligne. Instrument pour tracer les lignes à l'encre, 456*.
Tonneau, 157. Mesure, 199*.
Topographie. Art de tracer les plans et les cartes, 424*.
Toscan. Ordre d'architecture, 320. Caractère, 321. Application, 322. Construction, 334. Proportions, 338.
Tore. Grosse baguette, 498*. Tracé, 499. Tore orné, 239*.
Tour a engrenage. Machine pour tourner, 194.
Tracé géométrique. Dessin fait avec des instruments, 24*.
Train articulé. A essieux mobiles, 216.
Trapèze. Surface à 4 côtés, dont 2 sont parallèles, 97*. Mesure, 118* et 381*. Vérification, 382*. Construction, 245*, 246*. Réduction, 293* et 294*. Division, 399* à 401*.
Triangle. Surface à trois côtés, 86*. — équilatéral, 87*. — isocèle, 88*. — scalène, 89*. — rectangle, 90*. — curvilignes, — mixtilignes, — rectilignes, 91*. Mesure des triangles, 116*, 117* et 383*. Construction des triangles, de 225* à 234*. Réduction des triangles, 281* et 290*. Division des triangles, 397*. Triangles semblables, 330*. Propriétés du triangle rectangle, 339*.
Trigonométrie. Partie de la géométrie qui sert à trouver les parties inconnues d'un triangle par le moyen de celles qui sont connues, de 347* à 366*.
Treillage en lattes, 541*.
Traits d'ombre. Lignes plus grosses que les autres, 528* et 5.
Tréteau. Support, élévation, plan et profil, 547.
Treuil. Machine composée d'un cylindre horizontal, 190.
Triglyphe. Ornement dorique, 358.
Tronquer un ordre. Supprimer une portion d'une ou de plusieurs parties, 407.
Trophée. Assemblage d'armes ou d'objets en faisceaux, 684.
Trumeau. Partie d'un mur entre deux baies de porte. ou de croisée.
Tulipe. Fleur printanière, symbole de la magnificence, 707.
Tunnel. Galerie souterraine voûtée, 585. Perspective, 586.

U

Unité. Mesure, 39*. Multiples des mesures, sous-multiples, 39.
Ustensiles de ménage. Objets de cuisine, 155.

V

Vase antique. Ustensile pour contenir le vin, 674.
Végétaux. Plantes, leurs parties, 688.
Vertical. Ce qui suit la direction du fil à plomb.
Vestibule. Lieu couvert qui précède les pièces et les escaliers d'un bâtiment.
Viaduc. Suite d'arcades, 589. Perspective, 590.
Ville en amphithéatre. Située sur le penchant d'une montagne, 607.
Vis sans fin. Machine avec roue dentée et vis, 184.
Vis d'Archimède. Machine pour élever l'eau, 200.
Volets. Châssis de bois. Volets brisés, 582*.
Volume des corps de 172* à 193*. Corps semblables, 193*.
Volute. Ornement d'un chapiteau fait en forme de spirale. Tracé de la volute ionique, 396. OEil. Son diamètre, 394.
Voussoir. Pierre taillée pour former le cintre d'une voûte.
Voute. Construction cintrée en pierre ou en moellons.
Une voûte surbaissée ou à berceau ayant une demi-circonférence pour profil, a pour surface la moitié de celle d'un cylindre de même diamètre et de même longueur, 157*.
Une voûte surbaissée, c'est-à-dire ayant pour profil la forme d'une ellipse coupée suivant le grand axe, a pour surface la longueur de la voûte multipliée par la longueur du profil que l'on obtient au moyen de cette proportion : 49 est à 180, comme la moitié du diamètre, plus la flèche, est à la longueur du profil.
Vue. Jour, aspect, perspective.
Vue maritime. Tableau qui représente un port de mer, 604.

Z

Zone. Partie de la sphère, 148*. Surface, 165*.

Paris. — Imp. de Mme Ve Dondey-Dupré, rue Saint-Louis, 46.

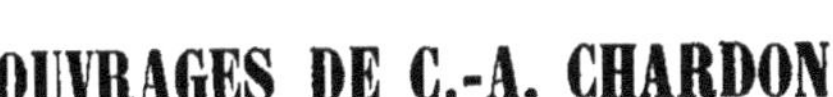

OUVRAGES DE C.-A. CHARDON.

Traité complet d'Arithmétique usuelle, contenant toutes les opérations ordinaires du calcul, indiquant la manière de faire ou de vérifier tous les comptes, tels que Notes, Factures, Mémoires, Bordereaux, etc. ACCOMPAGNÉ DE PLUS DE 1,300 EXERCICES OU PROBLÈMES, ET DE 8 PLANCHES. A l'usage des Écoles, des Pensions, des Agriculteurs, des Ouvriers et des Marchands.

Ouvrage adopté par la Société pour l'instruction élémentaire de Lyon et par la Société des Instituteurs et des Institutrices de Paris.

(7e *édition.*) Grand in-18. Prix, cart. : 1 fr. 75 c.

Arithmétique élémentaire, contenant la Numération, le Système métrique, l'Addition, la Soustraction, la Multiplication et la Division, 800 Exercices ou Problèmes gradués ou variés, avec 4 Planches.

(23e *édition.*) Grand in-18. Prix : 75 c.

Arithmétique élémentaire avec solutions. Prix : 1 fr.

Solutions des 1,300 Exercices ou Problèmes, par la Méthode de l'unité et par les Proportions, indiquant toutes les opérations qu'il faut faire pour trouver la réponse, et donnant les résultats successifs (7e *édition*). Prix : 75 c.

Le Traité complet d'Arithmétique avec les Solutions. Prix, cart. : 2 fr. 50 c.

Traité des Poids et Mesures métriques, des Instruments de pesage et des Monnaies (4e *édition* avec 4 Planches). Prix : 25 c.

Numération et Addition, avec 100 Problèmes et 100 Exercices (3e *édition*). Prix : 20 c.

Nouvelle Méthode de Lecture et d'Écriture, *pour apprendre simultanément à lire et à écrire en peu de temps;* réduisant toutes les difficultés de la lecture à la connaissance des voyelles et des consonnes.

Grand in-18. Prix, cart. : 20 c.

Grands Tableaux de la Méthode de Lecture. Prix : 1 fr. 20 c.

COURS PRATIQUE DE GÉOMÉTRIE, D'ARPENTAGE, DE DESSIN LINÉAIRE ET D'ARCHITECTURE.

Première partie.

Dessin linéaire élémentaire, Géométrie et Arpentage, orné de 20 Planches, contenant 356 Figures ou Dessins gradués et variés, avec le texte en regard des planches ; accompagné de 300 Problèmes sur la Géométrie et le Tracé géométrique, de 42 Formules d'actes sous seing privé et d'un Questionnaire (4e *édition*). Prix : 1 fr 75 c.

Ouvrage approuvé par la Société des Instituteurs et des Institutrices de Paris.

LA PREMIÈRE PARTIE traite des Lignes, des Surfaces, des Corps, de leur mesure et de leur construction, du Tracé des Perpendiculaires, des Parallèles, des Angles, de la Division des lignes et de la Circonférence, de la Réduction des Polygones rectilignes et curvilignes, de la Mesure des longueurs et des hauteurs inaccessibles, du Nivellement, de l'Arpentage, de la Division des terrains, du Lever des plans, des Instruments pour opérer sur le papier et sur le terrain, du Raccordement des lignes, des Moulures ; elle contient, comme application, 8 Planches de Dessins élémentaires gradués et variés.

Deuxième partie.

Dessin linéaire supérieur et Architecture, orné de 28 Planches, avec le texte en regard, contenant 427 Dessins. Sur les Rosaces, la Menuiserie, la Serrurerie, la Maçonnerie, la Mécanique, les Machines, l'Architecture, les 5 Ordres et leurs applications à des Bâtiments, les Projections, la Perspective, le Dessin de Tête et de Paysage, l'Ornement, les Fleurs, les Fruits, et la Broderie. Accompagné de devis, de Mémoires et d'un Dictionnaire spécial. Prix, cart. : 2 fr. 25 c.

Les deux Parties prises ensemble : 3 fr. 75.

Pour paraître prochainement :

Petit Dessin linéaire des commençants.

Atlas géographique, composé de 10 Cartes grand in-8.

Pour recevoir ces ouvrages *franco par le retour du courrier*, envoyer à M. CHARDON un mandat sur la poste, ou s'adresser au Libraire classique de sa localité. (AFFRANCHIR.)

Paris. — Typographie de Mme Ve Dondey-Dupré, rue Saint-Louis, 46, au Marais.

www.ingramcontent.com/pod-product-compliance
Ingram Content Group UK Ltd.
Pitfield, Milton Keynes, MK11 3LW, UK
UKHW020334180726
13839UKWH00002B/707